Philip Beckmann

Der Diversification Discount am deutschen Kapitalmarkt

GABLER EDITION WISSENSCHAFT

Philip Beckmann

Der Diversification Discount am deutschen Kapitalmarkt

Eine empirische Untersuchung des Bewertungsunterschieds zwischen fokussierten und diversifizierten Unternehmen und seiner Einflussfaktoren

Mit einem Geleitwort von Prof. Dr. Martin K. Welge

Deutscher Universitäts-Verlag

Bibliografische Information Der Deutschen Bibliothek
Die Deutsche Bibliothek verzeichnet diese Publikation in der Deutschen Nationalbibliografie; detaillierte bibliografische Daten sind im Internet über <http://dnb.ddb.de> abrufbar.

Dissertation Universität Dortmund, 2005

1. Auflage Januar 2006

Lektorat: Brigitte Siegel / Nicole Schweitzer

Der Deutsche Universitäts-Verlag ist ein Unternehmen von Springer Science+Business Media.
www.duv.de

Umschlaggestaltung: Regine Zimmer, Dipl.-Designerin, Frankfurt/Main
Druck und Buchbinder: Rosch-Buch, Scheßlitz
Gedruckt auf säurefreiem und chlorfrei gebleichtem Papier
Printed in Germany

ISBN 3-8350-0175-2

Geleitwort

In Presse- und Analystenberichten ist es gängige Meinung, dass diversifizierte Unternehmen Shareholder Value zerstören und daher mit einem Wertabschlag an der Börse gehandelt werden. Neueste, in den USA generierte Forschungsergebnisse stellen diese allgemein akzeptierte These allerdings in Frage. Für Deutschland fehlt bisher der wissenschaftliche Nachweis und insbesondere die Analyse von Einflussfaktoren eines Discounts bzw. eines Premiums. An dieser Forschungslücke setzt die Arbeit von Herrn Beckmann an und widmet sich folgenden Forschungsfragen:

1.) Existiert tatsächlich ein nachweisbarer Bewertungsunterschied zwischen fokussierten und diversifizierten Unternehmen in Deutschland?

2.) Wenn ein solcher Bewertungsunterschied existiert, was sind seine wesentlichen Einflussgrößen?

Diese Fragestellungen werden für den Zeitraum von 1998 bis 2002 anhand einer Stichprobe deutscher börsennotierter Unternehmen untersucht, die 85% der Marktkapitalisierung des C-DAX repräsentiert. Als zentrales Ergebnis der statistischen Analysen wird herausgearbeitet, dass diversifizierte Unternehmen sowohl mit einem Premium als auch mit einem Discount belegt werden. Als wichtigste Einflussgrößen für die Erklärung des Discounts oder Premiums stellen sich der Diversifikationsgrad, die Effizienz der internen Kapitalallokation sowie die Kommunikation mit dem Kapitalmarkt dar.

Der Autor begnügt sich nicht nur mit den Ergebnissen seiner statistischen Analysen, sondern er formuliert auch Handlungsempfehlungen für die betriebliche Praxis. Die von ihm entwickelten Vorschläge dürften Praktikern, die vor dem Problem stehen, den Discount ihres

Unternehmens zu reduzieren, wichtige Hilfestellungen geben. Die Arbeit ist daher von hohem wissenschaftlichen und praktischem Wert. Ich wünsche dem Werk daher eine möglichst weite Verbreitung.

Univ.-Prof. Dr. Martin K. Welge

Vorwort

Seit Jahren wird diversifizierten Unternehmen in der öffentlichen Berichterstattung ein sog. 'Diversification Discount' unterstellt, bislang allerdings für den deutschen Kapitalmarkt ohne wissenschaftlichen Nachweis. Der Verfasser der vorliegenden Untersuchung hat dies zum Anlass genommen, das Phänomen des 'Diversification Discounts' und seine Berechtigung auf einer breiten empirischen Grundlage am Markt notierter Unternehmen in Deutschland zu untersuchen. Dabei kam ihm zu Hilfe, dass in Deutschland seit 1999 Vorschriften zur Segmentberichterstattung existieren, deren Daten es ermöglichen, Firmen differenziert nach Maßgabe der Leistung ihrer einzelnen Unternehmenseinheiten zu analysieren und damit eine empirisch gesicherte Grundlage für eine Untersuchung der Berechtigung des in der Presse häufig unterstellten Discounts zu schaffen. Erste Ergebnisse der vorliegenden Untersuchung sind Anfang 2004 unter Leitung von Univ.-Prof. Welge im Rahmen eines Symposions vor Unternehmern vorgestellt worden und auf hohes Medieninteresse (Financial Times Deutschland, Die Welt und VDI-Nachrichten) gestoßen.

Die vorliegende Untersuchung wurde von der Wirtschafts- und Sozialwissenschaftlichen Fakultät der Universität Dortmund im Juli 2005 als Dissertation im Rahmen des Promotionsverfahrens zum Dr. rer. pol. angenommen. Der Dank des Verfassers geht in erster Linie an den wissenschaftlichen Betreuer der Untersuchung, Herrn Univ.-Prof. Dr. Martin K. Welge für seine nachhaltige Unterstützung und die Vermittlung der Freude an wissenschaftlichem Arbeiten; sodann an den Zweitgutachter Herrn Univ.-Prof. Dr. Walter Krämer für sein großes Interesse für dieses Thema und seinen Rat insbesondere hinsichtlich ökonometrischer Fragen.

Dank für hilfreiche und kritische Diskussionen und Nachfragen schuldet der Verfasser auch seinen Kollegen Achim Fechtel, Rene Kron, Claudius Leibfritz und Jan Malmendier sowie den Teilnehmern des Doktorandenkolloquiums von Prof. Welge. Kerstin Bernoth und Michael Massmann sei für die konstruktiven Diskussionen zu ökonometrischen Fragen herzlich gedankt. Dank gilt schließlich auch der Boston Consulting Group für Freistellung und operative Unterstützung, desgl. Thomson Financial für den kostenlosen Datenbankzugang.

Philip Beckmann

Inhaltsverzeichnis

Abbildungsverzeichnis

Tabellenverzeichnis

Abkürzungsverzeichnis

Abb.	Abbildung
bzw.	beziehungsweise
cap	eine die Effizienz des internen Kapitalmarkts messende Variable
CAPEX	Capital Expenditures
CDAX	Composite Deutscher Aktienindex
CEO	Chief Operating Officer
CF	Cashflow
DAX	Deutscher Aktienindex
DIV	Untersuchungsgesamtheit der diversifizierten Unternehmen
DRS	Deutsche Rechnungslegungsstandards
DSR	Deutscher Standardisierungsrat
EBITDA	Earnings Before Interests, Taxes, Depreciation and Amortisation
ES	effiziente Subventionen
ET	effiziente Transfers
EU-15	Europäische Union der 15 Mitgliedsstaaten vor der letzten Erweiterung
EV	Excess Value
EVA	Excess Value (auf der Basis der Aktiva)
EVOI	Excess Value (auf der Basis des operativen Einkommens)
EVS	Excess Value (auf der Basis des Umsatzes)
f, ff	folgende, fortfolgende
FOK	Untersuchungsgesamtheit der fokussierten Unternehmen
FWB	Frankfurter Wertpapierbörse
GE	General Electric
HGB	Handelsgesetzbuch
IAS	International Accounting Standards
icm	eine die Effizienz des internen Kapitalmarkts messende Variable

IKM	interner Kapitalmarkt
IS	ineffiziente Subventionen
IT	ineffiziente Transfers
lev	eine den Leverage eines Unternehmens messende Variable
liqu	eine die Liquidität eines Unternehmens messende Variable
LM	lineares Modell
OECD	Organisation for Economic Co-operation and Development
o.g.	oben genannt
prof	eine die Profitabilität eines Unternehmens messende Variable
ROA	Return on Assets
ROIC	Return on Invested Capital
S.	Seite
SFAS	Statement of Financial Accounting Standards
SGI	Segment Growth Index
SIC	Standard Industry Classification
size	eine die Größe eines Unternehmens messende Variable
Tab.	Tabelle
TSR	Total Shareholder Return
u.a.	unter anderem
US	United States
USA	United States of America
useg	eine die Anzahl der unverwandten Segmente eines Unternehmens messende Variable
USGAAP	United States - Generally Accepted Accounting Principles
vgl.	vergleiche
VIF	Variance Inflation Factor
XTV	Xerox Technology Venture

1 Problemstellung, Zielsetzung, Methodik und Aufbau der Untersuchung

„The consensus among academic researchers, consultants, and investment bankers is that diversified firms destroy value."
DAVID S. SCHARFSTEIN[1], Harvard Business School

1.1 Einführung in die Problemstellung

Am 23. August 2004 verkündeten deutsche Zeitungen die drohende Aufspaltung des Touristikkonzerns TUI:[2]

> „Europas größtem Touristikkonzern droht Experten zufolge die Zerschlagung. Es sei gut möglich, dass ein großer Finanzinvestor aus den USA den Reisekonzern übernehmen wolle, um die profitable Logistiktochter Hapag Lloyd aus dem Konzern herauszulösen und Gewinn bringend zu verkaufen. (...) Wenn ein Investor zuschlägt, wird er dic TUI filetieren." SPIEGEL ONLINE, 23.8.2004

TUI, ein diversifiziertes Unternehmen, das bis 2002 unter dem Namen Preussag firmierte, hat sein Geschäftsportfolio in den letzten sieben Jahren einem extremen Wandel unterzogen

---

[1] Siehe Scharfstein (1998), S. 1.

[2] In ähnlicher Weise berichtete u.a. auch Die Welt.

und sich vom industriellen Mischkonzern zum Touristikkonzern entwickelt. Nun aber droht dem Konzern eine Zerschlagung, eine 'Filetierung' in einzelne Unternehmenseinheiten – getrieben von der Annahme, dass der Wert der getrennten Geschäftseinheiten den Wert des Gesamtkonzerns TUI übersteigen würde. Unterliegt TUI in seiner heutigen Organisationsform dem sogenannten 'Diversification Discount', also einem Wertabschlag für seine diversifizierte Geschäftsstruktur?

Diversifizierte Unternehmen sind besonderer Kritik ausgesetzt. Das Thema des Diversification Discounts[3] findet sich seit Jahren in Presse- und Analystenberichten. Diversifizierte Unternehmen, so die gängige Meinung, zerstören Shareholder Value, sodass ihre Aktien grundsätzlich mit einem Wertabschlag gehandelt werden. Die zugrundeliegende Annahme lautet: Spaltet man diversifizierte Unternehmen in ihre Geschäftsbereiche auf und verkauft diese einzeln, so lässt sich ein höherer Gesamterlös erzielen als der aktuelle Wert des nicht aufgespalteten Unternehmens. Das verbindende Konzerndach hat somit wertmindernden Einfluss. Als Gründe dafür werden die Intransparenz diversifizierter Unternehmen, Angst vor Quersubventionen und Zweifel an der Leistungsfähigkeit der komplexen Gebilde angeführt. Diese Vorbehalte spiegeln sich in Presse- und Analystenberichten wider, von denen einige hier beispielhaft zitiert werden:

> „Conglomerates should trade at a 10-20% discount to their underlying value. Investors can't see what is happening to their cash and they suspect it isn't going into the right places.“ J.P. MORGAN[4]

> „Diversified companies, (...) have been out of fashion since the 1970s. With one or two notable exceptions (...) the capital markets prefer simplicity and focus“ FINANCIAL TIMES[5]

> „For years, stockmarkets have applied a 'conglomerate discount': they value diversified manufacturing companies at some 20% less, on average, than the

[3] Da der Begriff 'Diversification Discount' auch in der deutschen Literatur verwendet wird, verzichtet auch diese Arbeit auf eine Übersetzung. Synonym verwendet werden häufig auch die Begriffe 'Corporate Discount' oder 'Conglomerate Discount'.

[4] Paul Gibbs, Analyst von J.P.Morgan, ursprünglich zitiert in Atkins (1998), S. 13.

[5] Siehe Financial Times, 13.7.2001

value of the sum of their parts. The discount still applies, in good times and bad." THE ECONOMIST[6]

„Märkte lieben heute nicht mehr conglomerates (Mischkonzerne). Wer nicht genügend purity aufweist, (...) erhält einen conglomerate discount." DIE ZEIT[7]

Eine vom Autor vorgenommene systematische Auswertung[8] der Berichterstattung über diversifizierte Unternehmen in Deutschland bestätigt diese in den Zitaten wiedergegebene Tendenz; so wurde allein im Zeitraum zwischen Juli 2003 und Oktober 2004 neben dem 'Problemfall TUI' noch ein Diversification Discount von Bayer, RWE, Linde, MG Technologies und Thyssen Krupp thematisiert.[9]

Auch in den USA geraten diversifizierte Unternehmen bei schlechten Nachrichten schnell in die Kritik. So galt Tyco, ein amerikanischer Industriekonzern, lange Zeit als Vorzeigeunternehmen – nach dem Skandal um den CEO von Tyco, Kozlowski, traf auch Tyco die Angst vor der Intransparenz von Konglomeraten. Die Financial Times führte ihn am 10. September 2003 unter den unbeliebtesten Konglomeraten ('most out-of-favour conglomerates'). General Electrics' Diversifikationsstrategie wurde ebenfalls im letzten Jahr vom Economist in Frage gestellt; ein Artikel über General Electric (GE) endet in der Forderung, GE aufzuspalten, um dadurch Mehrwert zu schaffen.[10]

In der wissenschaftlichen Diskussion erhält die These der Existenz eines Diversification Discounts ebenfalls weitgehende Unterstützung. Seit den sechziger Jahren haben sich zahl-

---

[6] Siehe The Economist, 7.7.2001

[7] Siehe Die Zeit, Nr.20/2001

[8] Auswertung aller Artikel in der deutschen und internationalen Wirtschaftspresse, die die Stichworte 'Diversification Discount' bzw. 'Conglomerate Discount' im Zeitraum zwischen dem 1.7.2003 und 1.10.2004 enthielten.

[9] *TUI*: „Apply a conglomerate discount of 20%, and its [Anm.: TUI] value falls...", The Wall Street Journal Europe, 12.8.2004. *Linde*: „'Our target is to grow both businesses so well that in the long run we no longer have a conglomerate discount', he [Anm.: Wolfgang Reitzle] said.", Reuters News, 21.6.2004. *MG Technologies*: „Once the remaining chemical assets are gone, there's a good chance Moody's and S&P will step with upgrades to mg's current rating, if only because the usual conglomerate discount given to diversified companies will no longer be relevant.", Dowjones Newswires, 19.4.2004. *RWE*: „(...) we have raised our (...)price target, after applying a conglomerate discount of 15%, to 34 Euros per share,(...) the bank [Anm.: Deutsche Bank] said.", Reuters News, 19.12.2003. *Bayer*: „(...) Bayer shares are dragged down by a conglomerate discount", Financial Times, 18.11.2003. *Thyssen Krupp*: „The bank [Anm.: Goldmann Sachs] said fair value for the stock was at 13,40 Euros, which included a conglomerate discount of 20 percent, (...)", Reuters News, 1.7.2003.

[10] Siehe: „Solving GE's Big Problem", The Economist, 24.10.2002.

reiche wissenschaftliche Untersuchungen mit der Frage nach Ursachen und Folgen der Unternehmensdiversifikation beschäftigt. Spätestens seit 1995 nimmt dabei die Frage nach der empirischen Evidenz eines Diversification Discounts eine wichtige Rolle ein. Studien zum Diversification Discount kommen überwiegend zum Ergebnis, dass diversifizierte Unternehmen im Durchschnitt mit einem Discount bewertet werden im Vergleich zu einem äquivalenten Portfolio aus fokussierten Unternehmen. Zusätzlich dokumentiert eine Mehrheit von ereignisbezogenen empirischen Studien deutliche Shareholder-Value-Steigerungen von Unternehmen, die fokussierende Desinvestitionen vornehmen.[11] Neueste Forschungsergebnisse stellen diese 'wissenschaftlich allgemein akzeptierte Weisheit'[12] bezüglich der Existenz eines Diversification Discounts erstmalig in Frage.[13] Trotz Zweifeln am verwendeten Datenmaterial und an den Analysemethoden ist die Evidenz für die Existenz eines Diversification Discounts nicht von der Hand zu weisen, wie im späteren Verlauf der Arbeit dargelegt wird. Die Untersuchungen zum Diversification Discount sind allerdings bis auf wenige Ausnahmen auf die USA beschränkt. In der einzigen in einem wissenschaftlichen Journal publizierten Untersuchung des deutschen Marktes gelingt es LINS/SERVAES (1999) nicht, einen Diversification Discount in Deutschland auf statistisch signifikantem Niveau nachzuweisen.[14]

Der 'Diversification Discount' – Mythos oder Realität? Einige Fakten sprechen gegen die Existenz eines Diversification Discounts.

Erstens ist die Anzahl diversifizierter Unternehmen nicht rückläufig[15] – im Falle der Existenz eines pauschalen Bewertungsabschlags für diversifizierte Unternehmen läge die Ver-

---

[11] Zu den in diesem Abschnitt getroffenen zusammenfassenden Aussagen zum Stand der wissenschaftlichen Diskussion vgl. Denis/Denis/Yost (2002), S. 1951.

[12] „The prevailing wisdom among financial economists (...), that diversified firms sell at a discount...", siehe Martin/Sayrak (2003), S. 38.

[13] Zu diesen kritischen Untersuchungen zählen Campa/Kedia (2002), Graham/Lemmon/Wolf (2002) und insbesondere Villalonga (2004b) bzw. Villalonga (2004a). Keine dieser Untersuchungen kann allerdings den Beweis erbringen, dass kein Diversification Discount existiert. Kapitel 3.2 erläutert genauer, welche der in diesen Untersuchungen aufgeworfenen Kritikpunkte am wissenschaftlichen Konsens über einen Diversification Discount berechtigt sind.

[14] im Abschnitt 3.2 werden zwei weitere Untersuchungen zum Diversification Discount vorgestellt; anhand dieser Untersuchungen wird erläutert, warum das Misslingen eines solchen Nachweises auf die vor 1998 noch unzureichende Datenbasis der Untersuchungen zurückgeführt werden kann.

[15] So zeigt Szeless (2001), dass sich bei deutschen und schweizerischen Unternehmen zwischen 1991 und 1997 kein eindeutiger Trend zu stärkerer Fokussierung feststellen lässt; siehe Szeless (2001), S. 93f. Zur gleichen Feststellung gelangen für die USA im selben Zeitraum Villalonga (2001) und Hyland/Diltz (2002) für den Zeitraum von 1977-1992.

mutung nahe, dass die regulierende Kraft des Marktes für eine Realisierung der dann möglichen Zerschlagungsgewinne sorgt und so diversifizierte Unternehmen allmählich verschwinden lässt. So stellt VILLALONGA die Frage: „ Are the forces of competition so weak, and capital markets so inefficient, that they consistently fail to eliminate diversified firms, despite these firms' relative inefficiency?"[16]

Zweitens offenbart eine Analyse der bisherigen Forschungsergebnisse zuvor unbeleuchtete Details, die in der wissenschaftlichen Diskussion bisher keine Rolle gespielt haben. Zwar ergeben fast alle Untersuchungen, dass US-amerikanische Unternehmen in den letzten Jahren mit einem durchschnittlichen Discount von 5-30% belegt wurden; die genauere Betrachtung der jeweiligen Auswertungstabellen zeigt allerdings eine extrem hohe Varianz der Ergebnisse. So lässt sich beispielsweise feststellen, dass in der häufig zitierten Studie von BERGER/OFEK (1995) zwar diversifizierte Unternehmen in den USA in den Jahren 1986-1991 mit einem durchschnittlichen Discount von 12-15% belegt wurden, aber über 30% der Unternehmen mit einem Premium gegenüber vergleichbaren fokussierten Unternehmen notierten[17] – ein Ergebnis, auf das die Autoren nicht eingehen. Zumindest die von Analysten und Presse oftmals unterstellte Pauschalität der Abwertung ist angesichts dieser Erkenntnisse anzuzweifeln. Wenn diversifizierte Unternehmen keiner pauschalen Abwertung unterliegen, sondern sogar mit einem Premium gehandelt werden können, stellt sich die Frage nach den Einflussfaktoren eines Discounts bzw. eines Premiums. Viele Studien untersuchen vereinzelte Ursachen des Discounts,[18] statt systematisch Einflussgrößen zu analysieren, die auch ein Premium erklären können. Nach derzeitigem Kenntnisstand ist bis zum aktuellen Zeitpunkt keine vollständige systematische Erfassung aller möglichen Einflussgrößen erstellt worden.[19]

[16] Siehe Villalonga (2001), S. 1.

[17] Für Erläuterungen zu dieser Schlussfolgerung siehe Abschnitt 3.3.

[18] Als solche Ursachen werden z.B. Informationsasymmetrien zwischen Unternehmensleitung und den Anteilseignern oder ineffiziente interne Kapitalallokationen genannt, wie an den Titeln einiger Veröffentlichungen deutlich wird: „Is it Inefficient Investment that Causes the Diversification Discount?", siehe Whited (2001); „Does Information Asymmetry Explain the Diversification Discount?", siehe Best/Hodges/Lin (2004), aber auch: „Does Diversification Cause the Diversification Discount?", siehe Villalonga (2004b).

[19] Zwar bilden einige Untersuchungen wie die von Berger/Ofek (1995) und Billet/Mauer (2002) mehrere mögliche Einflussgrößen eines Discounts ab, allerdings ohne systematische Rechtfertigung ihrer Wahl möglicher Einflussgrößen. Die Belege der hier genannten Forschungsdefizite erfolgen in den Kapiteln 3 und 4.

Ansatzpunkte für eine wissenschaftliche Untersuchung Die Betrachtung der Diskussionen unter Forschern, Analysten und in der Presse wirft folgende Fragen auf:

1.) Warum wird die Existenz eines Discounts in Deutschland pauschal angenommen, aber im Gegensatz zu den USA wissenschaftlich nicht untersucht? Ist der Diversification Discount eventuell nur ein Mythos in Deutschland?

2.) Die Existenz eines Diversification Discounts in den USA wurde nachgewiesen - erweist sich aber zumindest die häufig unterstellte Allgemeingültigkeit dieses Discounts als ein Mythos?

3.) Warum hat sich die Forschung bisher nicht mit einer Analyse der Gründe für die hohe Streubreite der für die USA ermittelten Discount-Werte beschäftigt und systematisch Einflussgrößen des Bewertungsunterschieds analysiert?

1.2 Zielsetzung der Arbeit

Der vorangegangene Abschnitt hat das der Arbeit zugrundeliegende Problem veranschaulicht: Die gern zitierte 'Weisheit' eines generellen Diversification Discounts in Deutschland entbehrt des wissenschaftlichen Nachweises. Sollte es tatsächlich wie in den USA Evidenz für einen Discount geben, so ist er auf die Varianz der Ergebnisse hin zu untersuchen. Wenn auch hier der Discount nicht pauschal gelten sollte, sondern eine hohe Varianz bis hin zu einem Premium für einzelne Unternehmen aufweist, so stellt sich auch für den deutschen Markt das Problem der noch unzureichenden wissenschaftlichen Ergründung von Einflussfaktoren eines solchen Discounts bzw. Premiums.

Dass dies ein Problem sowohl von hoher Praxisrelevanz als auch von wissenschaftlicher Bedeutung ist, zeigen die Präsenz des Themas in der Presse auf der einen und die große Anzahl von wissenschaftlichen Studien zum Thema des Diversification Discounts in den USA auf der anderen Seite. Auch die Tatsache, dass sich eine echte Forschungslücke identifizieren lässt, stützt die These der Notwendigkeit einer wissenschaftlichen Beschäftigung mit dem Thema. Zu der angesprochenen Forschungslücke in der wissenschaftlichen Diskussion stellt BELEN VILLALONGA von der Harvard Business School auf einem Symposium der führenden Vertreter der Forschung zum Thema des Discounts fest:[20]

> „...there is plenty of room for further research on what firm characteristics make diversification optimal for some firms but not for others"[21]

Aufbauend auf der geschilderten Problemstellung stellen sich folgende *Forschungsfragen*:

Forschungsfrage 1: Existiert tatsächlich ein auf wissenschaftlicher Basis nachweisbarer Bewertungsunterschied zwischen fokussierten und diversifizierten Unternehmen in Deutschland?

Forschungsfrage 2: Wenn ein solcher Bewertungsunterschied wissenschaftlich nachweisbar existiert, was sind seine wesentlichen Einflussgrößen?

Aus diesen Fragen ergeben sich zwei *Forschungsziele*:

1.) Untersuchung des Bewertungsunterschieds zwischen fokussierten und diversifizierten Unternehmen in Deutschland auf der Basis einer repräsentativen empirischen Erhebung.

2.) Empirische Überprüfung der Wirkung von Einflussgrößen auf den Bewertungsunterschied für deutsche diversifizierte Unternehmen, falls ein Bewertungsunterschied nachgewiesen werden kann. Diese Überprüfung setzt eine Systematisierung möglicher Einflussgrößen eines Bewertungsunterschieds voraus.

Nach der Eingrenzung des Themas der folgenden Untersuchung mittels der Forschungsziele ist auch eine Abgrenzung gegenüber Fragestellungen, die diese Arbeit nicht beantworten wird, notwendig. Diese Arbeit widmet sich *nicht* der Frage nach den Motiven für Diversifikation noch setzt sie sich mit allen Facetten des Themas der Unternehmensdiversifikation auseinander. Angesichts der Beschäftigung zahlreicher Fachbereiche der Ökonomie mit dem Thema der Diversifikation (und einer kaum noch zu überschauenden Vielzahl von wissenschaftlichen Untersuchungen) ist eine alle Perspektiven der Diversifikation umfassende

---

[20] Dieses Symposium fand am 24.3.2003 an der Harvard Business School statt. Wesentliche Diskussionsbeiträge sind in Villalonga (2003) festgehalten.

[21] Siehe Villalonga (2003), S. 5.

Abhandlung nicht möglich. Auch befasst sich diese Arbeit *nicht* direkt mit der bereits breit untersuchten Frage nach dem Zusammenhang zwischen Diversifikation und Unternehmenserfolg. Vielmehr steht die Frage der *Wahrnehmung* und *Bewertung* diversifizierter Unternehmen am Kapitalmarkt im Mittelpunkt – was durchaus eine andere Fragestellung darstellt, da der Unternehmenserfolg nicht zwingend mit der Bewertung des Unternehmens am Kapitalmarkt korreliert.[22] So mögen diversifizierte Unternehmen theoretisch profitabler sein als fokussierte und dennoch am Kapitalmarkt für ihre diversifizierte Struktur mit einem Discount bestraft werden.

1.3 Wissenschaftlicher Ansatz und Forschungsprozess

Die vorliegende Arbeit ist von einem pragmatischen Wissenschaftsziel geprägt, das sich auf die Gewinnung von Erkenntnissen, aus denen sich Gestaltungsempfehlungen ableiten lassen, ausrichtet. Damit grenzt sie sich ab von Arbeiten mit primär theoriebildender oder erklärender Zielsetzung.[23] Dieses pragmatische Wissenschaftsziel soll mittels eines empirischen Forschungsansatzes erreicht werden, der ein in Theorie und Praxis bestehendes Problem mittels einer Untersuchung empirischer Daten überprüft. Die Forschungsfragen werden dabei konfirmatorisch überprüft, da aus der Theorie abgeleitete zielgerichtete Hypothesen die Basis für die Untersuchung bilden sollen. Der *Forschungsprozess* erfolgt in den fünf folgenden Schritten:

1.) Auswahl des Forschungsproblems: Im Ausgang von einer konkreten Problemstellung werden Forschungsfragen und Forschungsziele erarbeitet, deren Bearbeitung bzw. Beantwortung zur Lösung dieser Problemstellung notwendig sind.

2.) Schaffung eines Begriffssystems: Den zweiten Schritt im Forschungsprozess bildet die Schaffung eines Begriffssystems, das eine eindeutige Präzisierung der problemrelevanten Sachverhalte ermöglicht. Dieser Schritt ist zwingend notwendig, da für diese Arbeit zentrale Begriffe in ihrer Bedeutung bisher nicht einheitlich definiert sind.

---

[22] Diese Abgrenzung basiert auf der Unterscheidung zwischen dem inneren Wert eines Unternehmens und seiner Bewertung am Kapitalmarkt. Siehe hierzu die Ausführungen ab Seite 19.

[23] Zu Wissenschaftszielen, basierend auf Arbeiten von Erich Kosiol, siehe Kieser (1992), S. 56.

3.) Ableitung von Hypothesen auf der Basis theoretischer Grundlagen: Ausgehend von bestehenden theoretischen Erkenntnissen werden Vermutungen über bestehende Wirkungszusammenhänge abgeleitet und in Hypothesen formuliert. Diese Hypothesen werden in einem Hypothesengerüst zusammengefasst, das den Bezugsrahmen für eine Beantwortung der zentralen Forschungsfrage bildet. Bereits bestehende Erkenntnisse aus empirischen Untersuchungen werden zusätzlich für Richtungsvermutungen über identifizierte Wirkungszusammenhänge genutzt und als Basis für die Entwicklung der für die empirische Hypothesenüberprüfung notwendigen Modelle verwendet.

4.) Empirische Überprüfung der Hypothesen: Die deduktiv ermittelten Hypothesen werden mittels einer empirischen Untersuchung auf ihren Wahrheitsgehalt hin untersucht. Faktisch wird eine Bestätigung der Hypothesen über die Verwerfung der jeweiligen Gegenhypothese zu erreichen versucht.[24]

5.) Auswertung der gewonnenen Erkenntnisse: Die aus einer Bestätigung oder Falsifizierung der Hypothesen gewonnenen Erkenntnisse werden im Hinblick auf ihre Relevanz für praktische Handlungsempfehlungen interpretiert.

1.4 Aufbau der Arbeit

Der Aufbau der Arbeit orientiert sich im Wesentlichen an dem soeben beschriebenen Forschungsprozess. Daraus ergibt sich für die vorliegende Arbeit die in Abbildung 1.1 grafisch verdeutlichte Struktur, die den fünf Schritten des Forschungsprozesses folgt: In den Abschnitten 1.1 bis 1.3 sind ein konkretes Problem und sich daraus ergebende Forschungsfragen beschrieben worden. Ausgehend von der Situation, dass diversifizierte Unternehmen in Deutschland in der Kritik von Analysten und Presse stehen und angeblich am Kapitalmarkt mit einem Diversification Discount belegt werden, stellen sich folgende wissenschaftlichen Herausforderungen: Erstens ist diese Behauptung wissenschaftlich am deutschen Kapital-

---

[24] Auf den herrschenden wissenschaftstheoretischen Streit, ob Hypothesen per se in der Realität nur falsifizierbar sind oder durchaus eine Verifikation von Hypothesen durch übereinstimmende Beobachtungen möglich ist, wird in dieser Arbeit nicht eingegangen. Der erste Standpunkt basiert auf dem wissenschaftstheoretischen Ansatz des kritischen Rationalismus, als dessen Hauptvertreter Karl Popper zu nennen ist. Siehe hierzu beispielsweise Popper (1994). Vertreter des wissenschaftlichen Realismus stehen diesem Ansatz kritisch gegenüber. Für Ausführungen zum wissenschaftlichen Realismus siehe Fraassen (1980), zur Diskussion siehe Suhm (2003).

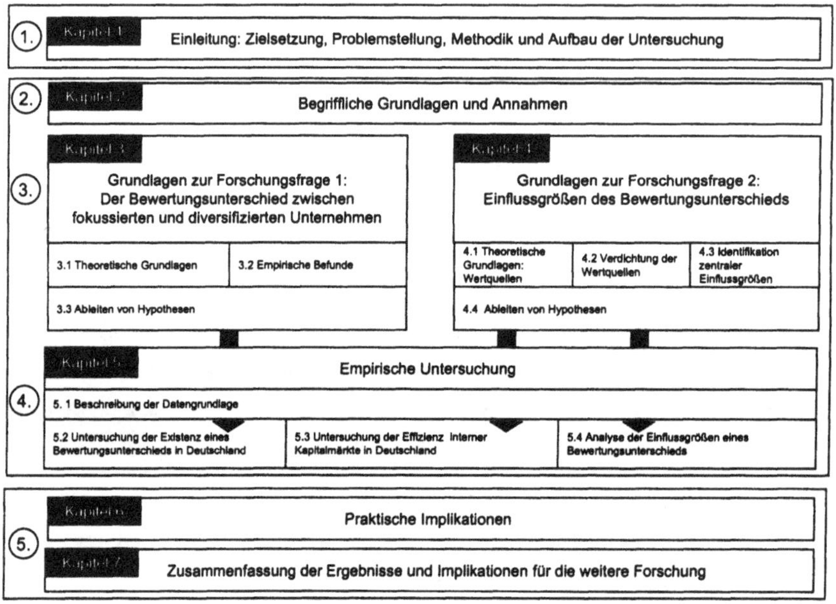

Abbildung 1.1: Aufbau der Arbeit

markt noch nicht untersucht worden; zweitens lassen neuere Erkenntnisse aus den USA vermuten, dass, falls ein solcher Discount existiert, dieser womöglich nicht pauschal gilt. Daraus sind zwei Fragestellungen abgeleitet worden, deren Beantwortung sich diese Arbeit widmet: erstens, existiert in Deutschland tatsächlich ein Diversification Discount, und zweitens, was bestimmt die Höhe eines solchen Discounts, falls er existiert? Die Beantwortung dieser Fragen und damit die Lösung des herausgearbeiteten Problems erfolgt in den Kapiteln 2 bis 5.

Kapitel 2 schafft das begriffliche Gerüst der Arbeit. Die für die folgende Untersuchung wesentlichen Begriffe werden definiert und gegenüber alternativen Begriffsauslegungen abgegrenzt, um die Grundlage für ein klares Verständnis der weiteren Ausführungen zu schaffen.

Kapitel 3 ist der Erarbeitung der theoretischen und empirischen Grundlagen der ersten Forschungsfrage gewidmet. Zunächst wird die für die Analyse eines Bewertungsunterschieds relevante Theorie analysiert und dargestellt. Hauptaugenmerk gilt dabei der Frage nach der Messbarkeit eines Bewertungsunterschieds (Abschnitt 3.1). Anschließend erfolgt die Darstellung und Analyse bisheriger empirischer Untersuchungen des Bewertungsunterschieds unter der Fragestellung, ob in Deutschland oder in anderen Ländern bisher ein Diversification Discount nachgewiesen werden konnte (Abschnitt 3.2). Auf den Erkenntnissen aus Theorie und Empirie aufbauend werden zum Schluss des Kapitels Hypothesen zur ersten Forschungsfrage abgeleitet (Abschnitt 3.3).

Analog zum Vorgehen in Kapitel 3 werden in Kapitel 4 die theoretischen und empirischen Grundlagen der zweiten Forschungsfrage erarbeitet und daraus Hypothesen abgeleitet. Auch hier werden zunächst die theoretischen Grundlagen analysiert: Um die Identifikation von Einflussgrößen zu ermöglichen, werden die theoretischen Erklärungsansätze für eine Andersbehandlung diversifizierter Unternehmen am Kapitalmarkt dargestellt und systematisiert (Abschnitt 4.1). Im darauffolgenden Abschnitt 4.2 werden aus identifizierten theoretischen Erklärungsansätzen mit Hilfe bisheriger empirischer Erkenntnisse mutmaßliche Einflussgrößen abgeleitet. Auf der Basis einer systematischen Auswertung bisheriger Discountstudien werden im Abschnitt 4.3 die ermittelten Einflussgrößen in ihrer vermuteten Bedeutung gewichtet und so die Hypothesen für die Untersuchung der zweiten übergeordneten Forschungsfrage gewonnen (Abschnitt 4.4).

Kapitel 5 bildet den Kern der Arbeit, in dem die Forschungsfragen auf der Basis einer empirischen Untersuchung der in den Kapiteln 3 und 4 gebildeten Hypothesen beantwortet werden. Die Datengrundlagen der modellbasierten Analyse werden im Abschnitt 5.1 geschildert. Die nun folgende empirische Untersuchung ist in drei Einzeluntersuchungen gegliedert; im Abschnitt 5.2 wird die Existenz eines Bewertungsunterschieds in Deutschland untersucht, um die erste Forschungsfrage zu beantworten. Die Evidenz für die mutmaßlich zentrale Einflussgröße untersucht die zweite empirische Studie im Abschnitt 5.3. Abschnitt 5.4 führt dann die beiden o.g. Analysestränge zusammen und analysiert den tatsächlichen Wirkungsgrad der mutmaßlichen Einflussgrößen auf den Bewertungsunterschied.

Kapitel 6 beleuchtet die Ergebnisse aus praktischer Sicht. Zunächst werden aufbauend auf den Ergebnissen der empirischen Analyse tatsächliche Erklärungsmuster eines Diversification Discounts geschildert. Anschließend werden Ansatzpunkte identifiziert für eine Beeinflussung des Diversification Discounts seitens diversifizierter Unternehmen sowie deren Bedeutung anhand von Beispielen erläutert.

Kapitel 7 fasst den Lösungsprozess und die zentralen Ergebnisse zusammen und zeigt den Bedarf für weitere Forschung in diesem Gebiet auf.

2 Begriffliche Grundlagen und Annahmen

Zweck dieses Kapitels ist die Erläuterung der zentralen Begrifflichkeiten, die sowohl in der wissenschaftlichen Diskussion als auch in ihrer praktischen Verwendung bisher nicht klar und einheitlich definiert sind.

2.1 Der Begriff der Diversifikation

Der Begriff der Diversifikation im Sinne der Unternehmensdiversifikation ist in der Literatur nicht einheitlich definiert; im Gegenteil: es herrscht eine Fülle an unterschiedlichen Definitionen.[1] Angesichts dieser Tatsache scheint es erstaunlich, wie viele Untersuchungen es insbesondere im anglo-amerikanischen Raum unterlassen, ihren Definitionsansatz zu erläutern;[2] dieser hat bei der Breite der möglichen Definitionen durchaus erhebliche Auswirkungen auf den Untersuchungsgegenstand und damit auf die Untersuchungsergebnisse. Daher fordert BRIGLAUER,[3] dass jeder Forscher explizit zu beschreiben hat, welches Diversifikationsverständnis seiner Forschungsarbeit zugrundeliegt. Dieser Forderung sei hier Folge geleistet und die Verwendung des Diversifikationsbegriffs im Kontext der vorliegenden Arbeit auf der Basis bestehender Definitionsansätze hergeleitet und erläutert.

---

1 Vgl. Ramanujam/Varadarajan (1989), S. 524.

2 So wird in keiner der im Abschnitt 3.2 dargestellten Untersuchungen aus dem anglo-amerikanischen Raum der Diversifikationsbegriff spezifiziert.

3 Siehe Briglauer (2000), S. 2.

Darstellung verschiedener Definitionsansätze

In der Literatur wird Diversifikation zumeist als Prozess einer strategischen Neuausrichtung gesehen.[4] Einige Definitionsansätze beziehen sich dagegen auf Diversifikation als Status. Zur besseren Abgrenzung führen RAMANUJAM/VARADARAJAN für Letzteres den Begriff '*Diversity*' ein, übersetzt mit Diversität.[5] Die hier dargestellten Definitionen beziehen sich alle auf das Verständnis von Diversifikation als strategischen Prozess. Hieraus wird das Verständnis des Diversifikationsbegriffs für diese Arbeit abgeleitet. Der Begriff der Diversität wird anschließend erläutert.

Für die Definition von Diversifikation nutzen die meisten Forscher die folgenden Dimensionen: erstens die Produkte bzw. Dienstleistungen, die ein Unternehmen produziert; zweitens die Märkte, in welchen ein Unternehmen agiert, und drittens die materiellen und immateriellen Ressourcen, die in die Wertschöpfungskette eines Unternehmens eingehen. In ihrer Definition beziehen sich die meisten Autoren häufig nur auf eine dieser drei Dimensionen.[6] So bezeichnet CHANDLER (1962) bereits die Entwicklung neuer Produkte als Diversifikation. In der theoretischen Literatur wird häufig Bezug genommen auf ANSOFF, der alle drei Dimensionen zur Definition nutzt und drei Arten von Diversifikation unterscheidet:[7]

1.) *Horizontale Diversifikation/Integration*: Horizontale Diversifikation liegt vor, wenn durch neue Produkte neue Bedürfnisse der vorhandenen Kunden eines Unternehmens gedeckt werden.

2.) *Vertikale Integration*: Vertikale Integration bedeutet die Aufnahme vor- oder nachgelagerter Produktions- bzw. Absatzstufen in das Leistungsprogramm eines Unternehmens.

3.) *Konzentrische und konglomerate Diversifikation*: Von konglomerater Diversifikation wird gesprochen, wenn mit neuen Produkten neue Kundenbedürfnisse angesprochen werden, die sowohl im Bereich des Marketings als auch in Bezug auf die Produktionstechnologie neue Fähigkeiten erfordern (Ressourcendimension). Bedarf es entweder nur neuer Fähigkeiten im Marketing oder neuer Fähigkeiten in Bezug auf die Produktionstechnologie, wird von konzentrischer Diversifikation gesprochen.

---

4 Vgl. Bühner (1993), S. 21.

5 Vgl. Ramanujam/Varadarajan (1989), S. 524.

6 Szeless (2001), S. 26, und Schüle (1992), S. 8, behandeln diese Unterschiedlichkeit der Definitionsansätze auf der Basis verschiedener Dimensionen ausführlich.

7 Siehe Ansoff (1965), S. 132.

RUMELT (1974) stützt sich auf diese Klassifizierung von ANSOFF, engt aber die Definition ein, indem er lediglich in konglomerater bzw. konzentrischer Diversifikation 'echte Diversifikation' sieht und Diversifikation definiert als:

> „(...) an entry into a new product market activity that requires or implies an appreciable increase in the managerial competence within the firm. Thus, the essence of diversification is taken to be a reaching out into new areas, requiring the development of new competences or the augmentation of existing ones."[8]

In der deutschsprachigen Literatur wird diese Definition für die Untersuchung von Diversifikationsstrategien als zu eng angesehen.[9] BÜHNER bezeichnet den von RUMELT definierten Diversifikationsbegriff als laterale Diversifikation (konzentrisch bzw. konglomerat im Sinne ANSOFFS), schließt aber auch die Ansätze vertikaler Integration und horizontaler Diversifikation in den Diversifikationsbegriff mit ein.[10] Diese Begriffsdefinition und Unterteilung in horizontale, vertikale und laterale Diversifikation wird in der deutschsprachigen Literatur häufig verwendet.[11]

Definition

Diversifikation als Prozess Das der vorliegenden Arbeit zugrundeliegende Verständnis des Diversifikationsbegriffs folgt RUMELT und definiert Diversifikation als Eintritt in eine Produkt-Markt-Kombination, die deutlich neue Anforderungen an die Fähigkeiten eines Unternehmens stellt und so in keinem sachlichen Zusammenhang mit den bisherigen Aktivitäten des Unternehmens steht. Folglich handelt es sich um Diversifikation, wenn ein Unternehmen mit einem neuem Produkt ein neues Kundenbedürfnis befriedigt – verbunden mit der Notwendigkeit neue, erfolgskritische Kompetenzen aufzubauen. Solchermaßen unterschiedliche Produkt-Markt-Kombinationen werden forthin als *unverwandt* bezeichnet. Folgt man PORTER und definiert eine *Branche* als „eine Gruppe von Unternehmen oder Unternehmenseinheiten, die ähnliche (im Sinne der Substituierbarkeit) Produkt-Markt-Kombinationen bedienen",[12] dann bezeichnet Diversifikation den Eintritt eines Unternehmens in eine neue, mit den bisherigen Aktivitäten unverwandte Branche.[13]

---

[8] Siehe Rumelt (1974), S. 10.

[9] Vgl. Bühner (1993), S. 23.

[10] Vgl. Bühner (1993), S. 23f.

[11] Vgl. Welge/Al-Laham (2003), S. 446.

[12] Vgl. Porter (1980), S. 27.

[13] Zu diesen Ausführungen vgl. auch Szeless (2001), S. 24.

Diversifikation als Status: Diversität Analog zur Definition von Diversifikation wird Diversität als Status eines Unternehmens gesehen, das den Prozess einer Diversifikation durchlaufen hat. Ein *diversifiziertes Unternehmen* ist damit ein Unternehmen, das in mindestens zwei unverwandten Branchen tätig ist. In Abgrenzung hierzu ist ein *fokussiertes Unternehmen* ein in nur einer Branche oder in mehreren verwandten Branchen tätiges Unternehmen, auch wenn es horizontal oder vertikal integriert ist. Damit unterliegt der Begriff der Diversität noch einer gewissen Ungenauigkeit, denn der Begriff 'unverwandt' zur Bezeichnung von Produkt-Markt-Kombinationen, die deutlich andere Anforderungen an die Fähigkeiten eines Unternehmens stellen, weist Interpretationsspielräume auf.[14] Die für eine empirische Untersuchung nötige Konkretisierung des Begriffs 'unverwandte Branchen' und damit eine Operationalisierung von Diversität erfolgt im Rahmen der empirischen Untersuchung in Kapitel 4.

Die für den deutschsprachigen Raum eher unüblich enge Definition von Diversifikation im Sinne lateraler Diversifikation wird aus zwei Gründen gewählt: erstens zur Gewährleistung einer besseren Vergleichbarkeit von Ergebnissen. Die Arbeit stützt sich methodisch auf bisherige Forschungen zum Thema des Diversification Discounts, die ihrerseits implizit die im anglo-amerikanischen Sprachraum verbreitete engere Definition nach RUMELT zugrundelegen. Zweitens ist es aus Sicht des Autors wesentlich für eine empirische Untersuchung, Diversifikation möglichst eng einzugrenzen, denn eine breite Definition, die auch vertikale und horizontale Integration einschließt, führt im Extremfall zur Klassifizierung von über 80% aller Unternehmen als diversifiziert. Nur über eine enge Definition von Diversifikation aber lassen sich diversifizierte Unternehmen klar von fokussierten abgrenzen und in ihren Besonderheiten analysieren.

2.2 Der Begriff des Geschäftsfelds

Ein *(strategisches) Geschäftsfeld* ist definiert als eine Unternehmenseinheit, die eine Marktaufgabe in einer eigenständigen Produkt-Markt-Kombination hat und Erfolgsziele verfolgt

[14] Vgl. Ramanujam/Varadarajan (1989), S. 525.

und damit eindeutig abgrenzbar ist von anderen Unternehmenseinheiten.[15] Der Begriff des strategischen Geschäftsfeldes wird im Folgenden synonym mit den Begriffen *Segment*, *Geschäftsbereich* und *Geschäftssparte* verwendet. Diversifizierte Unternehmen verfügen demnach über mindestens zwei Geschäftsfelder.

2.3 Der Begriff des Bewertungsunterschieds

> „(...) Diversifikation (macht), ungeachtet finanzieller/marktbezogener Ergebnisse, erst dann Sinn, wenn der Wert des Ganzen den seiner Teile übersteigt"[16]

In der deutschsprachigen Literatur findet sich keine klare Definition des Begriffs eines 'Bewertungsunterschieds' zwischen fokussierten und diversifizierten Unternehmen. Die Literatur zu diesem Thema bezieht sich immer auf entsprechende Begriffe aus dem anglo-amerikanischen Sprachraum und spricht von einem Diversification Discount, der einen negativen Bewertungsunterschied bezeichnet, und dem Gegenteil, einem Diversification Premium. Insbesondere aus der Sicht der vielfältigen Auslegungsmöglichkeiten des Unternehmenswertbegriffs und der daraus resultierenden mangelnden Präzisierung des Begriffs 'Bewertungsunterschied' sei dieser folgendermaßen definiert:

Der *Bewertungsunterschied zwischen fokussierten und diversifizierten Unternehmen* bezeichnet den (positiven oder negativen) Wert des Verbundes mehrerer Geschäftsfelder unter zentraler Steuerung. Ein solcher Bewertungsunterschied bestimmt sich demnach über den zusätzlichen Wert, den ein diversifiziertes Unternehmen gegenüber einem theoretisch identischen Portfolio aus fokussierten Unternehmen in den jeweils entsprechenden Branchen erzielt. Ist dieser positiv, so kann von einem Wertaufschlag bzw. einem Premium gesprochen werden; ist er negativ, so wird der Bewertungsunterschied als Discount oder Wertabschlag bezeichnet. Da der Unternehmenswert hier aus Kapitalgebersicht als Marktwert verstanden wird, bezieht sich der Bewertungsunterschied auf die Differenz zwischen dem Marktwert eines diversifizierten Unternehmens und dem theoretischen Marktwert seiner einzelnen Geschäftssegmente als fokussierte Unternehmen. Der Bewertungsunterschied bestimmt sich

---

15 Diese Definition basiert auf einer Innensicht auf die Unternehmenssegmente und ist damit abgegrenzt von einer Segmentierung aus Umweltsicht, die auf anderen Kriterien beruht. Zum Begriff der strategischen Geschäftseinheit aus beiden Perspektiven vgl. Welge/Al-Laham (2003), S. 331ff.

16 Siehe Friedrich/Hinterhuber (2000), S. 6.

demnach über den zusätzlichen (oder geringeren) Wert, den ein diversifiziertes Unternehmen mit seinen einzelnen Geschäftsfeldern unter einer zentralen Steuerung gegenüber einem theoretisch identischen Portfolio aus fokussierten Unternehmen in den jeweils entsprechenden Branchen erzielt.

2.4 Der Begriff des internen Kapitalmarkts

Auch zum Begriff des internen Kapitalmarkts findet sich eine Reihe verschiedener Definitionen in der Literatur. Die vorliegende Arbeit folgt in ihrer Definition des internen Kapitalmarkts dem in der angelsächsischen Literatur von WILLIAMSON geprägten Begriff '*internal capital market*', der den Prozess der unternehmensinternen Kapitalallokation in einem Unternehmen mit mehreren Geschäftsfeldern bezeichnet.[17] Dieser Begriff ist jedoch insofern irreführend, als er nicht notwendigerweise den Ausgleich von Kapitalangebot und Kapitalnachfrage in einem Unternehmen über einen Preismechanismus darstellt, sondern auch einen beliebigen, von der Leitung eines Unternehmens ausgeübten Verteilungsmechanismus bezeichnen kann.[18] Es handelt sich bei einem internen Kapitalmarkt also nicht unbedingt um einen Markt im eigentlichen Sinne; dennoch hat sich dieser Begriff in der Literatur etabliert. Ein solcher interner Kapitalmarkt existiert in Unternehmen, in denen unabhängige Geschäftseinheiten in ökonomische Austauschbeziehungen treten, die über einen Marktmechanismus oder hierarchisch über die Unternehmensleitung geregelt werden – und damit hauptsächlich in diversifizierten Unternehmen.[19] Marktteilnehmer auf dem internen Kapitalmarkt sind in der Regel die einzelnen Geschäftseinheiten und die Leitung eines Mehrgeschäftsfeldunternehmens. Im Gegensatz zum externen Kapitalmarkt verfügt die Unternehmensleitung als Kapitalanbieter auf dem internen Kapitalmarkt über residuale Kontrollrechte, z.B. das Recht, über die Nutzung der Aktiva des Unternehmens zu bestimmen.[20] Dieser Unterschied zum externen Kapitalmarkt ist von zentraler Bedeutung für die späteren Ausführungen zu internen Kapitalmärkten als Einflussgröße eines Diversification Discounts.

---

[17] Vgl. Williamson (1975), S. 145.

[18] Wagner (2001), S. 2 stellt dies in ähnlicher Weise fest.

[19] Zu diesen Ausführungen vgl. Maug (2001), S. 3f.

[20] Vgl. Stein (2003), S. 135 f. und Wagner (2001), S. 5.

2.5 Der Begriff des Unternehmenswerts

„Value, like beauty, is in the mind of the beholder.“[21]

Wert ist, wie PRATT in seinem einflussreichen Buch zur Unternehmensbewertung formuliert, eine subjektive Größe. Der Wert eines Gutes ist abhängig von dem individuellen Nutzen, den sein Eigentümer aus ihm ziehen zu können meint. Analog dazu wird der Unternehmenswert bestimmt durch den (finanziellen) Nutzen eines Unternehmens für seine Eigentümer. Da der Unternehmenswert aufgrund seines subjektiven Charakters nicht objektiv erfasst werden kann und es den einzig richtigen Wert nicht gibt, kann dieser nur approximiert werden. Je nach Zielsetzung einer Unternehmenswertbestimmung und der Bewertungsperspektive gibt es unterschiedliche Approximationsmöglichkeiten. Auf der Grundlage der Bewertungsperspektive kann unterschieden werden zwischen dem aus unternehmensinterner Sicht berechenbaren 'inneren Wert' oder Fundamentalwert eines Unternehmens, der auf der Basis möglichst objektiver Bewertungsmethoden, z.B. auf Substanzwert oder Ertragswertbasis, ermittelt werden kann, und dem Marktwert eines Unternehmens, der den Unternehmenswert aus Kapitalgebersicht darstellt. Der Ertragswert gilt als finanztheoretisch richtiger Wert des Unternehmens; er wird als Barwert aller zukünftigen Einzahlungsüberschüsse, die zur Ausschüttung an die Unternehmenseigentümer zur Verfügung stehen, berechnet.[22] Der Marktwert eines Unternehmens hingegen stellt den Wert eines Unternehmens dar, zu dem sein Eigen- und Fremdkapital am Markt gehandelt werden. Beim Marktwert handelt es sich streng genommen nicht mehr um einen (subjektiven) *Wert*, sondern um einen *Preis*,[23] da der Begriff 'Wert' eine spezifische Subjekt-Objekt Beziehung impliziert, wohingegen der Marktwert den Preis darstellt, welcher die subjektiven Wertvorstellungen aller beteiligten Akteure zum Ausgleich bringt.[24] Bei vollständig effizienten Kapitalmärkten entspricht der Marktwert eines Unternehmens seinem inneren Wert.[25] Eine solche Identität von innerem Wert und Marktwert basiert allerdings auf einer Reihe von restriktiven Annahmen, wie fehlende

---

[21] Siehe Pratt (1981), S. 37.

[22] Vgl. Fechtel (2001), S. 24.

[23] Marktwert und Marktpreis werden hier synonym verwendet. Einige Autoren grenzen diese Begriffe jedoch voneinander ab, da sie als Marktwert den Fundamentalwert verstehen, den ein Unternehmen theoretisch am Markt haben müsste.

[24] Vgl. Herrmann (2002), S. 15. Zur Diskussion des Unterschieds zwischen Wert und Preis siehe Olbrich (2000), S. 458ff.

[25] Nach wie vor gilt in der anglo-amerikanischen Finanzliteratur häufig der Marktwert als bester Schätzer des inneren Wertes. Vgl. hierzu Herrmann (2002), S. 12.

Arbitragekosten und vollständige Informationseffizienz des Kapitalmarkts.[26] Sowohl theoretische[27] als auch empirische Betrachtungen haben aber gezeigt, dass Marktwerte durchaus häufig und deutlich von den fundamentalen Werten abweichen können.[28] Als wesentliche Gründe dieser Abweichung werden die nicht realitätskonformen Annahmen bezüglich einer Bewertungs- bzw. Informationseffizienz[29] eines Kapitalmarkts angeführt. So können Investoren aufgrund ihres schlechteren Informationsstandes die zukünftigen Zahlungsströme und Risiken eines Unternehmens schlechter abschätzen als Unternehmensinsider; zudem existieren Kosten, die unbeschränkte Arbitragetransaktionen verhindern. Daher wird auch in

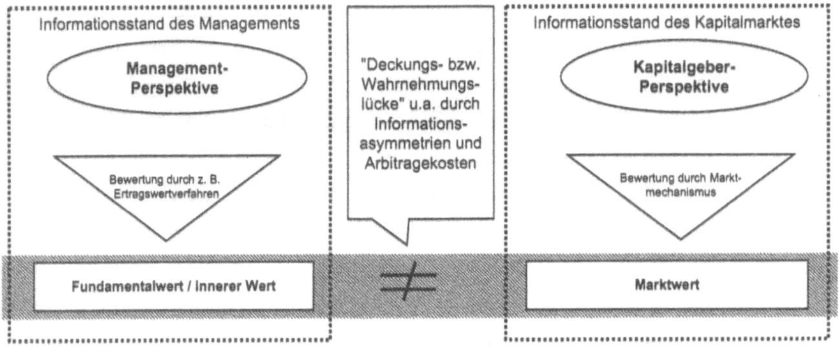

Abbildung 2.1: Der Begriff des Unternehmenswerts: interne vs. externe Sicht

dieser Arbeit begrifflich zwischen dem *fundamentalen Unternehmenswert* und dem *Marktwert* eines Unternehmens unterschieden. Es wird davon ausgegangen, dass diese Werte nicht zwangsläufig übereinstimmen, und dass der Prozess der Marktwertbildung gegenüber dem Bestimmen des inneren Wertes zusätzlichen Einflussfaktoren unterliegt. Diese zusätzlichen Einflussfaktoren betreffen die Informationslage und das Bewertungsverhalten der Investoren

[26] Unter Geltung dieser restriktiven Annahmen spiegeln die Preise der gehandelten Werte den zugrundeliegenden Fundamentalwert wider. Weicht ein Preis von seinem Fundamentalwert ab, können Arbitrageure durch Kauf oder Leerverkauf des fehlbewerteten Titels Gewinn erzielen (je nachdem, ob der Preis über oder unter dem Fundamentalwert liegt). Diese Arbitrage führt zu einer Preisanpassung, bis der Gleichgewichtszustand zwischen Fundamentalwert und Preis wieder erreicht ist.

[27] Insbesondere aus der Theorie ineffizienter Kapitalmärkte und aus dem Forschungsgebiet der Behavioral Finance leiten sich theoretische Kritikansätze ab.

[28] Siehe Summers (1986), S. 599 oder Lee/Myers/Swaminathan (1999), S. 1694.

[29] Als bewertungseffizient wird ein Markt bezeichnet, in dem der Preis eines Finanztitels und dessen innerer Wert übereinstimmen. Informationseffizient ist ein Markt, wenn in den Marktpreisen der Finanztitel sämtliche verfügbare Informationen zu diesen Titeln eingepreist sind. Dieser Begriff ist geprägt von Fama (1970). Vgl. hierzu auch Fischer (2003), S. 15, Fußnote 50.

sowie jegliche Formen von Marktineffizienzen. Für die spätere Analyse von Bewertungsunterschieden ist dieses Begriffsverständnis von wesentlicher Bedeutung. Der Begriff des Unternehmenswertes bezieht sich im Folgenden auf den Marktwert eines Unternehmens.[30]

2.6 Übersicht über die Definitionen

Die dargelegten wesentlichen Begriffsbestimmungen lassen sich folgendermaßen zusammenfassen:

- *Diversifikation* ist als Begriff beschränkt auf laterale Diversifikation: Es handelt sich nur dann um einen Prozess der 'echten' Diversifikation, wenn Unternehmen mit einem neuen Produkt ein neues Kundenbedürfnis befriedigen – verbunden mit der Notwendigkeit, neue, erfolgskritische Kompetenzen aufzubauen. Diversifikation ist damit der Vorstoß eines Unternehmens in neue, unverwandte Branchen.

- *Unverwandte Branchen:* Eine Branche bezeichnet eine Gruppe von Unternehmen oder Unternehmenseinheiten, die ähnliche (im Sinne der Substituierbarkeit) Produkt-Markt-Kombinationen bedienen. Unverwandt sind zwei Branchen, wenn die ihnen zugerechneten Unternehmen jeweils vollkommen unterschiedliche Kundenbedürfnisse befriedigen, für deren Befriedigung unterschiedliche erfolgskritische Kompetenzen nötig sind.

- Ein *strategisches Geschäftsfeld* ist definiert als eine Unternehmenseinheit, die eine Marktaufgabe in einer eigenständigen Produkt-Markt-Kombination erfüllt und Erfolgsziele verfolgt und damit eindeutig abgrenzbar ist von anderen Unternehmenseinheiten. Der Begriff des strategischen Geschäftsfeldes wird synonym mit den Begriffen *Segment* und *Geschäftssparte* verwendet.

- Ein *interner Kapitalmarkt*, im Folgenden auch 'IKM' abgekürzt, bezeichnet den Mechanismus der internen Kapitalallokation eines diversifizierten Unternehmens.

---

[30] Dieser wird auf der Basis der Gesamtkapitalperspektive berechnet, die neben dem Marktwert des Eigenkapitals auch den Marktwert des Fremdkapitals berücksichtigt. Alternativ kann der Marktwert auch nur aus Eigenkapitalperspektive dargestellt werden. In der relevanten Bewertungsliteratur besteht jedoch eine eindeutige Präferenz für den Gesamtkapitalansatz, da der Marktwert auf Gesamtkapitalbasis besser das Gesamtvermögen eines Unternehmens als Quelle der Wertschaffung reflektiert. Vgl. hierzu Günther (1997), S. 107.

➤ *Der Unternehmenswert* ist definiert als Marktwert eines Unternehmens aus Gesamtkapitalperspektive und damit zu unterscheiden vom Fundamentalwert eines Unternehmens.

2.7 Annahmen zur Effizienz des Kapitalmarkts

Die vorliegende Arbeit geht, wie im vorangegangenen Abschnitt zum Unternehmenswertbegriff bereits erläutert worden ist, nicht von einer vollkommenen Effizienz des Kapitalmarkts aus. Dies betrifft sowohl die Struktur des Kapitalmarkts als auch die Effizienz der Informationsverarbeitung: Strukturstörend wirkt die Existenz von Steuern und Transaktionskosten[31], sodass eine arbitragefreie Allokation der Ressourcen nicht immer zustande kommen kann. Auch herrscht keine strenge Form der *Informationseffizienz*, bei der Investoren über sämtliche Informationen in Bezug auf ein Unternehmen verfügen, die öffentlich oder privat zum relevanten Zeitpunkt verfügbar sind. Vielmehr wird – wie in vielen empirischen Untersuchungen implizit angenommen[32] – von einer halbstrengen Form der Informationseffizienz ausgegangen,[33] bei der Investoren lediglich über alle öffentlichen Informationen zu einem Unternehmen verfügen.

Diese Annahmen sind wesentlich für die nun folgende Schilderung der theoretischen und empirischen Grundlagen der beiden Forschungsfragen. Sie prägen das Grundverständnis von Marktwert und marktwertbeeinflussenden Mechanismen und üben so Einfluss auf den empirischen Teil der Arbeit aus.

Zunächst gilt es, im folgenden Kapitel den Bezugsrahmen zur Frage nach der Existenz eines Bewertungsunterschieds vorzustellen.

---

[31] Der Begriff der Transaktionskosten wird im Abschnitt 4.1 erläutert.

[32] Vgl. hierzu die im Abschnitt 3.2 aufgeführten Studien zum Diversification Discount.

[33] Zur empirischen Überprüfung des Effizienzgrads des deutschen Kapitalmarkts siehe Möller (1983). Weiter gestützt wird diese Annahme von den Untersuchungen von Summers (1986) und Lee/Myers/Swaminathan (1999).

3 Der Bewertungsunterschied zwischen fokussierten und diversifizierten Unternehmen

Ziel dieses Kapitels ist, die theoretischen und empirischen Grundlagen der ersten Forschungsfrage aufzuzeigen und auf dieser Basis Hypothesen für die empirische Untersuchung abzuleiten. Dies geschieht folgendermaßen: Im ersten Abschnitt werden die theoretischen Grundlagen eines Bewertungsunterschieds zwischen diversifizierten und fokussierten Unternehmen erläutert. Bewusst wird dabei noch nicht auf Ursachen für den Bewertungsunterschied eingegangen, die thematisch getrennt im darauffolgenden Kapitel geschildert werden. Der zweite Abschnitt ist der systematischen Auswertung bisheriger Forschungsergebnisse zur Existenz und Höhe des Bewertungsunterschieds gewidmet. Aufbauend auf den theoretischen Grundlagen und unter Einbeziehung der wesentlichen bisherigen Erkenntnisse aus der empirischen Forschung werden im dritten Abschnitt die Hypothesen für die empirische Untersuchung gebildet.

3.1 Theoretische Grundlagen: Ansätze zur Ermittlung eines Bewertungsunterschieds

Im vorangegangenen Kapitel ist der Begriff des Bewertungsunterschieds definiert worden als der zusätzliche (oder geringere) Wert, den ein diversifiziertes Unternehmen mit seinen einzelnen Geschäftsfeldern unter einer zentralen Steuerung gegenüber einem theoretisch identischen Portfolio aus fokussierten Unternehmen in den jeweils entsprechenden Branchen erzielt. Im Folgenden wird dargestellt, wie dieser Bewertungsunterschied in wissenschaftlichen Untersuchungen gemessen worden ist. Die in der Literatur bestehenden Ansätze zur Ermittlung eines Bewertungsunterschieds lassen sich dabei in vier grundsätzlich verschiedene Typen von Ansätzen aufteilen:

1.) *Kennzahlenvergleiche*: Vergleich von Bilanz- und GuV-Kennzahlen diversifizierter und fokussierter Unternehmen.

2.) *Ereignisstudien*: Messungen der Aktienkurseffekte auf diversifizierende Akquisitionen oder fokussierende Desinvestitionen.

3.) *'Tobin's q'-Studien*: Messungen der Unterschiede in Tobin's q von diversifizierten und fokussierten Unternehmen.

4.) *'Excess Value'-Studien*: Bestimmung des Überschusswertes ('Excess Value') eines diversifizierten Unternehmens über die Berechnung der Summe seiner Einzelteile mittels Multiplikator-Methoden.

3.1.1 Kennzahlenvergleiche

Ansätze wie von RAVENSCRAFT/SCHERER (1987) vergleichen die Performance diversifizierter und fokussierter Unternehmen anhand bilanzieller Kennzahlen wie 'Return on Equity' oder 'Return on Sales', indem die Kennzahlen mit Diversifikationsmaßen wie z.B. dem Herfindahl-Index korrelieren.[1] Dieser Ansatz ermöglicht allerdings lediglich Aussagen bezüglich des Zusammenhangs zwischen Diversifikation und Unternehmenserfolg im Sinne des Fundamentalwertes und lässt nur indirekt Rückschlüsse auf den Marktwert und damit einen Bewertungsunterschied zu: Bei Geltung der Annahme perfekter Kapitalmärkte würden weniger profitable diversifizierte Unternehmen auch schlechter an den Kapitalmärkten bewertet, als die insgesamt profitableren fokussierten Unternehmen. Untersuchungen dieser Art unterliegen deutlichen Schwächen; so sind die Ergebnisse stark abhängig von der Wahl des Beobachtungszeitpunktes und der Auswahl der Vergleichsgruppe fokussierter Unternehmen. Des Weiteren bleibt das unterschiedliche Risiko der Unternehmen unberücksichtigt, was einen theoretisch korrekten Vergleich von Erfolgskennzahlen nicht möglich macht.[2] Daher wird dieser Ansatz seit den neunziger Jahren auch kaum noch angewendet.

---

[1] Eine breite Übersicht über Kennzahlvergleichsstudien bietet Müller (1987).

[2] Zu weiteren Schwächen siehe Lang/Stulz (1994), S. 1252f.

3.1.2 Ereignisstudien

Ereignisstudien messen Aktienkursreaktionen auf bestimmte Ereignisse. Im Zusammenhang mit den Ansätzen zur Messung eines Bewertungsunterschieds können sie eingesetzt werden, um Kursreaktionen auf diversifizierende Akquisitionen oder fokussierende Desinvestitionen zu untersuchen. Gemessen werden dabei die sogenannten abnormalen Renditen, also die Kursänderung relativ zum Gesamtmarkt, die die Aktie eines Unternehmens kurz vor und nach einer diversifizierenden Akquisition oder einer fokussierenden Desinvestition erzielt. Dadurch kann beobachtet werden, wie ein spezifisches Unternehmen vor und nach einer diversifizierenden oder fokussierenden Maßnahme relativ zum Markt bewertet wird; daraus kann unmittelbar der Rückschluss gezogen werden, ob der Markt Diversifikation 'bestraft' oder 'belohnt' und in welchem Ausmaß dies der Fall ist. Angewendet haben diesen Ansatz z.B. COMMENT/JARRELL (1995), die etwa 700 solcher fokussierenden oder diversifizierenden Unternehmen in den USA untersucht haben. Dieser Ansatz lässt sich allerdings nur auf Unternehmen anwenden, die ihren Diversifikationsgrad im Laufe der Zeit ändern; er ist damit in seiner Anwendbarkeit eingeschränkt.

3.1.3 Vergleichswertstudien auf der Basis von 'Tobin's q'

Anhand eines solchen Ansatzes lassen sich auch dann Bewertungsunterschiede ermitteln, wenn Unternehmen ihren Diversifikationsgrad nicht ändern. Demnach wird für jedes untersuchte Unternehmen Tobin's q berechnet[3] und einem Diversifikationsmaß gegenübergestellt. Je größer die Unterschiede in Tobin's q von diversifizierten und fokussierten Unternehmen ausfallen, desto deutlicher unterscheiden sich die Wachstums- und Ertragschancen beider Gruppen. Das Problem, dass niedrigere (oder höhere) Werte von Tobin's q dadurch verursacht sein könnten, dass diversifizierte Unternehmen vor allem in Branchen mit niedrigerem (respektive höherem) durchschnittlichen 'q' auftreten, lösen LANG/STULZ mit dem sogenannten 'Chop-Shop'-Ansatz, der den tatsächlichen q-Wert der diversifizierten Unternehmen mit hypothetischen Werten vergleicht, die sie aufweisen würden, wenn die q-Werte

[3] Tobin's q wird berechnet aus dem aktuellen Gesamtwert des Unternehmens geteilt durch den geschätzten Reproduktionswert des Vermögens und misst den Wertbeitrag des immateriellen Vermögens eines Unternehmens zum Gesamtwert.

ihrer Segmente den durchschnittlichen q-Werten fokussierter Unternehmen derselben Branche entsprächen.[4] Auf diese Weise lässt sich ableiten, ob und inwieweit diversifizierte Unternehmen besser oder schlechter als fokussierte Unternehmen bewertet werden.

3.1.4 Vergleichswertstudien auf der Basis des 'Excess-Value'

Vergleichswertstudien auf der Basis des 'Excess-Values' führen diesen 'Chop-Shop'-Ansatz weiter, indem sie mit Hilfe von branchenspezifischen Multiplikatoren den Wert eines diversifizierten Unternehmens berechnen, den seine Geschäftssegmente als theoretisch einzelstehende Unternehmen in Summe erzielen würden. Statt Tobin's q wird der theoretische Einzelwert jedes Geschäftsfeldes eines diversifizierten Unternehmens auf der Basis branchentypischer Multiplikatoren berechnet, beispielsweise von Umsatz-oder Gewinnmultiplikatoren. Die Summe dieser Einzelwerte entspricht dem hypothetischen Zerschlagungswert eines diversifizierten Unternehmens; die Differenz zwischen dem Gesamtwert eines Unternehmens und diesem Zerschlagungswert ergibt dann den Excess Value, der so die Über- oder Unterbewertung eines diversifizierten Unternehmens quantifiziert.[5] Gegenüber den Untersuchungen auf Tobin's q-Basis bietet diese Art der Vergleichswertberechnung den Vorteil der möglichen Nutzung verschiedener Multiplikatoren. Dieser Ansatz dominiert insoweit die aktuelleren Untersuchungen zum Diversification Discount.

3.2 Empirische Befunde

Für die folgende Untersuchung der Ergebnisse von Studien zum Diversification Discount bleiben Kennzahlvergleichsstudien unberücksichtigt, da sie keine direkten Rückschlüsse auf Unterschiede in der Bewertung durch den Markt zulassen. Ereignisstudien werden zur Stützung der Resultate herangezogen, nicht aber zum Vergleich der ermittelten Höhen eines Discounts, da sie keine verallgemeinerbaren Aussagen für diversifizierte Unternehmen ermöglichen, die ihren Status nicht verändern. Somit rücken Tobin's q- und Excess Value-Studien in den Fokus der Analyse empirischer Ergebnisse zum Diversification Discount.

---

[4] Siehe Lang/Stulz (1994), S. 1263.

[5] Als Beispiel für solche Studien siehe Berger/Ofek (1995) oder Lins/Servaes (1999).

3.2.1 Untersuchungen eines Bewertungsunterschieds in Deutschland

Es finden sich insgesamt nur drei Untersuchungen, die versuchen, einen systematischen Bewertungsunterschied für den deutschen Kapitalmarkt zu ermitteln: LINS/SERVAES (1999) untersuchen in ihrer Studie die Existenz eines Diversification Discounts in Großbritannien, Japan und Deutschland in den Jahren 1992 und 1994. Für Deutschland gelingt ihnen im Unterschied zu Japan und Großbritannien kein Nachweis eines Discounts. Sie begründen die für Deutschland unklaren Ergebnisse mit der unzureichenden Größe der damals verfügbaren Untersuchungsgesamtheit.[6] FAUVER/HOUSTON/NARANJO (1999) analysieren in einer 35 Länder umfassenden Untersuchung, darunter auch Deutschland, einen möglichen Bewertungsunterschied. Sie erhalten für eine Mehrheit der Länder statistisch signifikante[7] Nachweise eines Bewertungsunterschieds; allerdings können auch sie keinen Bewertungsunterschied in Deutschland nachweisen. Auch hier könnte dies an der noch relativ kleinen Untersuchungsgesamtheit von 260 Unternehmen liegen, die nur ein Drittel der an der Frankfurter Wertpapierbörse notierten Unternehmen darstellen. SCHWETZLER/REIMUND (2003) sind die ersten, die sich einer Untersuchung des Diversification Discounts ausschließlich am deutschen Kapitalmarkt widmen. Als ersten gelingt es ihnen, einen Discount für diversifizierte Unternehmen nachzuweisen. Dennoch wird diese Untersuchung aufgrund ihrer relativ schmalen Datenbasis[8] und des geringen statistischen Signifikanzniveaus[9] der Ergebnisse nur als erster Hinweis auf die Existenz eines systematischen Bewertungsunterschieds gewertet.

Keiner dieser Studien gelingt somit ein deutlicher Nachweis eines Diversification Discounts. Im Kapitel 5.5.3.1 wird gezeigt, dass die Untersuchung eines Diversification Discounts infolge des Mangels an bindenden Vorschriften zur Segmentberichterstattung diversifizierter Unternehmen vor dem Jahr 1998 kaum möglich ist. Infolge dieses Mangels kann vor diesem Datum nur eine Minderheit der diversifizierten Unternehmen analysiert werden, die zudem möglicherweise nicht repräsentativ ist, da lediglich die Unternehmen analysiert

---

[6] Siehe Lins/Servaes (1999), S. 2231.

[7] Das Attribut 'signifikant' bezieht sich in diesem Abschnitt auf das Signifikanzniveau des Diversifikationskoeffizienten.

[8] Bei 203 Beobachtungspunkten für diversifizierte Unternehmen über einen Untersuchungszeitraum von 14 Jahren werden im Durchschnitt etwa 14 diversifizierte Unternehmen pro Jahr analysiert. Die Berechnungsbasis für die Multiplikatoren bilden 849 Beobachtungspunkte fokussierter Unternehmen, also etwa 61 pro Jahr.

[9] Je nach Messmethodik liegen die p-Werte der T-Tests auf Signifikanz des Bewertungsunterschieds zwischen 7,9% und 14,3% und verfehlen damit die zumeist verwendete Obergrenze von 5%.

werden können, die auf weitgehend freiwilliger Basis Segmentberichtsdaten veröffentlicht haben und so einen positiven Bias aufweisen könnten. Dies erklärt, warum bisherige Studien zu keinem eindeutigen Ergebnis kommen konnten.

3.2.2 Untersuchungen eines Bewertungsunterschieds in anderen Ländern

Im Unterschied zu Deutschland ist vor allem in den USA eine große Zahl von Untersuchungen zum Diversification Discount durchgeführt worden. Die Veröffentlichung einer der ersten großen Studien zu einem Bewertungsunterschied zwischen diversifizierten und fokussierten Unternehmen von BERGER/OFEK (1995) gab den Anstoß für viele weitere Arbeiten. Zwar hatten zuvor WERNERFELT/MONTGOMERY (1988) und LANG/STULZ (1994) bereits erste Untersuchungen auf Vergleichswertbasis veröffentlicht, doch führte erst die Untersuchung von BERGER/OFEK (1995) zu einer breiten wissenschaftlichen Diskussion um den Diversification Discount. Aus den über 20 publizierten vergleichswertbasierten Arbeiten sind für diese Arbeit 14 Vergleichswertstudien ausgewählt und ausgewertet worden. In die Auswahl gelangten dabei nur diejenigen, die in wissenschaftlich anerkannten Periodika publiziert oder zumindest als Working Paper in mehreren Artikeln aus solchen Periodika zitiert worden sind.[10] Mit Hilfe der gleichen Kriterien sind zusätzlich sechs der einflussreichsten[11] Ereignisstudien zum Vergleich hinzugezogen worden. Eine Auswertung der 20 Artikel findet sich in Tab. 3.1 auf Seite 30.[12] Untersuchungen auf Vergleichswertbasis werden dabei getrennt aufgeführt, da sie sich zwar alle mit dem Thema des Diversification Discounts beschäftigen, im Kern jedoch zu verschiedenen Aussagekategorien gelangen: Während Vergleichswertstudien zeigen, in welcher Höhe ein Bewertungsunterschied zwischen einem diversifizierten und fokussierten Unternehmen in den vergleichbaren Branchen besteht, zeigen

---

[10] Als 'wissenschaftlich anerkannte Periodika' gelten in diesem Zusammenhang die vom Verband deutscher Hochschullehrer als A-Journals kategorisierten Zeitschriften, wie zum Beispiel das Journal of Finance. Siehe im Internet unter *http://www.v-h-b.de/*.

[11] Gemessen an der Häufigkeit ihrer Zitation in den untersuchten 14 Vergleichswertstudien.

[12] Zu den 14 untersuchten Vergleichswertstudien zählen: Wernerfelt/Montgomery (1988), Lang/Stulz (1994), Berger/Ofek (1995), Servaes (1996), Denis/Denis/Sarin (1997), Fauver/Houston/Naranjo (1999), Lins/Servaes (1999), Klein (2000), Billet/Mauer (2002), Campa/Kedia (2002), Denis/Denis/Yost (2002), Mansi/Reeb (2002), Best/Hodges/Lin (2004), Villalonga (2004b); die sechs Ereignisstudien sind: Comment/Jarrell (1995), Hubbard/Palia (1998), Lamont/Polk (2000), Hyland/Diltz (2001), Graham/Lemmon/Wolf (2002), Burch/Nanda (2003).

Ereignisstudien, in welcher Höhe (weitere) Diversifikation 'bestraft' oder 'belohnt wird'. Vergleichswertstudien ermöglichen demnach Aussagen über die Marktbewertung des Status der Diversifikation, während Ereignisstudien Aussagen über die Marktbewertung des Prozesses der Diversifikation zulassen. Wesentliche Ergebnisse beider Kategorien von Untersuchungen sind:

1.) Es gibt eine deutliche Evidenz für einen Diversification Discount: 12 der 14 Untersuchungen auf Vergleichswertbasis weisen einen Bewertungsunterschied nach, zumeist einen negativen, wie Tabelle 3.1 zeigt. Zumindest für die USA ist damit für die sechziger Jahre ein Premium und von 1970 bis 1998 nahezu lückenlos ein Corporate Discount nachgewiesen. Auch in anderen Ländern findet sich Evidenz für einen Corporate Discount, wenngleich sich nur zwei Untersuchungen dieses Themas annehmen: FAUVER/HOUSTON/NARANJO zeigen, dass diversifizierte Unternehmen in Ländern mit schwach entwickelten externen Kapitalmärkten zumeist mit einem Premium gehandelt werden, während sie in Ländern mit hochentwickelten Kapitalmärkten eher mit einem Discount belegt werden; für Großbritannien und Japan weisen LINS/SERVAES einen Discount nach.

2.) Auch der Prozess der Diversifikation wird negativ bewertet: Die Ereignisstudien zeigen überwiegend negative abnormale Renditen bei diversifizierenden Unternehmen über einen längeren Zeitraum und bestätigen die Ergebnisse der Vergleichswertstudien.

3.) Die Höhe des beobachteten Discounts variiert, einerseits über die Zeit – so ist tendenziell eine leichte Verringerung des durchschnittlichen Discounts von unter 25% in den sechziger Jahren auf 5-15% in den letzten Jahren zu beobachten – ; andererseits variiert die Höhe des gemessenen Discounts auch zwischen den Studien, was zumindest teilweise Unterschieden in den Berechnungsmethoden und der zugrundeliegenden Untersuchungsgesamtheit zuzuschreiben ist. Abb. 3.1 auf Seite 31 zeigt die beschriebenen Unterschiede grafisch auf. Lediglich zwei widersprüchliche Ergebnisse finden sich: So zeigt KLEIN ein Premium in den sechziger Jahren auf, während SERVAES (1996) einen Discount nachweist. Abgesehen von diesem Widerspruch liegen die ermittelten Werte jedoch verhältnismäßig eng beieinander.

	Autoren	Jahr	Untersuchungs-zeitraum	Land	Evidenz für einen Bewertungs-unterschied?	Höhe des Unterschieds
	Vergleichswertstudien (Tobin's q oder Excess Value)					
1	Wernerfelt/Montgomery	1988	1976	USA	Ja, Discount	-
2	Lang/Stulz	1994	1978 - 1988	USA	Ja, Discount	-27% bis -54%
3	Berger/Ofek	1995	1986-1991	USA	Ja, Discount	-13% bis -15%
4	Servaes	1996	1961-1976	USA	Ja, Discount	-10% bis -60%
5	Denis/Denis/Sarin	1997	1984 - 1986 und 1992	USA	Ja, Discount	-5% bis -7%
6	Fauver/Houston/Naranjo	1999	1991 - 1995	international	Ja, Discount/Premium	länderabhängig
7	Lins/Servaes	1999	1992; 1994	Japan, Deutschland, UK	Ja, Discount	länderabhängig
8	Klein	2000	1966 - 1974	USA	Ja, Discount oder Premium	-10% bis +40%
9	Billet/Mauer	2002	1990 - 1998	USA	Ja, Discount	-6% bis -11%
10	Campa/Kedia	2002	1978 - 1996	USA	Nein*	
11	Denis/Denis/Yost	2002	1984 - 1997	USA	Ja, Discount	-15% bis -20%
12	Mansi/Reeb	2002	1988 - 1999	USA	Nein*	
13	Best/Hodges/Lin	2004	1987 - 1998	USA	Ja, Discount	-12%
14	Villalonga	2004	1989 - 1996	USA	Ja, Discount für lateral diversifizierte	
	Ereignisstudien					
1	Comment/Jarrell	1995	1978 - 1989	USA	Ja, Discount	-13% bis -15%
2	Hubbard/Palia	1998	1961 - 1970	USA	Ja, Premium	nicht spezifiziert
3	Lamont/Polk	2000	1979 - 1997	USA	Ja, Discount	nicht spezifiziert
4	Hyland/Dilitz	2001	1981 - 1992	USA	Ja, Discount	-17%
5	Graham/Lemmon/Wolf	2002	1980 - 1995	USA	Nein*	
6	Burch/Nanda	2003	1979-1996	USA	Ja, Discount	-6%

* Discount wird zwar nachgewiesen, aber Diversifikation als Ursache angezweifelt.

Tabelle 3.1: Übersicht über die untersuchten Discountstudien

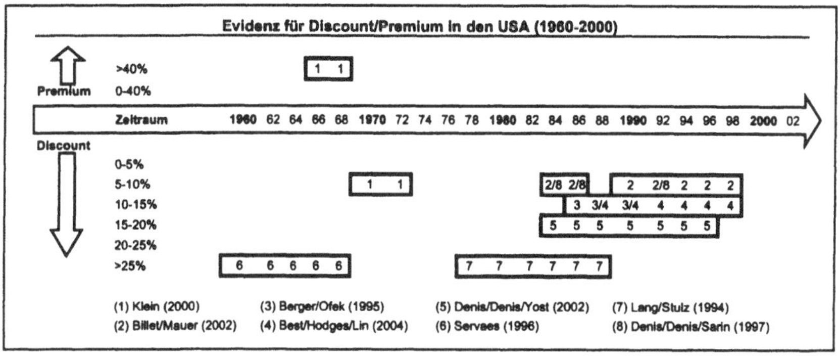

Abbildung 3.1: Grafische Darstellung ermittelter Bewertungsunterschiede in den USA

Allerdings gibt es auch Kritik an der bislang „allgemein akzeptierten Weisheit unter Ökonomen, dass ein Diskont existiert“[13]. Einige Untersuchungen neueren Datums stellen die vorgestellten Ergebnisse in Frage; dabei sind grundsätzlich zwei Kritikansätze zu erkennen:

— Zweifel an der Kausalität zwischen Discount und Diversifikation: CAMPA/KEDIA (2002) und GRAHAM/LEMMON/WOLF (2002) stellen nicht die Höhe des ermittelten Discounts in Frage, sondern die Kausalität in Bezug auf die Diversifikation. Sie zeigen, dass etliche diversifizierte Unternehmen bereits vor der Diversifikation mit einem Discount belegt waren und stellen somit in Frage, ob der Discount tatsächlich der Diversifikation zuzuschreiben ist und nicht umgekehrt. Es ist aber fraglich, ob die Untersuchungsergebnisse tatsächlich diesen Schluss zulassen. So zeigt ein genauerer Blick in die Ergebnisse von GRAHAM/LEMMON/WOLF, dass lediglich die Hälfte des ermittelten Discounts durch die Tatsache eines Discounts vor der Diversifikation zugeordnet werden kann – was darauf hinweist, dass der in anderen Untersuchungen gemessene Discount gegebenenfalls niedriger ist, nicht aber die Kausalität komplett in Frage stellen kann. CAMPA/KEDIA gründen ihre Aussage auf ein relativ kleines Sample, was die Argumentation ebenfalls schwächt. Zudem weist SERVAES nach, dass diversifizierte Unternehmen in den sechziger Jahren vor ihrer Diversifikation im Durchschnitt nicht mit einem Discount belegt waren.[14]

[13] Vgl. Martin/Sayrak (2003), S. 38.

[14] Siehe Servaes (1996), S. 1222.

— Zweifel an der Messmethodik: VILLALONGA identifiziert systematische Fehler in der den meisten Untersuchungen zugrundeliegenden Datenquelle COMPUSTAT. Auf der Grundlage einer relativ mechanischen Kategorisierung von Unternehmen als diversifiziert können erhebliche Messfehler auftreten; so zeigt die Autorin für ihre Untersuchungsgesamtheit zunächst einen Discount, nach Korrekturen aber ein Premium. Ihre Kritik erscheint durchaus berechtigt; es ist allerdings daran zu zweifeln, dass die Ergebnisse aller erwähnten 17 Studien, die einen Discount nachweisen, auf Datenfehlern beruhen. VILLALONGA selbst vermutet, dass durch Messfehler lediglich die Höhe des Discounts überschätzt wird.[15]

Insgesamt können die Kritiker also lediglich die Höhe des gemessenen Discounts in Frage stellen, nicht aber grundsätzlich dessen Existenz und dessen Kausalität im Hinblick auf die Diversifikation.

3.3 Ableitung der Hypothesen H1 bis H3

Im zweiten Kapitel wurde aufgezeigt, dass zwischen fokussierten und diversifizierten Unternehmen theoretisch ein Bewertungsunterschied existieren kann. Die vorangegangen Abschnitte haben gezeigt, dass ein Bewertungsunterschied zudem auch messbar ist und in einigen Ländern bereits nachgewiesen wurde.

Auf dieser Basis erscheint es angemessen, folgende erste Hypothese aufzustellen:

➤ *H1*: Es gibt einen ökonomisch signifikanten Bewertungsunterschied zwischen diversifizierten und fokussierten Unternehmen am deutschen Aktienmarkt.

Unter Annahme einer Übertragbarkeit der Ergebnisse aus den USA auf Deutschland lässt sich auch die Ausprägung des Bewertungsunterschieds vermuten:

➤ *H2*: Der Bewertungsunterschied ist im Durchschnitt negativ, diversifizierte Unternehmen werden also mit einem Discount gehandelt.

[15] Siehe Villalonga (2001), S. 501.

Indirekt zeigen die meisten der untersuchten Vergleichswertstudien, dass der ermittelte Discount ursächlich mit dem Charakteristikum der Diversifiziertheit zusammenhängt, da sie als Einflussgrößen des Discounts diversifikationsspezifische Eigenheiten ermitteln, wie die Existenz und Effizienz eines internen Kapitalmarkts. Einige Untersuchungen, wie z.B. BERGER/OFEK (1995), zeigen direkt, dass Diversifikation Ursache des Discounts ist. Indem sie diversifikationsspezifische Einflussfaktoren auf den Discount von unspezifischen Faktoren trennen, weisen sie den isolierten Diversification Discount nach. Diese Erkenntnis führt zu der Hypothese, dass auch am deutschen Kapitalmarkt der vermutete Discount eindeutig ein 'Diversification Discount' ist:

➤ *H3*: Der Bewertungsunterschied zwischen diversifizierten und fokussierten Unternehmen am deutschen Aktienmarkt liegt wesentlich an diversifikationsspezifischen Einflussgrößen.

Damit sind die Hypothesen zur Beantwortung der ersten Forschungsfrage formuliert. Die Ergebnisse der empirischen Untersuchungen werden in Kapitel 4 eingehend weiter analysiert.

In Hinführung auf die Beschreibung der Grundlagen der zweiten Forschungsfrage sei auf die folgende Beobachtung hingewiesen, die die Bedeutung des nächsten Kapitels verdeutlicht:

Die Analyse der Ergebnisse der Discountstudien hat zur Erkenntnis geführt, dass der gemessene Bewertungsunterschied häufig den negativen Bereich verlässt und so bei einem nicht unerheblichen Anteil der untersuchten Unternehmen anstatt eines Discounts ein Premium ermittelt wird. Betrachtet man die Standardabweichungen der Ergebnisse der ermittelten Discounts, so liegen diese bei 40-60% (bei gemessenen Discounts von 10-20%).[16] Am Beispiel von BERGER/OFEK sei die Bedeutung dieser hohen Standardabweichung erläutert: Dort sind in der Ergebnistabelle neben dem auf der Basis von Umsatz-Multiplikatoren berechneten durchschnittlichen Discount von 9,7% auch Werte für den Median (10,6%), die Standardabweichung (54,2%) und Werte für das erste und dritte Quartil gegeben. Letzterer liegt bei 27,8%; demnach werden in der beobachteten Untersuchungsgesamtheit von ca. 5.000 diversifizierten Unternehmen immerhin 25% mit einem beachtlichen Premium von +27,8% und mehr gehandelt. Bei einem Median von 10,6% und einer Standardabweichung von 54,2% kann sogar durchaus davon ausgegangen werden, dass 30-40% der Unternehmen

[16] Vgl. zum Beispiel Berger/Ofek (1995) oder Billet/Mauer (2002).

mit einem Premium gehandelt werden. Es existiert also nicht ein genereller und pauschaler Discount, sondern dieser scheint erheblich zu variieren und sich offensichtlich sogar bei einem nicht unerheblichen Anteil diversifizierter Unternehmen in ein Premium umzukehren. STEIN kommentiert die Ergebnisse der ihm bekannten empirischen Discountstudien folgendermaßen:

> „It should be noted that (...) the mean value of the discount is not neccessarily the most informative item.(...) perhaps one should pay (...) more attention to its cross-sectional variation.“[17]

Die genannte Variabilität ist wahrscheinlich kein Zufallsprodukt. Offensichtlich gibt es Einflussgrößen des Bewertungsunterschieds, die sowohl eine negative als auch eine positive Ausprägung des Bewertungsunterschieds erklären können. Diese Erkenntnis führt zur zweiten Forschungsfrage, welche Einflussgrößen des Bewertungsunterschieds existieren; hierzu sollen im folgenden Kapitel die Grundlagen geschildert werden.

[17] Siehe Stein (2003), S. 145.

4 Einflussgrößen des Bewertungsunterschieds

Ziel dieses Kapitels ist, die theoretischen und empirischen Grundlagen der zweiten Forschungsfrage aufzuzeigen und auf dieser Basis Hypothesen für die empirische Untersuchung abzuleiten. Dabei wird folgendermaßen vorgegangen: Im ersten Abschnitt werden aus der volks- und betriebswirtschaftlichen Theorie Erklärungsansätze eines Bewertungsunterschieds ermittelt. Als '*Erklärungsansätze eines Bewertungsunterschieds*' werden in dieser Arbeit Theorien bezeichnet, die mit Hilfe diversifikationsspezifischer Wertquellen einen positiven oder negativen Bewertungsunterschied zwischen fokussierten und diversifizierten Unternehmen erklären. Unter *Wertquellen* werden theoretisch mögliche Determinanten des Werts und der Bewertung eines Unternehmens verstanden. *Diversifikationsspezifisch* sind Wertquellen genau dann, wenn es sich um Determinanten handelt, die auf grundlegenden Unterschieden zwischen fokussierten und diversifizierten Unternehmen beruhen.

Im zweiten Abschnitt werden mit Hilfe bestehender empirischer Erkenntnisse erste Hypothesen aufgestellt, welche der für Erklärungsansätze genutzten theoretischen diversifikationsspezifischen Wertquellen mutmaßliche Einflussgrößen eines Bewertungsunterschieds darstellen. Der Begriff der *Einflussgröße des Bewertungsunterschieds* bezeichnet im Unterschied zu Wertquellen faktisch wirkende Determinanten eines Bewertungsunterschieds. Wertquellen bieten demnach theoretisches Potenzial zur Erklärung eines Bewertungsunterschieds. Einflussgrößen hingegen sind nur über empirische Analysen identifizierbar.

Eine Verdichtung der großen Anzahl von diversifikationsspezifischen Wertquellen ist nötig, um eine zielgerichtete Modellierung für eine empirische Untersuchung vorzunehmen.

Der dritte Abschnitt bewertet die zu mutmaßlichen Einflussgrößen verdichteten Wertquellen auf der Grundlage der Ergebnisse bisheriger Discountstudien und ermöglicht so die

Ableitung der Hypothesen für die empirische Untersuchung, die im vierten Abschnitt des Kapitels erfolgt.

4.1 Theoretische Grundlagen: Erklärungsansätze eines Bewertungsunterschieds

Im Folgenden werden theoretische Erklärungsansätze für einen Bewertungsunterschied zwischen diversifizierten und fokussierten Unternehmen in der volks- und betriebswirtschaftlichen Theorie identifiziert und systematisiert. Wegen der großen Anzahl von Erklärungsansätzen und der Unterschiedlichkeit der geschilderten Wirkungsmechanismen wird eine Systematisierung für unumgänglich gehalten. Die erste Ebene der Systematisierung bilden die Dimensionen der Wirkungsrichtung (positives und negatives Einflusspotenzial) sowie des Wirkungsansatzes (auf den Fundamentalwert des Unternehmens oder direkt auf den Marktwert).[1] Dadurch ergeben sich folgende übergeordnete Gruppen von theoretischen Quellen des Bewertungsunterschieds:

1.) *Fundamentalwertbezogene Erklärungsansätze eines positiven Bewertungsunterschieds*: Theorien, die mittels fundamentalwertbezogener Wertquellen einen positiven Bewertungsunterschied (Premium) erklären. Wertquellen dieser Art wirken auf den Fundamentalwert eines diversifizierten Unternehmens, indem sie es (in Zukunft) profitabler machen, als es die einzelnen Geschäftsfelder ohne Zusammenschluss wären; auf diese Weise können sie eine Änderung der Bewertung des Unternehmens durch den Kapitalmarkt bewirken, was zu einem Diversification Premium führen würde.

2.) *Fundamentalwertbezogene Erklärungsansätze eines negativen Bewertungsunterschieds*: Analog zu denjenigen eines fundamentalwertbezogenen Wertaufschlags erläutern diese Theorien, wie mittels diversifikationsspezifischer Wertquellen, die ein diversifiziertes Unternehmen (in Zukunft) weniger profitabel machen, als es die einzelnen Geschäftsfelder ohne Zusammenschluss wären, ein Diversification Discount begründet werden kann.

---

[1] Vgl. hierzu die Ausführungen zu Fundamental- und Marktwert im Abschnitt 2.5.

3.) *Nicht-fundamentalwertbezogene Erklärungsansätze eines Bewertungsunterschieds*: Diese Erklärungsansätze basieren auf Wertquellen, die nicht den Fundamentalwert, sondern direkt den Marktwert eines Unternehmens bestimmen. Sie ergeben sich aus einer von fokussierten Unternehmen abweichenden Wahrnehmung und Bewertung diversifizierter Unternehmen durch Investoren und Analysten und können so ebenfalls zu einem Bewertungsunterschied führen. Die Analyse dieser Ansätze wird zeigen, dass mit ihnen nur ein negativer Bewertungsunterschieds zu erklären ist; daher wird auf die Bildung einer vierten übergeordneten Gruppe von Erklärungsansätzen verzichtet.

Die Erklärungsansätze eines Bewertungsunterschieds werden im Folgenden aus der Theorie abgeleitet. Dazu werden in einem ersten Abschnitt zunächst die fundamentalwertbezogenen Erklärungsansätze für einen positiv ausgeprägten Bewertungsunterschied (Premium) betrachtet und systematisiert, gefolgt von den fundamentalwertbezogenen Erklärungsansätzen für einen negativ ausgeprägten Bewertungsunterschied (Discount). Anschließend werden die Erklärungsansätze abgeleitet, die nicht fundamentalwertbezogen sind, sondern eine direkte Beeinflussung des Marktwerts eines Unternehmens begründen können.

4.1.1 Fundamentalwertbezogene Erklärungsansätze eines Premiums

Die Erklärungsansätze für einen positiven Bewertungsunterschied diversifizierter Unternehmen lassen sich aus der Forschung zu den Motiven der Diversifikation ableiten, die sich seit 1960 zu einem breit untersuchten Thema entwickelt hat. Die umfassende Auseinandersetzung der Forschung mit dem Thema der Motive für eine Diversifikationsstrategie hat eine unüberschaubare Fülle von Erklärungsansätzen hervorgebracht.[2] Dabei hat sich der Fokus der verschiedenen Betrachtungen über die Jahre immer wieder verschoben. Waren es anfangs Überlegungen zur Übertragung von Managementfähigkeiten,[3] anhand derer versucht wurde, den enormen Erfolg einiger großer Konglomerate (zum Beispiel Textron, ITT, Litton) in den USA in den fünfziger und sechziger Jahren zu erklären, so lag beispielsweise in den achtziger Jahren der Fokus auf aus der Industrieökonomik abgeleiteten Ideen der Marktmachtsteigerung.[4]

---

[2] Vgl. Szeless (2001), S.1.

[3] Die Idee der Übertragung von Managementfähigkeiten wurde durch Drucker (1955) aufgebracht.

[4] Für eine detaillierte Betrachtung der Entwicklungen in der Diversifikationsforschung siehe Gomez (1993).

Wegen des beschriebenen Wandels der Betrachtungsweise bietet die volks- und betriebswirtschaftliche Literatur kein ganzheitliches theoretisches Konzept der Vorteile der Diversifikation.

Angesichts der Fülle von verschiedenen Forschungsansätzen ergibt sich die Notwendigkeit einer möglichst umfassenden Darstellung und Systematisierung der verschiedenen Erklärungsansätze. Die folgenden vier grundlegenden theoretischen Ansätze bilden die Basis für eine Systematisierung:

1.) *Der ressourcenorientierte Ansatz* – Dieser Ansatz der Betriebswirtschaft sieht in der Qualität der vorhandenen Ressourcen eines Unternehmens die zentrale Basis für den Erfolg des Unternehmens. Diese Sichtweise gründet sich vor allem auf PENROSE (1959). Der Ressourcenbegriff bezieht sich dabei nicht nur auf die vorhandenen materiellen, sondern auch auf die immateriellen Ressourcen wie Fähigkeiten und Kompetenzen. Immaterielle Ressourcen spielen in der Begründung der Wertquellen diversifizierter Unternehmen eine besondere Rolle: Verfügt ein Unternehmen über strategisch wertvolle immaterielle Ressourcen, so kann es diese wertsteigernd in den verschiedenen Geschäftsfeldern nutzen. Mit diesem Ansatz legte ANSOFF die Grundlagen für den Gedanken der Synergien als zentraler Wertquelle eines diversifizierten Unternehmens.[5]

2.) *Die Industrieökonomik* bildet das Gegenstück zum ressourcenorientierten Ansatz. Statt den Unternehmenserfolg weitgehend intern vorhandenen Erfolgsfaktoren zuzuschreiben, sieht sie das Wettbewerbsumfeld und das dadurch beeinflusste Verhalten eines Unternehmens als maßgeblichen Erfolgstreiber an. Die Industrieökonomik fußt auf dem u.a. von BAIN (1968) entwickeltem Ansatz der '*Industrial Organizations*', der insbesondere durch Weiterentwicklungen von PORTER erheblich an Bedeutung gewonnen hat.[6] Aus ihr leiten sich Wertquellen einer Diversifikationsstrategie ab, die auf eine Verbesserung der Marktstellung abzielen.

3.) *Die finanzwirtschaftliche Theorie* – Diese sich mit der Beschaffung und der Allokation von Kapital beschäftigende Theorie liefert den Ansatzpunkt für weitere Wertquellen diversifizierter Unternehmen: zum einen durch die von MARKOWITZ (1952) be-

---

[5] Vgl. Ansoff (1965), S. 75ff.

[6] Zu diesen Ausführungen vgl. Hutzschenreuter (1998), S. 12. Die Weiterentwicklungen sind in Porter (1985) und Porter (1987) beschrieben.

gründete Portfoliotheorie, zum anderen in Verbindung mit dem Transaktionskostenansatz und dem ressourcenorientierten Ansatz durch erwartete Kostenvorteile bei der Beschaffung von Kapital und Effizienzvorteilen bei der Allokation von Kapital.

4.) *Der Transaktionskostenansatz* – Dieser Ansatz führt finanzwirtschaftliche Überlegungen mit der Organisationstheorie zusammen und fußt auf grundlegenden Arbeiten von WILLIAMSON (1979) und COASE (1937), die sich mit der Frage beschäftigt haben, in welchen Organisationsformen Transaktionen am effizientesten abgewickelt werden können. Transaktionskosten bezeichnen die Kosten von Anbahnung, Vereinbarung, Abwicklung, Kontrolle und Anpassung wechselseitiger Leistungsbeziehungen. Genau diese Kosten, so argumentieren WILIAMSON und COASE, können sich mit zunehmender Diversifikation verringern.

Aus den genannten Theorien lassen sich nach Einschätzung des Autors drei Gruppen von Erklärungsansätzen eines Premiums für diversifizierte Unternehmen bilden: operative Synergien (aus dem ressourcenorientierten Ansatz und der Transaktionskostentheorie abgeleitet), finanzwirtschaftliche Synergien (aus der finanzwirtschaftlichen Theorie in Verbindung mit dem ressourcenorientierten Ansatz und der Transaktionskostentheorie abgeleitet) und strategische Synergien (abgeleitet im Wesentlichen aus der Schule der Industrieökonomik). Die ersten beiden Gruppen sind u.a. bereits von HUTZSCHENREUTER (1998) für eine Zusammenfassung von Diversifikationsmotiven verwendet worden, während die Klasse der strategischen Synergien in der vorliegenden Arbeit die Synergien aus der Marktmachtsteigerung und der Übertragung von Managementfähigkeiten zusammenfasst. Die möglichen Erklärungsansätze werden im Folgenden über eine detaillierte Schilderung der von ihnen benutzten Wertquellen vorgestellt und aus der Perspektive beleuchtet, inwiefern sie theoretisch einem diversifizierten Unternehmen *D*, das sich aus den Geschäftsfeldern *G1..Gx* und einer übergeordneten Leitungseinheit *Gz* zusammensetzt, einen Vorteil verschaffen gegenüber einzelnen in den gleichen Geschäftsfeldern 1...x operierenden fokussierten Unternehmen *F1...Fx*. Die Zentrale *Gz* übernimmt dabei u.a. Aufgaben, die bei den fokussierten Unternehmen vom Aktionär wahrgenommen werden, wie die Gestaltung des Investitionsportfolios sowie einige Kontrollaufgaben. Wesentliche Frage ist nun, inwiefern das Konstrukt von in einem diversifizierten Unternehmen zusammengefassten Geschäftsfeldern theoretisch in der Lage ist, Wert zu generieren, den die entsprechenden Einzelunternehmen nicht zu generieren in der Lage wären. Abbildung 4.1 auf der nächsten Seite gibt einen systematisierten Überblick über die im Folgenden detailliert dargestellten Erklärungsansätze eines positiven Bewertungsunterschieds.

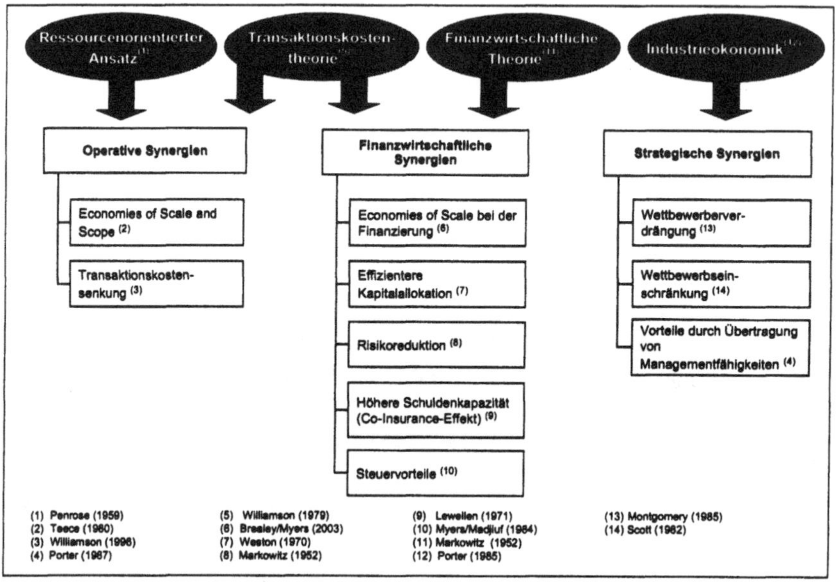

Abbildung 4.1: Fundamentalwertbezogene Erklärungsansätze eines positiven Bewertungsunterschieds

4.1.1.1 Operative Synergien

Die Ausnutzung von operativen Synergien gilt in der Literatur des strategischen Managements als das wichtigste Diversifikationsmotiv für Unternehmen[7] und bietet aus theoretischer Sicht erhebliches Potenzial für einen Wertaufschlag für diversifizierte Unternehmen. Den grundlegenden Gedanken der Synergien fassen GOOLD/LUCHS pointiert zusammen als „(...) the ability of two or more units or companies to generate greater value working together than they could working apart".[8] Die Idee, dass durch gemeinsame Nutzung von Ressourcen Gesamteffekte größer sein können als die Summe ihrer Einzeleffekte leitet sich aus dem Ressourcenansatz ab und ist insbesondere durch die Untersuchungen von PENROSE (1959) begründet worden.

[7] Siehe Kanter (1998), S. 155.

[8] Siehe Goold/Luchs (1993), S. 133.

Skalen- und Verbundvorteile ('Economies of Scale and Scope')

Die Ausnutzung von Skalenvorteilen ('*Economies of Scale*') spielt zwar in der Literatur eine wichtige Rolle, fällt allerdings bei der für diese Untersuchung gewählten Definition von Diversifikation als Synergiequelle aus, da Skalenvorteile lediglich bei einer Erhöhung der Produktion eines spezifischen Produktes auftreten, sodass bei lateraler Diversifikation keine durch Diversifikation bedingte Skaleneffekte auftreten können. Verbundvorteile ('*Economies of Scope*') hingegen entstehen, „wenn die Kosten der gemeinsamen Produktion zweier Produkte geringer sind als die einer getrennten Produktion;"[9] sie können so auch bei lateral diversifizierten Unternehmen zu Vorteilen führen. Verbundvorteile führen dabei auf zwei mögliche Weisen zu einer Reduktion der Durchschnitts- und Grenzkosten der Produktherstellung: erstens direkt ('*Cost Complementarities*'): Eine Erhöhung der Gesamtproduktion durch ein zweites Produkt führt zu sinkenden Stückkosten, beispielsweise durch die Vermeidung zusätzlicher Rüstkosten oder durch die Verwendung gemeinsamer Bauteile. Zweitens – und bei lateraler Diversifikation häufiger – führt die gemeinsame Nutzung von zentral bereitgestellten Leistungen und Prozessen (Marketing, Forschungsabteilung, Distributionsnetzwerk...) ('*Resource Sharing*') oder immateriellen Gütern (wie dem Markennamen), die zum Teil den Charakter eines öffentlichen Gutes besitzen, das mehrfach (nichtkonkurrierend) ohne Wertverlust verwendet werden kann, zu weiteren Kosteneinsparungen. Dadurch kann ein diversifiziertes Unternehmen *D* theoretisch zwei verschiedene Güter *x1* und *x2* günstiger produzieren als entsprechende fokussierte Unternehmen *F1* und *F2* separat: $C_D(x_1 + x_2) < C_{F1}(x_1) + C_{F2}(x_2)$.

Senkung von Transaktionskosten

Ein diversifiziertes Unternehmen hat in der Theorie einen Vorteil gegenüber in den gleichen Geschäftsfeldern operierenden fokussierten Unternehmen, da es sich möglicherweise geringeren Transaktionskosten ausgesetzt sieht. Transaktionskosten bezeichnen, wie bereits definiert, die Kosten von Anbahnung, Vereinbarung, Abwicklung, Kontrolle und Anpassung wechselseitiger Leistungsbeziehungen.[10] Treiber solcher Kosten sind das Ausmaß der (in diesem Ansatz angenommenen) begrenzten Rationalität der Marktakteure, Opportunismus

---

[9] Siehe Teece (1980), S. 224. Vgl. hierzu auch Szeless (2001), S. 31.

[10] Beispiele: Anbahnungskosten - Aufwand zur Ermittlung des Transaktionspartners; Vereinbarungskosten - Opportunitätskosten der Zeit für langwierige Vertragsverhandlungen; Kontrollkosten - das Überprüfen vertraglich zugesicherter Qualität des Tauschobjekts; Abwicklungskosten - die Realisierung vertraglicher Ansprüche vor Gericht; Anpassungskosten - Anpassung von Vertragsbestandteilen im Zeitablauf.

und eine oftmals asymmetrische Informationsverteilung bei den beteiligten Personen sowie Spezifität und Komplexität der Leistungsbeziehungen. Ansatzpunkte für Wertquellen diversifizierter Unternehmen finden sich vor allem in der Reduzierung der asymmetrischen Informationsverteilung. In einem diversifizierten Unternehmen können manche Leistungsbeziehungen, die zuvor von zwei getrennten Geschäftsfeldern über den Markt abgewickelt worden sind oder wegen zu hoher Transaktionskosten gar nicht zustande kamen, internalisiert werden;[11] stammen die Transaktionspartner aus dem eigenen Unternehmen, so sind die Anbahnungs-, Kontroll- und Anpassungskosten erheblich niedriger, da die Informationsverteilung weniger asymmetrisch und das Verhalten der beteiligten Personen zumeist weniger opportunistisch ausfällt.[12] Gerade bei konzentrischer und konglomerater Diversifikation kann dieser Faktor einen Vorteil gegenüber fokussierten Unternehmen bedingen. Allerdings besteht ein solcher Kostenvorteil nicht generell; zusätzliche Kosten der internen Organisation können die eingesparten Transaktionskosten durch interne Abwicklung übersteigen und so den Vorteil umkehren. Je effizienter der externe Marktmechanismus funktioniert, desto größer ist die Wahrscheinlichkeit, dass eine Senkung der Transaktionskosten durch zusätzliche Kosten der internen Organisation neutralisiert wird oder gar in der Summe zu Mehrkosten führt.

4.1.1.2 Finanzwirtschaftliche Synergien

Die Unterscheidung zwischen finanzwirtschaftlichen und operativen Synergien ist rein gedanklicher Natur, da auch finanzwirtschaftliche Synergien zu Verbundvorteilen führen. Dennoch erscheint es hier sinnvoll, diese Unterscheidung vorzunehmen, da finanzwirtschaftliche Synergien auf theoretisch abgegrenzter Basis in der Literatur diskutiert werden.[13] Finanzwirtschaftliche Synergien entstehen im Gegensatz zu den bisher aufgeführten Synergien nicht durch die Interaktion zwischen Geschäftssegmenten; sie resultieren vielmehr aus der Zentralisierung der Kapitalbeschaffung und Kapitalallokation.[14]

Economies of Scale bei der Finanzierung

Durch Zentralisation der Kapitalbeschaffung lassen sich die durchschnittlichen Kapitalbeschaffungskosten senken; so kann ein diversifiziertes Unternehmen D seinen Kapitalbedarf

---

[11] Vgl. Hutzschenreuter (1998), S. 14.

[12] Vgl. Williamson (1996), S. 19.

[13] Vgl. Briglauer (2000), S. 8.

[14] Vgl. Verweire (1999), S. 38.

bündeln und durch eine höhere Nachfragemacht auf der Basis höherer Kreditvolumina verminderte Kreditbearbeitungs- und Emissionsgebühren erzielen, als das Portfolio aus entsprechenden fokussierten Unternehmen *F1...Fx* zu zahlen hätte.[15] Auch können durch den internen Ausgleich ('Matching') von Finanzierungsströmen kurzfristige Finanzierungsengpässe überbrückt werden, ohne extern kurzfristiges Kapital aufnehmen zu müssen, was ebenfalls die Finanzierungskosten senken kann.[16]

Effizientere Kapitalallokation

WESTON (1970) hat theoretisch bewiesen, dass eine Ressourcenallokation über interne Märkte durch höheren Informationsreichtum theoretisch effizienter durchgeführt werden kann als über externe – ein Phänomen, das ALCHIAN bei General Electric vermutet hat:

> „In fact I conjecture, that the wealth growth of General Electric derives precisely from the superiority of its internal markets for exchange and reallocation of resources - a superiority arising from the greater information about people and proposals."[17]

Insbesondere über die Ressourcenallokation auf dem internen Kapitalmarkt kann ein diversifiziertes Unternehmen theoretisch Vorteile gegenüber fokussierten Unternehmen erlangen, die sich ausschließlich über den externen Kapitalmarkt finanzieren.[18] Theoretische Vorteile eines internen Kapitalmarkts ergeben sich dabei in erster Linie aus den Ineffizienzen des externen Kapitalmarkts: Der externe Kapitalgeber (z.B. eine Bank) kann die Erfolgsaussicht einer Investition in ein Projekt, das der Kapitalnehmer mit dem geliehenen Geld finanziert, schlechter beurteilen als der Investor selbst.[19] Aufgrund dieser Informationsasymmetrien kann der Kapitalgeber seine Investitionsentscheidung nur auf der Basis der von ihm angenommenen durchschnittlichen Rendite abhängig machen.[20] STEIN (1997) zeigt modelltheoretisch, dass es dadurch zu einer Unterfinanzierung des Projektes oder auch zu einer Nicht-Finanzierung des Projektes kommen kann. Auf dem internen Kapitalmarkt jedoch hat

[15] Vgl. Hutzschenreuter (1998), S. 15.

[16] Vgl. hierzu Stienemann (2003), S. 52.

[17] Siehe Alchian (1969), S. 349.

[18] Vgl. Cordes (1992), S. 41.

[19] Vgl. Stein (2003), S. 135f.

[20] Vgl. Stein (1997), S. 115f.

in der Regel die Unternehmensleitung die Kontroll- und Verfügungsrechte über das Kapital. Die Tatsache, dass sie am Erfolg der Investition direkt partizipiert, erhöht den Anreiz zur Überwachung (in der Agency-Theorie als 'Monitoring' bezeichnet) und führt zu einem stärkeren Informationsfluss zwischen Kapitalgeber und Kapitalnehmer.[21] So werden Projekte finanziert, die über den externen Markt wegen Informationsasymmetrien eventuell unterfinanziert oder gar nicht finanziert worden wären. Damit besteht der erste theoretische Vorteil eines internen Kapitalmarkts in der optimalen Finanzierung von Projekten. Einen weiteren Vorteil stellt die Möglichkeit dar, freies Kapital (Free Cash Flows) in die Geschäftsbereiche bzw. Projekte zu transferieren, die die besten Ertragsaussichten bieten. Ein fokussiertes Unternehmen hat nur die Wahl, freies Kapital wiederzuinvestieren (in den einen Geschäftsbereich) oder es auszuschütten. Der dritte Vorteil ergibt sich aus den Verfügungsrechten der Unternehmensleitung: Diese kann Kapital auch vollständig aus Geschäftsbereichen abziehen, die schlechte Ertragsaussichten haben, und so wertsteigernd umverteilen. Den externen Kapitalgebern bietet sich diese Möglichkeit in der Regel nicht. Die beiden letztgenannten Vorteile werden in der Theorie unter dem Begriff des '*Winner Picking*'[22] geführt.
Zusammengefasst kann ein interner Kapitalmarkt durch folgende Eigenschaften effizienter sein als der externe Kapitalmarkt und sich somit wertsteigernd auswirken:

— Projekte werden optimal finanziert, auf Informationsasymmetrien beruhende externe Finanzierungsrestriktionen werden überwunden.

— 'Winner Picking (1)': Freie Finanzressourcen werden zu den Geschäftssegmenten mit den besten Ertragsaussichten alloziert oder an die Unternehmenseigner ausgeschüttet.

— 'Winner Picking (2)': Durch die Verfügungsrechte über die Aktiva aller Geschäftsbereiche können Finanzressourcen aus Bereichen mit schlechten Ertragsaussichten abgezogen und erfolgreicheren Bereichen zugeteilt werden.

Höhere Schuldenkapazität und niedrigere Fremdkapitalzinsen durch Risikoreduktion

Diversifikation kann auch als Spezialform einer Portfolioselektion gesehen werden.[23] Die Kombination von nicht vollständig positiv korrelierten Cashflows in den verschiedenen Ge-

---

[21] Vgl. Gertner/Stein (1994), S. 2.

[22] Dieser Begriff ist von Stein (1997), S. 115, eingeführt worden.

[23] Zum Konzept der Portfolioselektion siehe Markowitz (1952).

schäftssegmenten senkt die Varianz der Einkommensströme und damit das Gesamtunternehmensrisiko. Imperfekte Kapitalmärkte belohnen dies in Form geringerer Kapitalkosten: Aktionäre erwarten also geringere Erträge oder Fremdkapitalgeber verlangen eine geringere Risikoprämie wegen des verringerten Ausfallrisikos.[24] Diese Behauptung wird von der 'Capital Asset Pricing Theorie' verworfen: Der einzelne Aktionär hält danach bereits perfekt diversifizierte Portfolios von Einzelunternehmen und würde sich deutlich verschlechtern, wenn ein Unternehmen zusätzlich auf Marktebene diversifizieren würde.[25] Die Annahmen der Capital Asset Pricing Theorie sind allerdings sehr restriktiv; LEWELLEN hat aufgezeigt, dass die Existenz von Marktimperfektionen wie Konkurskosten, asymmetrischer Informationsverteilung und Steuern tatsächlich zu positiven Werteffekten bei diversifizierten Unternehmen führen kann: So führt der sogenannte '*Co-Insurance Effekt*' – eine Senkung des Konkursrisikos durch Diversifikation – zu geringeren Fremdkapitalkosten und zu einer höheren Schuldenkapazität.[26] Da bei der Existenz von Steuern auf Unternehmensgewinne Fremdkapital günstiger ist als Eigenkapital,[27] kann sich ein diversifiziertes Unternehmen zusätzlich über eine stärkere Fremdkapitalfinanzierung günstiger finanzieren. Diese Argumente sind allerdings bereits in der Theorie umstritten, ihre Gültigkeit ist abhängig vom tatsächlichen Perfektionsgrad der Kapitalmärkte.[28]

Steuervorteile

Die Existenz von Unternehmenssteuern vorausgesetzt, kann ein diversifiziertes Unternehmen gegenüber einem entsprechenden Portfolio aus fokussierten Unternehmen einen Wertvorteil erreichen: Der Vorteil, der zum Bewertungsunterschied beitragen könnte, liegt in der Höhe der Steuerzahlungen. Die kumulierten Einzahlungsüberschüsse der Geschäftsbereiche eines diversifizierten Unternehmens bilden die Bemessungsgrundlage für die Steuerzahlungen. Negative Einzahlungsüberschüsse einzelner Geschäftsbereiche mindern diese Bemessungsgrundlage und damit auch die darauf anteilig entfallenden Steuern. Da letztere wiederum den Jahresüberschuss mindern, hat eine Senkung der Steuern eine Erhöhung des Jahresüberschusses und damit eine Steigerung des Unternehmenswertes zur Folge.[29] Dieser Vor-

---

[24] Vgl. Lewellen (1971), S.525f.

[25] Vgl. Levy/Sarnat (1970), S. 796ff.

[26] Siehe Lewellen (1971), S. 533ff.

[27] Die sogenannte '*Tax Hypothesis*', basiert u.a. auf der Arbeit von Myers/Majluf (1984).

[28] Vgl. Fischer (2003), S. 43f.

[29] Zur mathematischen Herleitung des Steuereffekts vgl. Franke/Hax (1995) S. 209ff und Brealey/Myers (2003) S. 489ff. Beschrieben haben dieses Phänomen ursprünglich Myers/Majluf (1984).

teil ergibt sich allerdings nur dann, wenn mindestens ein Geschäftssegment einen Verlust ausweist, der die Bemessungsgrundlage mindert.

4.1.1.3 Strategische Synergien

Marktmacht

Der Ansatz der Marktmacht als Wertquelle diversifizierter Unternehmen beruht auf der von Ökonomen und Kartellrechtlern aufgestellten sogenannten '*Collusion Theory*'. Diese Theorie fußt auf industrieökonomischen Ansätzen und besagt, dass diversifizierte Unternehmen Vorteile erlangen können durch Ausnutzung konglomerater Marktmacht.[30] Marktmacht definiert SETH als die Fähigkeit eines Marktteilnehmers, den Preis, die Menge oder die Produktbeschaffenheit soweit beeinflussen zu können, dass dies zu abnormalen Profiten (*'abnormal returns'*) führt.[31] Folgende drei Mechanismen können bei konzentrischer bzw. konglomerater Diversifikation zu einer Erhöhung der Marktmacht führen:

1. Wettbewerberverdrängung Wettbewerberverdrängung kann erzielt werden durch sog. '*Predatory Pricing*', eine durch Quersubventionierungen gestützte Niedrigpreisstrategie, die zum Ziel hat, Wettbewerber aus dem Markt zu drängen. Angenommen, die fokussierten Wettbewerber verfügten über die gleiche Kostenstruktur wie ein diversifiziertes Unternehmen, kann dieses durch Heruntersetzen des Preises eines Produkts unter die variablen Kosten die fokussierten Wettbewerber vom Markt drängen, da diese ihre Verluste nicht über Quersubventionierungen ausgleichen können.[32]

2. Wettbewerbseinschränkung '*Reciprocal Buying*': Ein Unternehmen, das in mehreren Geschäftssegmenten mit einem anderen Unternehmen zusammenarbeitet, kann unter Androhung, die Zusammenarbeit einzustellen, in einem Geschäftssegment Begünstigungen für ein anderes Segment erzwingen. Eine derartige Abhängigkeit er-möglicht es dem dominierenden Unternehmen auch, Zulieferer und Abnehmer zu Ausschließlichkeits- und Kopplungsgeschäften zu zwingen.[33] '*Mutual Forbearance*': wenn zwei diversifizierte Unterneh-

[30] Vgl. Verweire (1999) S. 37.

[31] Siehe Seth (1990), S.101.

[32] Für eine ausführliche Schilderung dieser Idee siehe Montgomery (1985).

[33] Vgl. Szeless (2001), S.42. Die Idee des 'Reciprocal Buying' ist besonders detailliert beschrieben in Böhnke (1976), S. 228ff.

men auf mehreren Märkten miteinander konkurrieren, kann eine „Leben und leben lassen"-Politik entstehen, um die Struktur der Konkurrenzbeziehung zu stabilisieren; so könnte ein großer Wettbewerbsvorteil des einen Unternehmens in einem Markt dieses davon abhalten, das andere Unternehmen, welches in einem anderen Markt einen Wettbewerbsvorteil hat, von diesem Markt zu verdrängen, und umgekehrt.[34] In diesem Fall hätte ein diversifiziertes Unternehmen einen Wettbewerbsvorteil gegenüber fokussierten Unternehmen.

3. Vorteile durch Übertragung von Managementfähigkeiten

Eine weitere Quelle strategischer Synergien besteht in der von PORTER beschriebenen Bedeutung kritischen Erfolgswissens und den sich daraus ergebenden Vorteilen für diversifizierte Unternehmen: Erwirbt das Management in einem Geschäftsbereich beispielsweise umfangreiche Kenntnisse zur Markteinführung eines Produkts, können diese an das Management in einem anderen Geschäftsbereich übermittelt werden. Ein fokussiertes Unternehmen hat eine solche Übertragungsmöglichkeit nicht.[35] Die Möglichkeit der Übertragung von Managementfähigkeiten begründet so einen erheblichen Wettbewerbsvorteil diversifizierter Unternehmen. PORTER (1987) sieht in diesem '*Transfer of Skills*' eines der wichtigsten Konzepte des strategischen Managements zum Aufbau von Wettbewerbsvorteilen und schreibt diesem Vorteil diversifizierter Unternehmen besonders große Bedeutung zu.

Die geschilderten Erklärungsansätze für einen positiven Bewertungsunterschied bedienen sich zusammengefasst der folgenden Wertquellen:

1.) Senkung der Kosten gegenüber einem Portfolio aus vergleichbaren einzeln am Markt bestehenden Unternehmen durch operative Synergien:

 — Realisierung von Verbundvorteilen (Economies of Scope)

 — Geringere Transaktionskosten

2.) Senkung der Kosten und direkte Steigerung der Profitabilität durch finanzwirtschaftliche Synergien:

 — Senkung der Kosten über geringere Finanzierungskosten

 — Direkte Steigerung der Profitabilität durch effizientere Kapitalallokation

---

[34] Vgl. Kucher (2000), S.12. Umfangreich betrachtet wurde dieses Thema erstmals von Scott (1982).

[35] Siehe Porter (1985) und Porter (1987).

— Steigerung der Netto-Profitabilität über Steuervorteile

3.) Steigerung des Umsatzes durch strategische Synergien:

— Steigerung des Umsatzes über eine Verbesserung der Marktposition durch eine Übertragung von erfolgskritischen Managementfähigkeiten

— Steigerung des Umsatzes über eine Verbesserung der Marktposition durch die Ausnutzung von Marktmacht

Ein diversifiziertes Unternehmen *D* kann also theoretisch gegenüber einem entsprechenden Portfolio fokussierter Unternehmen *F1...Fx* mit geringen Kosten arbeiten und einen höheren Umsatz erzielen und so profitabler sein. Der Fundamentalwert von *D* kann somit theoretisch höher sein als die Summe der Fundamentalwerte von *F1...Fx*. Diese Fundamentalwertdifferenz kann einen Unterschied in der Marktbewertung von *D* und *F1....Fx* erklären.

4.1.2 Fundamentalwertbezogene Erklärungsansätze eines Discounts

Mit den Ende der sechziger Jahre auftretenden Performanceproblemen der großen Konglomerate wie z. B. Litton, Gulf & Western und Textron, die teilweise zur Halbierung der Marktwerte einiger Konglomerate führten, rückten erstmalig auch Überlegungen zu negativen Aspekten der Diversifikation in den Mittelpunkt:[36] Solide Prinzipien der Organisation und finanzieller Kontrolle gepaart mit Wachstumszielen schienen, so GOOLD/LUCHS (1993), nicht mehr auszureichen, um eine hohe Performance großer Konglomerate sicherzustellen. In der Literatur schlug allerdings erst in den achtziger Jahren die Stimmung endgültig um. 'Corporate Raiders' hatten in den USA bewiesen, dass sich große Konglomerate zerschlagen und profitbringend verkaufen lassen (da die Summe der Einzelerlöse höher war als der Kaufpreis des gesamten Konglomerats). Zwar wurde in den aus der Industrieökonomik abgeleiteten Ideen der Marktmachtsteigerung durch Diversifikation eine weitere Wertquelle identifiziert; die Forschung im strategischen Management sah jedoch die Konzentration auf Kernkompetenzen als wesentlichen Erfolgsfaktor von Unternehmen an und beurteilte insbesondere konglomerat diversifizierte Unternehmen kritisch.[37] So entstanden insbesondere in

[36] Vgl. Attiyeh (1969), S. 39f.

[37] Vgl. zu diesem Abschnitt Goold/Luchs (1993).

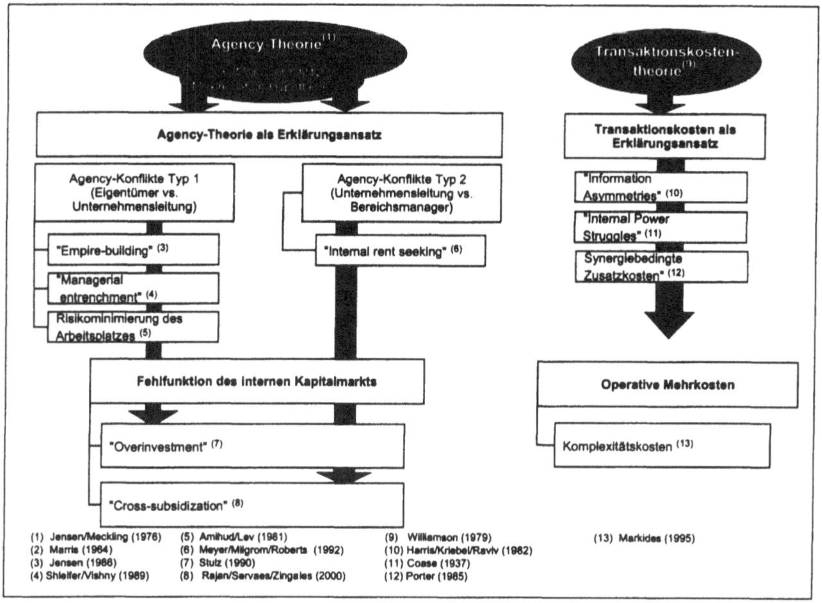

Abbildung 4.2: Fundamentalwertbezogene Erklärungsansätze eines negativen Bewertungsunterschieds

den achtziger und neunziger Jahren in Reaktion auf die schlechte Performance diversifizierter Unternehmen theoretische Erklärungsansätze, die statt eines Wertaufschlags für diversifizierte Unternehmen auch einen Wertabschlag rechtfertigen können. Abgeleitet wurden diese Erklärungsansätze zum Teil aus dem Transaktionskostenansatz in Verbindung mit der Organisationstheorie, zum größten Teil allerdings aus der Agency-Theorie. Abbildung 4.2 gibt einen systematisierten Überblick über die im Folgenden detailliert geschilderten Erklärungsansätze für einen negativen Bewertungsunterschied.

4.1.2.1 Erklärungsansätze auf der Basis der Agency-Theorie

Die Agency-Theorie bildet die theoretische Basis der meisten Erklärungsansätze für einen Discount diversifizierter Unternehmen. Grundlage aller Agency-Probleme sind die zwischen Auftraggeber (Principal) und Auftragnehmer (Agent) vorherrschenden *Informationsasymmetrien*.[38] In Kombination mit der *Manager-Utility-Maximization Hypothese*, der Annahme,

---

[38] Siehe hierzu Jensen/Meckling (1976).

dass Manager ihren eigenen Nutzen (Einkommen, Macht, Prestige) maximieren und nicht den der Auftraggeber (Konzernzentrale oder Eigentümer),[39] ist die Agency-Theorie in der Lage, eine Reihe von wertvernichtenden Verhaltensmustern zu beschreiben und zu erklären. Treiber von Agency-Problemen und damit wertvernichtender Verhaltensmuster ist erstens die Organisationsform eines Unternehmens und zweitens die Konzentration der Eigentumsverhältnisse.[40] Grundlegend können durch die Delegation von Aufgaben durch den Principal an den Agenten folgende Probleme entstehen:[41]

1.) *'Hidden characteristics'*: Der Agent verfügt über Eigenschaften, die der Auftraggeber ex ante, also vor dem Vertragsabschluss, nicht beobachten kann.[42] Es besteht die Gefahr, dass Auftragnehmer, die nicht über die erwünschten Eigenschaften verfügen oder sogar unerwünschte Eigenschaften aufweisen, diese bis zum Vertragsabschluss verheimlichen.

2.) *'Hidden action' und 'hidden information'*: Der Auftraggeber kann das Verhalten des Agenten nur begrenzt beobachten (hidden action). Zusätzlich bleibt es den Auftraggebern verborgen, welche Informationen dem Agenten bei seiner Entscheidung vorliegen (hidden information). Damit ist eine Beurteilung der Leistung des Agenten nur schwer möglich, was die Leistung des Agenten negativ beeinflussen kann.

3.) *'Hidden intention'*: Dem Auftraggeber bleiben die wahren Absichten eines Agenten verborgen. Er ist somit auf die Loyalität des Agenten angewiesen und demnach der Gefahr eigenmotivierten Handelns seitens des Agenten ausgesetzt, das den Zielen des Auftraggebers schadet.

Agency-Probleme können prinzipiell in allen Unternehmen auftreten (überall dort, wo Delegationsverhältnisse bestehen); stark ausgeprägt treten sie jedoch in diversifizierten Unternehmen auf, da dort besonders vielschichtige Delegationsverhältnisse bestehen.[43] In der bestehenden Literatur zum Thema der Diversifikation wird bisher nicht deutlich, dass die auf die Agency-Theorie zurückgeführten Problemquellen diversifizierter Unternehmen auf zwei

[39] Siehe Marris (1964).

[40] Vgl. Aggarwal/Samwick (2003), S. 2f.

[41] Zu den Ausführungen der vier Problemtypen vgl. Jost (2001), S. 232ff.

[42] Vgl. Jost (2001), S. 232.

[43] Vgl. Martin/Sayrak (2003), S. 42. Verstärkt auftretende Agency-Probleme bei diversifizierten Unternehmen zeigen zum Beispiel Rajan/Servaes/Zingales (2000).

verschiedenen Typen von Agency-Konflikten beruhen. Der zumeist angeführte Typ ist der Konflikt zwischen den Eigentümern (Principal) und der Unternehmensleitung (Agent) eines Unternehmens. Zusätzlich bestehen aber auch – und das gerade bei diversifizierten Unternehmen – Agency-Probleme eines zweiten Typs: zwischen der Unternehmensleitung (Principal) und dem Management der einzelnen Geschäftsfelder(Agent).

Agency Problematik Eigentümer - Unternehmensleitung

Grundlegende Hypothese dieser Problematik ist eine Divergenz zwischen den Interessen der Eigentümer (Maximierung des Unternehmenswertes) und der Unternehmensleitung (Einkommens-, Macht- und Prestigesteigerung). Diese Divergenz kann zu Konflikten führen, in denen die Unternehmensleitung Entscheidungen trifft, die nicht den Eigentümerinteressen entsprechen. Folgende Phänomene werden beschrieben:

— '*Empire Building*' : Gilt die Hypothese der Nutzenmaximierung der Manager, so haben diese ein grundlegendes Interesse, ihren Einflussbereich auszuweiten und ihr Einkommen zu steigern. Beide hängen zumeist positiv von der Unternehmensgröße ab,[44] sodass Manager einen positiven Anreiz haben, das Unternehmen zu vergrößern – entweder durch internes Wachstum oder externe Zukäufe. JENSEN zeigt mit seiner einflussreichen Arbeit zur '*free cash flow theory*', dass insbesondere die Unternehmensleitung von diversifizierten Unternehmen zu übermäßigen Investitionen[45] und damit zur Vergrößerung ihres Einflussbereiches („Empire building") neigen. Durch eine höhere Schuldenkapazität verfügen diversifizierte Unternehmen häufiger über freie Cashflows[46], die die Unternehmensleitung zur Verfolgung ihrer Interessen investiert, statt sie an die Eigentümer auszuschütten; das aber mindert den Wert des Unternehmens für die Eigentümer.[47]

— '*Managerial Entrenchment*': Die Unternehmensleitung tendiert dazu, in solche Märkte zu diversifizieren, die ihren speziellen Managementfähigkeiten liegen, um sich selbst im Unternehmen unverzichtbarer zu machen – auch wenn eine solche Diversifikationsstrategie nicht zwangsläufig wertsteigernd ist.[48]

---

[44] Diese Annahmen gelten im Durchschnitt; siehe auch Hutzschenreuter (1998), S. 18.

[45] Übermäßig im Sinne, dass auch Investitionen in Projekte mit negativem Kapitalwert vorgenommen werden.

[46] Freie Cashflows definiert Jensen als Cashflow nach Realisierung aller vorteilhaften Investitionen.

[47] Siehe hierzu Jensen (1986), S. 323ff und Jensen (1993).

[48] Vgl. hierzu Shleifer/Vishny (1989), S. 123ff.

— *Minimierung des Arbeitsplatzrisikos*: AMIHUD/LEV (1981) zeigen, dass Eigentümer und Unternehmensleitung mit dem Risiko des Konkurses eines Unternehmens grundlegend verschieden umgehen: Eigentümer können ihr Gesamtportfolio diversifizieren und so das unsystematische Risiko minimieren. Dementsprechend sorgen sie sich um das Risiko ihres Gesamtportfolios und nicht um das eines einzelnen Unternehmens. Für die Unternehmensleitung dieses einen Unternehmens hingegen ist das individuelle Konkursrisiko ihres Unternehmens von zentraler Bedeutung, da es gleichbedeutend mit dem Risiko ihres Arbeitsplatzes ist, der ihr Einkommen sichert. Der Konkurs eines Unternehmens bedeutet so für die Manager einen deutlich höheren Verlust als für die Eigentümer. Deshalb profitieren Manager direkt von der Diversifikation eines Unternehmens, da es in der Regel den Einkommensstrom eines Unternehmens verstetigt und damit ihren Arbeitsplatz sicherer macht. AMIHUD/LEV und MONTGOMERY zeigen aber modelltheoretisch, dass die Verfolgung des Ziels der Risikominimierung des Arbeitsplatzes zu übermäßigen Investitionen führen kann und so dem Ziel der Steigerung des Shareholder Value entgegenwirkt.[49]

All diese Phänomene führen insbesondere bei diversifizierten Unternehmen zu Investitionen, die über das optimale Maß hinausgehen,[50] und zwar auf der Ebene des Gesamtunternehmens und auf der Segmentebene. Dieses Problem wird in der Literatur als *overinvestment* beschrieben und untersucht.[51]

Agency Problematik Unternehmensleitung - Geschäftsbereichsmanager

Auch die Beziehung zwischen den Geschäftsbereichsmanagern und der Unternehmensleitung unterliegt Agency-Problemen. Bei dieser Art Problemen befindet sich allerdings die Unternehmensleitung/Konzernzentrale in der Rolle des Principals, dessen Agenten die Geschäftsbereichsmanager sind. Basis für Probleme bildet das Phänomen der *hidden action* und *hidden information* sowie das der *hidden intention*. Die Unternehmensleitung kann zum einen nicht beobachten, ob der Geschäftsbereichsmanager mit seinen Handlungen tatsächlich den Wert des gesamten Unternehmens zu maximieren versucht, lediglich den Wert seines Geschäftsbereichs maximiert oder sogar ausschließlich seinen persönlichen Nutzen steigert (*hidden action* und *hidden intention*).[52] Zum anderen ist die Unternehmensleitung bei der

---

[49] Vgl. Amihud/Lev (1981) und Montgomery (1994).

[50] Investitionen in Projekte mit negativem Kapitalwert.

[51] Zum Beispiel von Stulz (1990).

[52] Vgl. Jost (2001), S. 233.

Allokation der Ressourcen auf Informationen der Geschäftsbereichsmanager angewiesen. Diese haben aber Anreize, durch gezielte Weitergabe oder Manipulation von Informationen ihre Ressourcenzuteilung zu maximieren (*hidden information*). Wesentlich wichtiger als der Anreiz selbst ist hierbei die Tatsache, dass dieses Umverteilungsstreben mit sinkender Profitabilität des Geschäftsbereichs zunimmt. MEYER/MILGROM/ROBERTS (1992) bezeichnen dieses Verhalten als *internal rent seeking* und zeigen, dass dieses Verhalten verstärkt bei Managern von Geschäftsbereichen mit schlechten Ertragsaussichten beobachtbar ist. SCHARFSTEIN/STEIN (1997) modellieren diese Problematik und weisen modelltheoretisch folgendes nach:

> „(...) the marginal return to productive activity is lower in divisions with poor investment opportunities, leading their managers to devote more time to capture corporate rents and perks for themselves. Headquarters try to induce these managers not to rent-seek by giving them an excessive capital budget."[53]

Dieses Verhalten der Bestechung von Geschäftsbereichsmanagern führt zu einem beobachtbaren Sozialismus[54] in der internen Kapitalallokation: Kapital wird aus Geschäftsbereichen mit guten Ertragsaussichten in Bereiche mit schlechteren Aussichten transferiert, es wird quersubventioniert. Da dahinsiechende Geschäftsbereiche im Gegensatz zu fokussierten Unternehmen auch langfristig einen negativen Wert haben können, wenn sie im konglomeraten Verbund subventioniert werden, können sie bei diversifizierten Unternehmen zu größerem Wertverlust führen, als bei fokussierten Unternehmen.[55] Das Phänomen der Quersubventionen (*cross-subsidizations*) hat dabei doppelt negative Wirkung auf den Unternehmenswert. Es entgeht dem Unternehmen nicht nur direkt Ertrag aus der Umverteilung, die erfolgreichen Geschäftsbereiche verspüren auch weniger Anreiz, ihre Erträge zu erhöhen, wenn Kapital aus ihren Bereichen automatisch zu weniger profitablen Bereichen transferiert wird.[56] BERGER/OFEK erwähnen eine solche Beobachtung beim Industriegüterhersteller Tenneco: Als dort 1993 ein neuer CEO antrat, stellte dieser fest, dass die profitablen Segmente der Autoteile und Chemikalien sich nicht übermäßig anstrengten, da ihre Profite routinemäßig an das verlustbringende Segment der landwirtschaftlichen Geräte transferiert wurden.

---

[53] Siehe Scharfstein (1998), S. 2. Erstmals modelliert in Scharfstein/Stein (1997).

[54] Als Erster spricht Scharfstein vom Phänomen des *socialism* in der Kapitalallokation diversifizierter Unternehmen. Siehe Scharfstein (1998), S. 2.

[55] Siehe Berger/Ofek (1995), S. 41.

[56] Vgl. Berger/Ofek (1995), S. 41 und Rajan/Servaes/Zingales (2000) S. 37f.

4.1.2.2 Erklärungsansätze auf der Basis der Transaktionskosten-Theorie

COASE hat bereits 1937 gezeigt, dass Entscheidungen in einem Unternehmen durch Machtüberlegungen und -politik dominiert sind und nicht auf relativen Preisen beruhen. Markt und Koordination funktionieren effizienter als Hierarchie.[57] Interne Machtkämpfe (*'internal power struggles'*), die in diversifizierten Unternehmen tendenziell häufiger auftreten als in fokussierten, [58] führen entweder zu ineffizienten Allokationen von Gütern und Kapital oder verursachen zumindest zusätzliche Transaktionskosten. Dieser Effekt ist gegenläufig zu durch Internalisierung von Leistungsbeziehungen entstandenen Senkungen der Transaktionskosten.

HARRIS/KRIEBEL/RAVIV (1982) zeigen zudem, dass in diversifizierten Unternehmen durch *Informationsasymmetrien* zwischen Konzernzentrale und Geschäftsbereichsmanagern verursachte Kosten höher sind als in fokussierten Unternehmen, da Informationen in einer solchen Organisationsform zumeist weiter verstreut sind. Aus diesem Befund leiten sie ab, dass diversifizierte Unternehmen weniger profitabel sein können, als es ihre einzelnen Geschäftsfelder als separat geführte Unternehmen wären.[59]

Als dritte Quelle zusätzlicher Kosten diversifizierter Unternehmen lassen sich die von PORTER identifizierten synergiebedingten Kosten anführen, und zwar wie von SZELESS zusammengefasst:[60]

— *Koordinierungskosten* ergeben sich aus dem zusätzlichen Koordinationsbedarf zwischen Geschäftsfeldern, der mit der gemeinsamen Durchführung von Wertschöpfungsaktivitäten verbunden ist;

— *Kompromisskosten* umfassen jene Opportunitätskosten, die durch eine gemeinsame und damit oftmals weniger effektive Durchführung von Wertschöpfungsaktivitäten entstehen;

---

[57] Siehe Coase (1937).

[58] Dieses Phänomen basiert auf Coase (1937) und wird von Rajan/Servaes/Zingales (2000) modelliert.

[59] Vgl. auch Berger/Ofek (1995), S. 41.

[60] Siehe Porter (1985), S. 331ff und Szeless (2001), S. 48.

— *Inflexibilitätskosten* entstehen durch die verminderte Fähigkeit von Unternehmen zur Anpassung an Verhaltensänderungen anderer Wettbewerber und durch eine Erhöhung der Marktaustrittsbarrieren.

Zusammenfassen lassen sich diese Transaktionskosten, die diversifizierte Unternehmen stärker belasten als fokussierte, unter dem Begriff der Komplexitätskosten. Diese steigen mit zunehmender Unternehmensgröße und zunehmendem Diversifikationsgrad.[61] Durch zusätzliche Komplexitätskosten sinkt die Profitabilität diversifizierter Unternehmen stärker als die vergleichbarer fokussierter; dies kann einen Bewertungsabschlag bedingen.

Folglich kann eine höhere Komplexität die im vorherigen Kapitel aufgeführten Quellen für Kostensenkungen konterkarieren, durch Überinvestitionen und Quersubventionierungen kann die Profitabilität diversifizierter Unternehmen direkt sinken. Die negativen Wertquellen können so zu einer niedrigeren Profitabilität von *D* gegenüber *F1...Fx* und zu einem niedrigeren Fundamentalwert führen. Diese Fundamentalwertdifferenz kann einen Unterschied in der Marktbewertung von *D* und *F1... Fx* erklären.

4.1.3 Nicht-fundamentalwertbezogene Erklärungsansätze

Neben den genannten Erklärungsansätzen, die einen Wertaufschlag oder Wertabschlag eines diversifizierten Unternehmens unmittelbar rechtfertigen können, gibt es weitere, die einen Bewertungsunterschied erläutern können, aber nicht auf offensichtlich wertsteigernden oder wertvernichtenden Eigenschaften beruhen, sondern auf einer von fokussierten Unternehmen abweichenden Wahrnehmung und Bewertung diversifizierter Unternehmen durch Investoren und Analysten. Treiber einer solchen Ungleichbehandlung ist die zumeist höhere Komplexität diversifizierter Unternehmen, verbunden mit einer geringeren Reichhaltigkeit an vorhandenen Informationen über das Unternehmen.[62] Die komplexere Natur diversifizierter Unternehmen bietet ein größeres Potenzial für Informationsasymmetrien zwischen Anteilseigner und Unternehmensleitung[63] und führt zu einer höheren Intransparenz diversifizierter Un-

---

[61] Vgl. Markides (1995), S. 27ff. Gleiches stellen auch Albach/Redenius (2000), S.60 fest.

[62] So sind die Segmentberichtsinformationen zu einem Geschäftsfeld weniger detailliert als ein Geschäftsbericht über ein vergleichbares Einzelunternehmen. Siehe hierzu Givoly/Hayn/D'Souza (1993), S. 0.

[63] Vgl. Bens/Monahan (2002), S. 1.

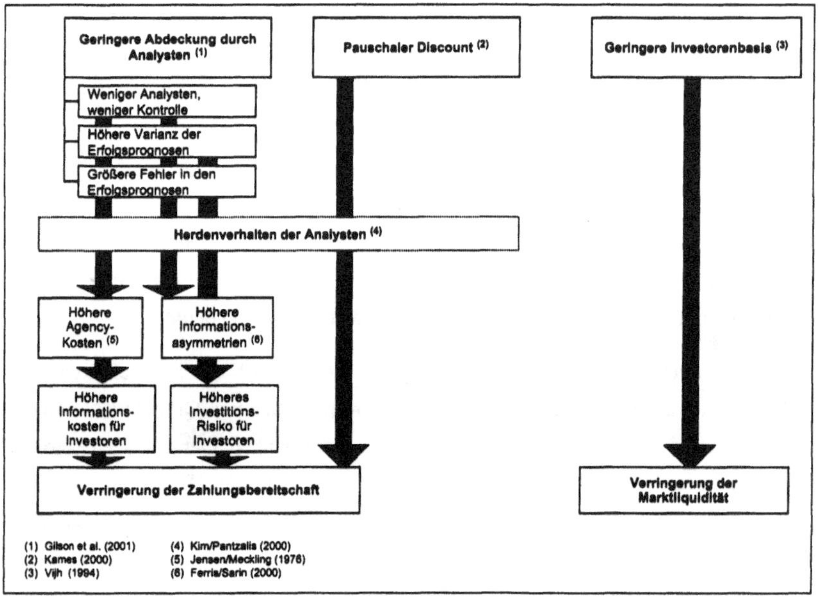

Abbildung 4.3: Nicht-fundamentalwertbezogene Erklärungsansätze eines Bewertungsunterschieds

ternehmen.[64] Diese nicht fundamentalwertbezogenen Erklärungsansätze sind bislang noch nicht systematisch erfasst worden; Wertquellen, die nicht auf den Fundamental-, sondern auf den Marktwert eines Unternehmens wirken, finden sich eher abseits der klassischen Literatur zu Diversifikation und Diversification Discount. Auf den folgenden Seiten sollen diese nicht fundamentalwertbezogenen Wertquellen erstmals systematisch dargestellt und als Erklärungsansätze eines Diversification Discounts erläutert werden. Die Ableitung der Erklärungsansätze erfolgt im Unterschied zu den vorangegangenen Ausführungen auch aus empirischen Untersuchungen. Abbildung 4.3 zeigt identifizierte Erklärungsansätze einer nicht fundamentalwertbezogenen Wertdifferenzierung auf, die im Folgenden im Detail erläutert werden. Mittels aller Wertquellen kann ein negativer Effekt auf den Marktwert diversifizierter Unternehmen erklärt werden, nicht aber ein positiver.

[64] Hadlock/Ryngaert/Thomas (2001), S. 36 argumentieren, dass Geschäftsberichtsinformationen fokussierter Unternehmen informativer sind als die wegen der notwendigen Datenaggregation diversifizierter Unternehmen. Diversifizierte Unternehmen gelten daher als intransparenter.

4.1.3.1 Geringere Abdeckung ('coverage') durch Analysten

Mit ihrer Untersuchung von über 100 Unternehmensaufspaltungen in den USA zeigen GILSON ET ALII, dass, wenn sich ein diversifiziertes Unternehmen in seine einzelnen Geschäftssparten aufspaltet, sowohl die Quantität der Beobachtungen durch Analysten als auch die Qualität ihrer Prognosen bezüglich der Ertragsfähigkeit des Unternehmens zunehmen – beide im Durchschnitt um 30-50%.[65] Beispielhaft erläutern sie diesen Effekt an der 'Tracking Stock'-Transaktion[66] von USX, die 1991 die Aktien ihres Öl- und die ihres Stahlgeschäfts separat am Kapitalmarkt listeten. Nach der Transaktion wurden USX 30 zusätzliche Analysten zugeteilt, darunter ausgewiesene Energie- und Stahlspezialisten. Waren bisher in manchen Investmentbanken ein bis zwei Analysten für das Unternehmen als Ganzes zuständig, so kümmerten sich nun ausgewiesene Branchenspezialisten um den jeweiligen Unternehmensteil. Damit wurde sowohl die Anzahl der zuständigen Analysten erhöht als auch die Genauigkeit ihrer Gewinnprognosen – teils, da nun mehr interne Unternehmenszahlen veröffentlicht werden mussten, teils, da nun Branchenspezialisten die Prognosen erstellten.

Auch FERRIS/SARIN (2000) gelangen in einer Untersuchung der Analystenabdeckung von fokussierten und diversifizierten Unternehmen zu der Erkenntnis, dass diversifizierte Unternehmen von den Analysten anders behandelt werden, als ein vergleichbarer Satz von fokussierten Unternehmen. Die Kosten der Informationsbeschaffung sind bei diversifizierten Unternehmen höher als bei fokussierten, da vollkommen verschiedene Geschäftsfelder analysiert werden müssen. Dies hat zur Folge, dass diversifizierte Unternehmen von weniger Analysten abgedeckt werden als fokussierte.[67] Die geringere Abdeckung eines diversifizierten Unternehmens durch Analysten führt zu

— einer geringeren Verfügbarkeit von Informationen zu diversifizierten Unternehmen,[68]

— einer geringeren Kontrolle von diversifizierten Unternehmen durch Analysten,[69]

---

65 Siehe Gilson et alii (2001), S. 567.

66 'Tracking Stock', zum Teil auch als 'Targeted Stock' bezeichnet, ist eine Innovation des U.S.-amerikanischen Kapitalmarkts. Als Tracking Stocks bezeichnet man Aktien, deren Gewinnbezugsrecht sich lediglich nach dem Ergebnis einer bestimmten Unternehmenssparte, nicht des Gesamtunternehmens, bemisst.

67 Vgl. hierzu Bhushan (1989), S. 262.

68 Vgl. Ferris/Sarin (2000), S. 104.

69 Vgl. Doukas/Kim/Pantzalis (2000), S. 3.

— einer höhen Varianz der Erfolgsprognosen durch Analysten, [70]

— größeren Fehlern bei den Erfolgsprognosen durch Analysten, ex post gemessen.[71]

Theoretisch haben diese Resultate negative Auswirkungen auf den Wert eines diversifizierten Unternehmens: Eine geringere Überwachung eines Unternehmens durch Analysten führt zu erhöhten *Agency-Konflikten*, mit den in Kap.4.1.2.1 beschriebenen negativen Folgen für den Wert eines Unternehmens.[72] Die geringere Verfügbarkeit von Informationen erhöht die Probleme der *Informationsasymmetrien* zwischen Investoren und Geschäftsleitung eines Unternehmens und zudem die *Kosten der Informationsbeschaffung* für den einzelnen Investor.[73] Die höhere Prognoseungenauigkeit, ausgedrückt in Varianz der Prognosen und durchschnittlichen Prognosefehlern, erhöht das vom Investor wahrgenommene Risiko seiner Investition und bildet damit einen gegenläufigen Effekt zur beschriebenen Risikominimierung der Ertragsströme. Obwohl die Zahlungsströme eines diversifizierten Unternehmens theoretisch stetiger sind, erhöht eine hohe Prognosevarianz die Unsicherheit des Ertrags für den Investor und senkt damit seine Zahlungsbereitschaft: Er verlangt einen Risikoabschlag für Anteile an einem diversifizierten Unternehmen. Höhere Informationsbeschaffungskosten können den gleichen Effekt haben, da der Investor für die höheren Informationsbeschaffungskosten kompensiert werden möchte. Somit kann die unterschiedliche Art der Behandlung fokussierter und diversifizierter Unternehmen durch Finanzanalysten zu einem grundsätzlichen Bewertungsunterschied führen, auch wenn der Fundamentalwert eines diversifizierten Unternehmens *D* dem Fundamentalwert der fokussierten Unternehmen *F1...Fx* entspricht.

4.1.3.2 Pauschaler Discount durch Analysten

SEPPELFRICKE sieht in der mangelnden Transparenz von diversifizierten Unternehmen und fehlenden Kernkompetenzen in manchen Geschäftssegmenten einen Grund für Investoren, diversifizierte Unternehmen mit einem pauschalen Abschlag zu belegen.[74] Einen empiri-

[70] Vgl. Gilson et alii (2001), S. 567.

[71] Vgl. Gilson et alii (2001), S. 567.

[72] Siehe Jensen/Meckling (1976): Die genaue Beobachtung eines Unternehmens durch Analysten kann typische Agency-Probleme reduzieren helfen: so werden Manager incentiviert, nur wertsteigernde Projekte durchzuführen, da ihre Entscheidungen von Analysten beobachtet und publiziert werden. Dieses Phänomen wird auch von Chung/Jo (1996) beschrieben.

[73] Vgl. Ferris/Sarin (2000), S. 110f.

[74] Siehe Seppelfricke (2003), S. 137.

schen Beleg für diese Hypothese nennt er nicht. Dafür zeigt KAMES anhand einer umfangreichen Studie zum Bewertungsverhalten von internationalen Finanzanalysten, dass nahezu 40% der Analysten bei der Bewertung diversifizierter Unternehmen einen pauschalen Abschlag von durchschnittlich 20% vornehmen. Als Grund dafür wird grundsätzliches Misstrauen der Analysten gegenüber diversifizierten Unternehmen genannt. Die Analysten unterstellen pauschal wertminderndes Verhalten des Managements diversifizierter Unternehmen, wie z.B. durch Quersubventionierungen.[75] Dass solchermaßen geminderte Erfolgsprognosen die Investoren beeinflussen können, beschreiben KIM/PANTZALIS, die die Wichtigkeit der von Analysten generierten Informationen über Unternehmen betonen.[76] Auf diese Weise kann ein Bewertungsabschlag für diversifizierte Unternehmen ohne eine Fundamentalwertänderung zustandekommen.

4.1.3.3 'Herdenverhalten' der Analysten

Ein weiteres Phänomen kann die beschriebenen Effekte der geringeren Abdeckung diversifizierter Unternehmen durch Analysten und einer pauschalen Discountvergabe noch weiter verstärken: KIM/PANTZALIS (2000) untersuchen sogenanntes Herdenverhalten von Analysten, d.h. die Tendenz von Individuen zur Konformität: Evaluieren Analysten ein Unternehmen, so wird die Evaluation von den vorher erfolgten Einschätzungen anderer Analysten beeinflusst.[77] Dieses Herdenverhalten kann verstärkt bei der Bewertung diversifizierter Unternehmen nachgewiesen werden, da Herdenverhalten bei zunehmender Komplexität des zu beurteilenden Sachverhalts zunimmt. Durch das bei diversifizierten Unternehmen stärker ausgeprägte Herdenverhalten werden Pauschalabwertungen und auf der schwächeren Informationsbasis beruhende Prognoseschwankungen tendenziell eher verstärkt, denn gemildert. Dieses verstärkte Herdenverhalten wird von Investoren bestraft und kann zu einer geringeren Marktbewertung der betroffenen Unternehmen führen.[78] Das Herdenverhalten stellt keine eigenständige Wertquelle dar, da es lediglich die Wirkung bereits identifizierter Wertquellen verstärkt.

---

[75] Siehe Kames (2000), S. 109ff.

[76] Siehe Kim/Pantzalis (2000), S. 1.

[77] Eine erste grundlegende Analyse zum Herdenverhalten liefert Asch (1953).

[78] Kim/Pantzalis können allerdings nicht eindeutig nachweisen, dass diversifizierte Unternehmen dadurch pauschal geringer bewertet werden. Siehe Kim/Pantzalis (2000), S. 21f.

4.1.3.4 Geringere Liquidität der Aktien durch eine kleinere Investorenbasis

Eine weitere Möglichkeit, einen Bewertungsunterschied zu begründen, basiert auf einer einfachen Angebots-Nachfrage-Betrachtung: Diversifizierte Unternehmen verfügen über Charakteristika, die die Basis potenzieller Investoren schmälern könnte. Die daraus entstehende geringere Nachfrage und Liquidität könnte so zu einem niedrigeren Marktwert führen, als dem eines entsprechenden Portfolios fokussierter Unternehmen.[79] Zu einer geringeren Nachfrage nach Unternehmensanteilen können folgende Aspekte führen:

1.) *'Investor Cognizance'*: Infolge einer geringeren Abdeckung des Unternehmens seitens der Analysten kennen weniger Investoren das Unternehmen gut genug, um zu investieren.[80]

2.) Ein Großteil potenzieller Investoren könnte abgeschreckt werden, die nicht in das Gesamtunternehmen, sondern lediglich in einen der Geschäftsbereiche investieren wollen.[81] Erst eine Aufspaltung des Gesamtunternehmens würde die Investorenbasis vergrößern.[82]

3.) Wegen der schlechteren Informationslage und den damit höheren Informationsbeschaffungskosten könnten Investoren alternative Investments vorziehen, die geringere Informationsbeschaffungskosten aufweisen.

Alle drei Aspekte können zumindest theoretisch die Nachfrage nach Anteilen diversifizierter Unternehmen schmälern und so zu einer geringeren Bewertung führen, als der eines vergleichbaren Portfolios fokussierter Unternehmen.

Mittels der oben aufgeführten nicht fundamentalwertbezogenen negativen Wertquellen kann daher eine geringere Bewertung eines diversifizierten Unternehmens *D* gegenüber einem entsprechenden Portfolio diversifizierter Unternehmen *F1...Fx* erklärt werden: Höhere

---

[79] Dass eine geringere Liquidität von Aktien zu einem Preis-Discount führt, zeigen Loderer/Roth (2003) für den schweizer und den US-amerikanischen Aktienmarkt.

[80] Brennan/Hughes (1991) zeigen in ihrer Studie, dass Investoren nur in ihnen ausreichend bekannte Unternehmen investieren.

[81] Siehe Herrmann (2002), S. 42f.

[82] Dies zeigt Vijh (1994), S. 593ff.

Informationskosten und ein höheres Risiko für Investoren senken die Zahlungsbereitschaft der Investoren, und eine geringere Investorenbasis führt zu einer geringeren Liquidität der Aktien diversifizierter Unternehmen. Beide Faktoren wirken sich theoretisch negativ auf den Marktwert diversifizierter Unternehmen aus.

Zusammenfassend lässt sich feststellen, dass sich in der betriebs- und volkswirtschaftlichen Theorie zahlreiche spezifische Eigenschaften diversifizierter Unternehmen identifizieren lassen, die diese (in Zukunft) profitabler oder weniger profitabel machen können, als es die Geschäftsfelder des jeweiligen diversifizierten Unternehmens als einzelne Unternehmen wären. Diese Eigenschaften können durch einen veränderten Fundamentalwert zu einer Änderung der Marktbewertung führen. Zusätzlich können nicht fundamentalwertbezogene Quellen identifiziert werden, mittels derer direkt negative Wirkungen auf die Marktbewertung eines diversifizierten Unternehmens erklärt werden können. Abb. 4.4 verdeutlicht die unterschiedliche Wirkungsweise fundamentalwertbezogener und nicht fundamentalwertbezogener Wertquellen auf den Marktwert eines Unternehmens.

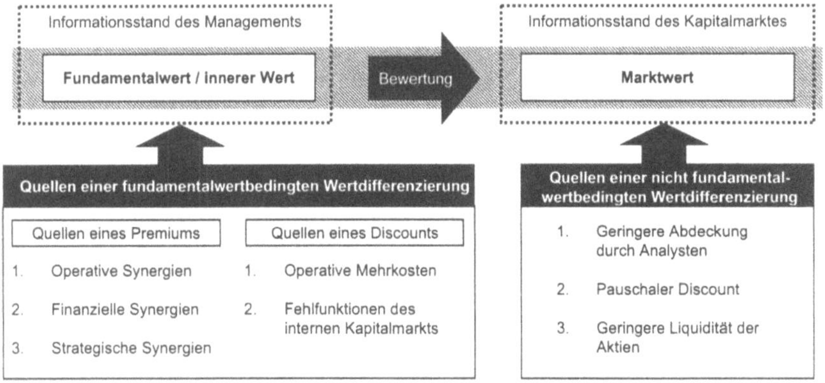

Abbildung 4.4: Wirkungsweisen identifizierter Wertquellen auf den Marktwert: indirekt vs. direkt

Alle identifizierten Wertquellen stellen jedoch lediglich das Potenzial für einen Bewertungsaufschlag oder -abschlag dar; theoretisch lässt sich insgesamt sowohl ein positiver als auch ein negativer Bewertungsunterschied erklären. Die tatsächliche Ausprägung des Bewertungsunterschieds, also ob ein Diversification Discount oder Premium bei diversifizierten Unternehmen existiert, ist auf der Grundlage reiner Theorie nicht zu entscheiden, da theoretisch nicht ermittelt werden kann, welche Effekte – wertvernichtende oder wertschaffende – überwiegen.

Damit sind die theoretischen Grundlagen einer unterschiedlichen Bewertung fokussierter und diversifizierter Unternehmen erläutert.

4.2 Verdichtung theoretischer Wertquellen

Im vorangegangenen Abschnitt sind Quellen aufgeführt worden, die theoretisch dazu führen können, dass diversifizierte Unternehmen systematisch anders bewertet werden als fokussierte. Aufgrund der Vielzahl an möglichen Erklärungsansätzen reicht die Betrachtung der Theorie allerdings nicht aus, um zielgerichtete Hypothesen zu den Forschungsfragen zu generieren. Daher werden in diesem Kapitel empirische Untersuchungen zum Thema des Diversification Discounts und möglicher Einflussgrößen ausgewertet, um aus der Vielzahl an möglichen Erklärungsansätzen zielgerichtete Hypothesen zu bilden.
Dabei soll folgendermaßen vorgegangen werden: Jede der theoretischen Quellen wird daraufhin überprüft, ob tatsächlich empirisch untersucht werden kann, dass sie existiert – unabhängig davon, ob sie tatsächlich auch Einfluss nimmt auf den Bewertungsunterschied. Dazu muss sie zwei Kriterien erfüllen: Sie muss erstens operationalisierbar, d.h. anhand einer Messgröße erfassbar sein, und zweitens tatsächlich nachgewiesen oder zumindest in ihrer Existenz nicht widerlegt worden sein. Ein Beispiel zur Illustration dieses Ansatzes: Theoretisch zahlen diversifizierte Unternehmen weniger Steuern als fokussierte Unternehmen. Diese Wertquelle ist operationalisierbar in Form der Steuerquote von Unternehmen und erfüllt damit das erste Kriterium. Findet sich allerdings kein empirischer Nachweis dafür, dass diversifizierte Unternehmen weniger Steuern zahlen, dann bildet diese theoretische Wertquelle keine vermutete Einflussgröße eines Discounts.

Auf diese Weise werden alle theoretischen Quellen auf ihre Operationalisierbarkeit und ihre tatsächliche Existenz überprüft und so auf mutmaßliche Einflussgrößen des Discounts verdichtet. Diese Quellen sind zusammengefasst:

1.) Fundamentalwertbezogene Wertquellen eines Premiums:

   a) Ausschöpfung operativer Synergien

   b) Ausschöpfung finanzieller Synergien

   c) Nutzung strategischer Synergien

2.) Fundamentalwertbezogene Wertquellen eines Discounts:

   a) Operative Mehrkosten

   b) Fehlfunktionen des internen Kapitalmarkts

3.) Nicht-fundamentalwertbezogene Wertquellen:

a) Geringere Abdeckung durch Analysten

b) Pauschaler Discount durch Analysten

c) Geringere Liquidität der Aktien

4.2.1 Prüfung fundamentalwertbezogener Wertquellen eines Premiums

Ausschöpfung operativer Synergien

Die Ausschöpfung operativer Synergien ist ebenso wie eine mögliche Senkung von Transaktionskosten ein schwer zu operationalisierender Faktor. So erlaubt ein Vergleich von Kostenstrukturen diversifizierter und fokussierter Unternehmen noch keinen Rückschluss, ob eventuell geringere Kosten diversifizierter Unternehmen auf der Ausnutzung von Verbundvorteilen und Transaktionskostensenkungen beruhen oder auf ganz anderen Faktoren. Vor allem sind die bei lateraler Diversifikation relevanten Synergien durch die Übertragung immaterieller Ressourcen schwer erfassbar. Eine kausale Zuweisung ist zumeist nicht möglich. WELGE verweist auf die große Schwierigkeit der quantitativen Erfassung von Synergiepotenzialen (und letztendlich damit auch auf die Erfassung der realisierten Potenziale) aufgrund von Zurechnungsproblemen.[83]

Obwohl das Thema der Synergien einen breiten Raum in der Diversifikationsforschung einnimmt und Synergien deutliche Wertvorteile versprechen, mangelt es an empirischen Belegen der Existenz von Synergien.[84] Dies liegt neben dem Zuordnungsproblem auch an dem Umstand, dass Synergien selten realisiert werden. So stellt BRIGLAUER in seiner Auswertung empirischer Untersuchungen fest: „Looking at the more recent literature it appears that management often fails to reap the potential synergies".[85] Bereits ANSOFF (1965) weist auf die große Diskrepanz zwischen potenziellen und realisierten Synergien hin. Bei lateraler Diversifikation werden die Synergien durch immaterielle Ressourcen zumeist von Komplexitätskosten und Kontrollproblemen in ihrer Wirkung aufgehoben.[86]

83 Vgl. Welge (1974), Sp. 3807f.

84 Vgl. Szeless (2001), S. 49f.

85 Siehe Briglauer (2000), S. 17.

86 Vgl. Briglauer (2000), S. 17.

Da Synergien selten realisiert werden und zudem wie die im Verbund möglicherweise geringeren Transaktionskosten kaum isoliert betrachtbar sind, wird die Annahme für tragfähig gehalten, dass der Grad der Ausnutzung operativer Synergien und eine mögliche Senkung von Transaktionskosten keine direkten Einflussgrößen des Bewertungsunterschieds darstellen.

Ausschöpfung finanzieller Synergien

Skalenökonomien bei der Finanzierung Ähnlich wie mit den operativen Synergien verhält es sich mit den *Skalenökonomien bei der Finanzierung*. Dem Autor sind keine Studien bekannt, die belegen, dass diversifizierte Unternehmen geringere Kosten der Kapitalbeschaffung aufweisen. Gründe für den Mangel an Untersuchungen zu dieser theoretischen Wertquelle sind sicherlich zum einen die von KITCHING (1967) aufgezeigte Geringfügigkeit des Effektes, den eine solche Wertquelle hat, und die mangelhafte Datengrundlage, da aus den Geschäftsberichten der Unternehmen die Kosten der Kapitalbeschaffung nicht ermittelbar sind. Auf dieser Basis wird die Annahme getroffen, dass Skalenökonomien keine mutmaßliche Einflussgröße des Discounts darstellen.

Effizientere interne Kapitalallokation Für die Effizienz der internen Kapitalallokation bestehen in der empirischen Forschung einige Operationalisierungsansätze.[87] Dass interne Kapitalmärkte nicht nur in der Theorie wertschaffend wirken können, zeigen KHANNA/TICE (2000). Für eine begrenzte Untersuchungsgesamtheit diversifizierter Unternehmen im Einzelhandel weisen sie nach, dass interne Kapitalmärkte zu besseren Investitionsentscheidungen führen können. Zur Effizienz interner Kapitalmärkte gibt es eine große Anzahl an weiteren Untersuchungen, die allerdings überwiegend eine Ineffizienz interner Kapitalmärkte nachweisen, wie im Abschnitt zu den negativen Wertquellen geschildert wird. Daher wird angenommen, dass der Effizienzgrad interner Kapitalmärkte – positiv oder negativ – eine mögliche Einflussgröße eines Bewertungsunterschieds darstellt.

Höhere Schuldenkapazität durch Risikoreduktion Eine erhöhte Schuldenkapazität ist zumindest bei der Annahme, dass Unternehmen ihre Schuldenkapazität weitgehend ausnutzen, über den Verschuldungsgrad operationalisierbar; eventuelle Steuervorteile lassen sich direkt aus dem Grad der Steuerbelastung ablesen. COMMENT/JARRELL (1995) zeigen, dass

---

[87] Operationalisierungsansätze entwickeln z.B. Comment/Jarrell (1995) oder Campa/Kedia (2002).

das Risiko diversifizierter Unternehmen niedriger ist als das vergleichbarer fokussierter Unternehmen. BERGER/OFEK weisen nach, dass diversifizierte Unternehmen im Durchschnitt etwas höhere Schulden im Vergleich zum Anlagevermögen aufweisen als fokussierte Unternehmen; dies ist hauptsächlich dem Co-Insurance Effekt zuzuschreiben.[88] Diversifizierte Unternehmen scheinen demnach die über den Co-Insurance Effekt bedingten höheren Kreditlinien auch tatsächlich auszunutzen. COMMENT/JARRELL können diesen Effekt lediglich für Unternehmen mit mehr als vier Geschäftsbereichen nachweisen. Während das Schuldenverhältnis der Unternehmen mit zwei bis vier Geschäftsbereichen nicht signifikant von dem fokussierter Unternehmungen abweicht, weisen diversifizierte Unternehmen mit fünf oder mehr Geschäftsbereichen ein signifikant größeres Schuldenverhältnis auf. Ebenfalls Evidenz für eine höhere ausgenutzte Schuldenkapazität finden MANSI/REEB (2002) und CAMPA/KEDIA (2002). Daher wird angenommen, dass eine höhere Schuldenkapazität Einfluss auf den Diversification Discount ausüben kann.

Steuervorteile Auch Steuervorteile sind direkt operationalisierbar in Form der Steuerquote eines Unternehmens. BERGER/OFEK zeigen allerdings, dass der branchenadjustierte durchschnittliche Steuersatz diversifizierter Unternehmen nur marginal unter dem fokussierter Unternehmen liegt und nahezu keinen messbaren Wertbeitrag liefert.[89] Daher wird angenommen, dass Steuervorteile keine Einflussgröße von Bedeutung für einen Bewertungsunterschied darstellen.

Nutzung strategischer Synergien

Für die Nutzung strategischer Synergien gilt ebenfalls das bei den operativen Synergien beschriebene Problem der Trennbarkeit möglicher Effekte von anderen. Während Marktmachtpositionen noch operationalisierbar sind, kann nicht ermittelt werden, inwieweit die Stärkung der Marktmacht auf einer Übertragung von Managementfähigkeiten beruht. Bezüglich der Ausnutzung von Marktmachtpositionen existieren jedoch Untersuchungen. BERRY (1971) führt einige Arbeiten an, die zeigen, dass eine höhere Marktmacht zu höhereren Profiten führt, doch sind die Ergebnisse mangels einer Korrektur von verzerrenden Effekten umstritten. MONTGOMERY zeigt, dass nach einer entsprechenden Korrektur die Evidenz für eine messbare Nutzung von Marktmachtpotenzialen verschwindet. Sie schlussfolgert: „(...)The

---

88 Siehe Berger/Ofek (1995), S. 59.

89 Siehe Berger/Ofek (1995), S. 59.

accumulated evidence suggests, it is unlikely that this motive [Anm.: Marktmachtsteigerung] plays a central role in firm diversification."[90] Auf der Basis dieses Ergebnisses wird daher die Annahme getroffen, dass die Nutzung strategischer Synergien keine bedeutende Einflussgröße des Discounts darstellt.

4.2.2 Prüfung fundamentalwertbezogener Wertquellen eines Discounts

Die Höhe operativer Mehrkosten

Für eine Operationalisierung der Höhe operativer Mehrkosten gilt das gleiche Problem wie für die operativen Synergien: Die durch den Status der Diversifikation entstehenden operativen Mehrkosten sind analytisch nicht direkt von anderen Kostenarten zu trennen. Dennoch bietet sich eine Operationalisierung über eine andere Größe an: Direkter Treiber operativer Mehrkosten ist der Grad der Diversifikation eines Unternehmens. Aus der Transaktionskostentheorie ergibt sich die Erkenntnis, dass, je diversifizierter ein Unternehmen ist, desto stärker die Kosten der internen Koordination steigen.[91] Je mehr Geschäftsbereiche ein diversifiziertes Unternehmen besitzt, desto höher der Koordinations- und Kontrollaufwand[92] und die damit verbundenen Kosten, die mit zunehmender Anzahl der Geschäftsbereiche überproportional ansteigen.[93] Daher wird angenommen, dass der Grad der Diversifikation eine gute Schätzung der (relativen) Höhe operativer Mehrkosten darstellt. Da ein Anstieg operativer Mehrkosten mit steigender Diversifikation durch MARKIDES (1995) nachgewiesen wurde,[94] gilt die Annahme vorläufig als haltbar, dass auch die Höhe operativer Mehrkosten, gemessen am Grad der Diversifikation, eine Einflussgröße auf die Höhe des Bewertungsunterschieds darstellt.

Fehlfunktion des internen Kapitalmarkts

In der Analyse zu positiven Auswirkungen des internen Kapitalmarkts ist auf die Operationalisierbarkeit dieser Wertquelle eingegangen worden. Offen ist, ob auch eine negative Aus-

[90] Siehe Montgomery (1985), S. 175.

[91] Vgl. ALBACH/REDENIUS, S. 60.

[92] Vgl. Markides (1995), S. 102.

[93] Vgl. Bohne (1998), S. 54ff.

[94] Ein indirekter Nachweis über geringere Profitabilität erfolgt auch durch Albach/Redenius (2000), S. 60ff.

prägung interner Kapitalmärkte nachgewiesen werden kann. Tatsächlich finden sich zahlreiche Belege für die Existenz von Fehlfunktionen des internen Kapitalmarkts. Zwar unterscheiden sich die Messansätze zum Teil erheblich, dennoch eint die meisten Studien das Ergebnis: Interne Kapitalmärkte weisen häufig Ineffizienzen auf. LAMONT (1997) zeigt am Beispiel der Ölbranche, dass negative exogene Schocks in einer Branche zu Investitionskürzungen in allen Geschäftsbereichen diversifizierter Unternehmen führen, und werten dies als Evidenz für wertmindernde Quersubventionen. SHIN/STULZ (1998), SCHARFSTEIN (1998) und RAJAN/SERVAES/ZINGALES (2000) gelangen zur Schlussfolgerung, dass interne Kapitalmärkte diversifizierter Unternehmen zu 'sozialistischem' Verteilungsverhalten neigen, indem sie Kapital von Segmenten mit guten Rentabilitätsaussichten (gemessen an Tobin's q) zu Segmenten mit schlechteren Aussichten transferieren. Zusätzlich zu einer reinen Durchschnittsbetrachtung zeigt SHIN/STULZ, dass das Problem der Quersubventionierungen stärker auftritt in Unternehmen, in denen das Management weniger Anteile am Unternehmen hält und so geringere Anreize dazu hat, Kapital effizient zu verteilen. Eine ähnliche Beobachtung machen RAJAN/SERVAES/ZINGALES, die das Problem verstärkt sehen bei Unternehmen mit einer hohen Diversität an Investitionschancen. Daher wird angenommen, dass die Effizienz eines internen Kapitalmarkts eine mögliche Einflussgröße des Bewertungsunterschieds darstellt, und zwar mit möglichem positiven und negativen Einfluss.

4.2.3 Prüfung nicht-fundamentalwertbezogener Wertquellen

Geringere Abdeckung durch Analysten

Der Effekt einer geringeren Abdeckung durch Analysten ist prinzipiell bei Unternehmen nur ex post beobachtbar, also nach erfolgter Aufspaltung.[95] Der Grad der Diversifikation kann jedoch als direkter und hauptsächlicher Treiber der Höhe der Analystenabdeckung identifiziert werden[96] und stellt somit eine Operationalisierung dieses Effektes dar, die generelle Beobachtbarkeit ermöglicht. Da eine geringere Abdeckung diversifizierter Unternehmen durch Analysten empirisch nachgewiesen ist, wird die Annahme getroffen, dass dies eine mögliche Einflussgröße auf den Diversification Discount darstellt. Untersucht werden kann diese Einflussgröße jedoch nur über eine Operationalisierung des Diversifikationsgrads.

Pauschalabwertung durch Analysten

Um die Wirkung einer Pauschalabwertung durch Analysten überhaupt untersuchen zu können, muss erstens die Abwertung erfassbar sein und zweitens nachgewiesen werden können, dass sich eine Analystenempfehlung auf den Marktwert eines Unternehmens auswirkt und in welcher Höhe dies der Fall ist. Ersteres ist direkt erfassbar, während Letzteres ein Zuordnungsproblem stellt: Zwar gibt es starke empirische Belege, dass sich Analystenempfehlungen auf Aktienkurse auswirken (dies zeigen BARBER ET ALII (2001) und WOMACK (1996)); die genaue Höhe einer Pauschalabwertung ist jedoch nicht isoliert betrachtbar.[97] Auf der Grundlage dieser Erkenntnisse wird die Annahme getroffen, dass eine Pauschalabwertung eine mögliche, aber nicht nachzuprüfende Einflussgröße eines Bewertungsunterschieds darstellt.

Geringere Liquidität der Aktien

Auch bei der Liquidität ergibt sich ein grundsätzliches Problem der Operationalisierbarkeit, da nicht nur Diversifikation die Liquidität von Aktien beeinflusst, sondern in erheblichem Grad auch die Struktur der Anteilseigner und der freibörslich gehandelte Anteil der

---

95 Vgl. Gilson et alii (2001), S. 566.

96 Dies zeigen Ferris/Sarin (2000), S. 121: „(...) analyst coverage declines as the firm increases its diversification."

97 So bilden pauschale Abwertungen, wenn sie angewendet werden, nur einen Bestandteil von Analysteneinschätzungen zum fairen Wert eines Unternehmens (siehe Kames (2000), S. 108). Der Gesamteffekt einer neuen Kursempfehlung ist über eine Ereignisstudie zwar erfassbar, nicht aber, welchen Beitrag eine eventuell vorgenommene Abwertung wegen des Diversifikationsstatus eines Unternehmens hat.

Aktien.[98] Dennoch ist die Wirkung von Diversifikation auf die Liquidität erwiesen: VIJH (1994) gelingt es, diversifizierten Unternehmen anhand einer Untersuchungsgesamtheit von 113 Unternehmensaufspaltungen nachzuweisen, dass Aufspaltungen im Durchschnitt zu einem langfristig höheren Handelsvolumen der Aktien des sich aufspaltenden Unternehmens führen. Im Umkehrschluss gewinnt er daraus die Erkenntnis, dass die Aktien diversifizierter Unternehmen weniger Investoren interessieren und so eine geringere Liquidität dieser Aktien besteht. Ein solcher Unterschied der Liquidität ist allerdings nur bei Aufspaltungen messbar, nicht aber prinzipiell bei allen diversifizierten Unternehmen. Daher ist zwar ein Effekt geringerer Liquidität diversifizierter Unternehmen auf den Bewertungsunterschied vorstellbar, aufgrund der Vielfalt möglicher anderer Treiber von Liquidität kann diese aber nicht isoliert betrachtet werden. Basierend auf den dargelegten Erkenntnissen, wird die Annahme getroffen, dass eine theoretisch geringere Liquidität der Aktien diversifizierter Unternehmen ebenfalls eine mögliche, aber nicht nachzuprüfende Einflussgröße eines Bewertungsunterschieds darstellt.

4.2.4 Ergebnis der Verdichtung

Tabelle 4.1 auf Seite 72 fasst die Ergebnisse der Überprüfung nochmals zusammen. Auf der Basis des dargestellten Entscheidungsmusters ergeben sich Annahmen über mögliche Einflussgrößen eines Bewertungsunterschieds, die im Folgenden dargestellt werden. Mögliche Einflussgrößen von Bedeutung sind

1.) der Effizienzgrad des internen Kapitalmarkts,

2.) der Grad der Ausnutzung zusätzlicher Schuldenkapazität,

3.) die Höhe operativer Mehrkosten,

4.) die geringere Abdeckung durch Analysten,

5.) die pauschale Abwertung durch Analysten,

6.) die geringere Liquidität von Aktien diversifizierter Unternehmen.

[98] Vgl. Vijh (1994), S. 582f.

Mögliche Einflussgrößen mit keiner oder nur geringfügiger Bedeutung sind

- operative Synergien,
- Economies of Scale bei der Finanzierung,
- Steuervorteile,
- strategische Synergien.

Die mutmaßlichen Einflussgrößen (3) und (4) (operative Mehrkosten und geringere Abdeckung durch Analysten) können dabei nur über den Grad der Diversifikation analysiert werden, während sich die mutmaßlichen Einflussgrößen (5) und (6) (geringere Liquidität und Pauschalabwertung) einer direkten Untersuchung mangels isolierter Betrachtbarkeit entziehen. Die auf der Grundlage empirischer Erkenntnisse getroffenen Annahmen führen zusätzlich zum Ausschluss der als Einflussgrößen mit mutmaßlich keiner oder nur geringer Bedeutung identifizierten theoretischen Wertquellen. Der Effekt dieser einschränkenden Annahmen wird im empirischen Teil der Untersuchung analysiert. Die bisher genannten Annahmen bilden die Grundlage für die Aufstellung gezielter Hypothesen bezüglich der wesentlichen Einflussgrößen, die im folgenden Abschnitt erfolgt.

		Wertquelle	Wertquelle empirisch nachweisbar ?		Wertquelle mutmaßliche Einflussgröße?
Fundamentalwertbezogene Wertquellen eines Premiums	1	**operative Synergien**	Umstritten	Szeless (2001)	Nein
	2	**finanzielle Synergien**			
	a	Economies of Scale bei Finanzierung	Nein		Nein
	b	Effiziente Kapitalallokationen	Ja	Khanna/Tice (2000)	Ja
	c	Höhere Schuldenkapazität	Ja	Amit (1988) Berger Ofek (1995) Billet/Mauer (2002) Mansi/Reeb (2002) Campa/Kedia (2002) Best/Hodges/Lin (2004)	Ja
	d	Steuervorteile	Ja	Berger/Ofek (1995)	Nein, Wertquelle von geringer Bedeutung
	3	**Strategische Synergien**	Widersprüchlich	Bernheim/Whinston (1990): Ja Montgomery (1985): Nein	Nein, Wertquelle von geringer Bedeutung
Fundamentalwertbezogene Wertquellen eines Discounts	4	**operative Mehrkosten**	Ja	Bohne (1998) Best/Hodges/Lin(2004): indirekt	Ja
	5	**Fehlfunktionen der internen Märkte**			
	a	overinvestment	Ja	Berger/Ofek (1995) Scharfstein (1998)	Ja
	b	cross-subsidization	Ja	Berger Ofek (1995) Comment/Jarrel (1995) Shin/Stulz (1998) Rajan/Servaes /Zingales (2000) Ahn/Denis (2001) Billet/Mauer (2002)	Ja
Nicht fundamental-wertbezogene Wertquellen	6	**Verringerte Marktliquidität**	Ja	Vijh (1994)	Ja
	7	**Pauschale Abwertung durch Analysten**	Ja	Kames (2000)	Ja
	8	**Geringer Abdeckung durch Analysten**	Ja	Bhushan (1987) Ferris/Sarin (2000) Gilson et al. (2001)	Ja

Tabelle 4.1: Empirische Belege für die Wirkung von Wertquellen auf den Discount

4.3 Identifikation der zentralen Einflussgrößen des Bewertungsunterschieds

Im vorangegangenen Abschnitt sind die vier mutmaßlichen Einflussgrößen eines Bewertungsunterschieds abgeleitet worden. Viele der in Kapitel 3 vorgestellten Studien haben die Wirkung einiger (zumeist isolierter) Einflussgrößen bereits analysiert. Auf diese Ergebnisse soll nun zurückgegriffen werden, um Hypothesen bezüglich der Haupteinflussgrößen eines Bewertungsunterschieds zu bilden.

4.3.1 Überprüfung der bisherigen empirischen Befunde zu Einflussgrößen

Der Effizienzgrad des internen Kapitalmarkts

Diese Einflussgröße nimmt in empirischen Untersuchungen eine wesentliche Rolle ein; so sehen zahlreiche Forscher den Effizienzgrad eines internen Kapitalmarkts als die zentrale Einflussgröße eines Bewertungsunterschieds:

— BERGER/OFEK (1995) entdecken bei diversifizierten Unternehmen sowohl Überinvestitionen als auch Quersubventionierungen und weisen für ihre Untersuchungsgesamtheit US-amerikanischer Unternehmen einen negativen Zusammenhang zwischen dem Niveau dieser Fehlfunktionen und dem Bewertungsunterschied nach.

— HUBBARD/PALIA (1998) stützen die These des Einflusses interner Kapitalmärkte indirekt über den Nachweis eines positiven Werteffektes effizienter interner Kapitalmärkte über erhöhte abnormale Renditen bei Akquisitionen von finanzierungsbeschränkten Unternehmen durch diversifizierte Unternehmen.

— BILLET/MAUER (1998) finden einen positiven Zusammenhang zwischen Ankündigungseffekten von Tracking-Stock-Transaktionen und dem Effizienzgrad des internen Kapitalmarkts diversifizierter Unternehmen.

— RAJAN/SERVAES/ZINGALES (2000) belegen, dass das Ausmaß der Fehlallokationen auf dem internen Kapitalmarkt stark mit dem Diversification Discount korreliert.

— BILLET/MAUER (2002) zeigen einen direkten Wirkungszusammenhang zwischen dem Effizienzgrad eines internen Kapitalmarkts und der Höhe des Bewertungsunterschieds. Bemerkenswert hierbei ist, dass zwar auch hier im Durchschnitt die internen Kapitalmärkte ineffizient sind und der Bewertungsunterschied negativ ist, aber etliche Unternehmen über einen effizienten internen Kapitalmarkt verfügen und mit einem Premium gehandelt werden. Damit zeigen sie, dass ein interner Kapitalmarkt durchaus auch effizient sein und sich so positiv auf einen Bewertungsunterschied auswirken kann.

Der Grad der Ausnutzung zusätzlicher Schuldenkapazität

Während die Existenz und die Ausnutzung der höheren Schuldenkapazität diversifizierter Unternehmen unstrittig ist, zeigen die Ergebnisse Widersprüchliches. BILLET/MAUER und BERGER/OFEK zeigen mit ihren Untersuchungen, dass sich der höhere Leverage positiv auf den Bewertungsunterschied auswirkt. BENS/MONAHAN (2002) konstatieren hingegen für ihre Untersuchungsgesamtheit eine negative Wirkung. Eine mögliche Erklärung dieser Diskrepanz liefern theoretische Überlegungen, wonach das zur Verfügung stehende Kapital effizient alloziert und investiert werden muss, um einen entsprechenden Ertrag und damit verbunden eine positive Wirkung auf den Bewertungsunterschied erzielen zu können. Erhöhte Kreditlinien und größere Budgets per se sind demnach keine Garantie zur Steigerung des Bewertungsunterschieds. Höhere Schuldenkapazität stellt eher eine indirekte Einflussgröße dar, deren Wirkung sich erst in Verbindung mit einem effizienten internen Kapitalmarkt entfaltet. Insgesamt ist die Wirkung einer höheren Schuldenkapazität als sehr gering zu beurteilen, wie BERGER/OFEK aufzeigen.[99]

Operative Mehrkosten

Dass die steigenden Mehrkosten Synergiepotenziale neutralisieren und einen positiven Effekt auf den Discount haben, kann indirekt nachgewiesen werden: LANG/STULZ (1994), BERGER/OFEK und BILLET/MAUER zeigen, dass der Grad der Diversifikation in eindeutig negativem Zusammenhang zum Bewertungsunterschied steht; so stellen BERGER/OFEK fest, dass mit jedem Geschäftssegment der durchschnittliche Discount um bis zu 8% steigt.[100] Handelt es sich um verwandte Segmente, wird der negative Effekt nahezu neutralisiert.

---

99 Vgl. Berger/Ofek (1995), S. 59.

100 Abhängig von der Messmethodik liegen die Werte zwischen 2,2% und 7,7%. Vgl. Berger/Ofek (1995), S. 50.

Dementsprechend hat der Grad der Diversifikation einen deutlichen negativen Effekt auf den Bewertungsunterschied. Dies belegen auch die Ereignisstudien; diese zeigen, dass diversifizierende Transaktionen grundsätzlich mit einem Discount bestraft werden – und zwar auch dann, wenn bereits ein Unternehmen vorher diversifiziert war. Das heißt, mit steigendem Grad der Diversifikation steigt auch der Discount.

Die geringere Abdeckung durch Analysten

FERRIS/SARIN gelingt es zu zeigen, dass das Ausmaß der Abdeckung eines Unternehmens durch Analysten einen signifikanten und positiven Einfluss auf den Bewertungsunterschied, gemessen am Excess Value, hat.[101] Das Ausmaß der Abdeckung wird bestimmt durch den Diversifikationsgrad eines Unternehmens.[102] Gestützt werden diese Erkenntnisse durch BENS/MONAHAN (2002), die einen positiven Einfluss vom Grad verfügbarer Informationen ('disclosure quality') diversifizierter Unternehmen auf den Excess Value nachweisen.

Weitere empirisch gemessene Einflussgrößen

LINS/SERVAES (1999) und DENIS/DENIS/SARIN (1997) messen den Einfluß von Eigentumsverhältnissen auf den Bewertungsunterschied und zeigen eine positive Wirkung konzentrierten Aktienbesitzes. Je stärker die Eigentumsverhältnisse in einer Hand liegen, so die theoretisch basierte Argumentation, desto besser die Kontrolle eines Unternehmens und desto geringer die wertvernichtenden Agency-Probleme. BENS/MONAHAN (2002) weisen einen negativen Zusammenhang zwischen dem Bewertungsunterschied und den zwischen den Unternehmen und dem Markt existierenden Informationsasymmetrien nach. Kapitel 2 hat bereits aufgezeigt, dass Agency-Probleme die Ursachen für Fehlfunktionen des internen Kapitalmarkts sind. Somit sind Eigentumsverhältnisse nicht als direkte Einflussgröße des Discounts zu sehen, sondern als indirekt über den internen Kapitalmarkt wirkende Größe. Ebenso verhält es sich mit der Höhe der Informationsasymmetrien, die ebenfalls nicht eine eigenständige Einflussgröße bilden, sondern über eine Erhöhung der Komplexitätskosten indirekt wirken. Anhand der Abbildung 4.2 auf Seite 49 lassen sich die beschriebenen indirekten Wirkungen nochmals in ihrer theoretischen Fundierung nachvollziehen.

---

101 Siehe Ferris/Sarin (2000), S. 122.

102 Siehe Ferris/Sarin (2000), S. 121.

4.3.2 Ableitung der zentralen Einflussgrößen

Fasst man die Ergebnisse der empirischen Ursachenforschung zum Diversification Discount zusammen, so lässt sich Folgendes feststellen:

— Der Grad der Ausnutzung zusätzlicher Schuldenkapazität stellt sowohl theoretisch als auch in der Praxis keine Einflussgröße mit besonders großer Wirkung auf den Bewertungsunterschied dar.

— Die Höhe operativer Mehrkosten kann nur indirekt über den Grad der Diversifikation eines Unternehmens gemessen werden. Dieser übt zumindest in den USA nachweislich Einfluss auf die Höhe des Bewertungsunterschieds aus, und zwar einen negativen Einfluss: Je diversifizierter ein Unternehmen ist, desto höher sind die Komplexitätskosten und desto negativer fällt ein Bewertungsunterschied aus.

— Die geringere Abdeckung diversifizierter Unternehmen durch Analysten beeinflusst ebenfalls den Bewertungsunterschied negativ: Je geringer die Abdeckung eines Unternehmens durch Analysten ausfällt, desto negativer ist der Bewertungsunterschied. Treiber dieser Größe ist der gleiche wie bei den operativen Mehrkosten: der Grad der Diversifikation.

— Als wesentlichste Einflussgröße eines Bewertungsunterschieds hat sich allerdings der Effizienzgrad der internen Kapitalmärkte diversifizierter Unternehmen erwiesen. Dieser nimmt in der wissenschaftlichen Diskussion eine bedeutende Rolle ein, wie auch MARTIN/SAYRAK in ihrer Betrachtung der wissenschaftlichen Diskussion bemerken.[103] Zudem fallen die empirischen Befunde für den Effizienzgrad als Einflussgröße am deutlichsten aus, wie der vorangegangene Abschnitt gezeigt hat. Dies allein reicht jedoch noch nicht für die Schlussfolgerung, dass der Effizienzgrad die zentrale Größe bildet. Den deutlichsten Hinweis liefern die Ergebnisse der Untersuchungen von BERGER/OFEK und BILLET/MAUER, die beide sowohl den Grad der Diversifikation als auch den Effizienzgrad eines internen Kapitalmarkts analysieren und Letzterem eine größere Bedeutung attestieren. Ein weiteres, diese Hypothese stützendes Argument ist, dass der Effizienzgrad eines internen Kapitalmarkts die bisher einzige Einflussgröße darstellt, die nachweislich deutlich positiven Einfluss auf den Bewertungsunterschied

[103] Siehe Martin/Sayrak (2003), S. 43.

nimmt,[104] und dass nur über diese Einflussgröße die z.B. von BERGER/OFEK festgestellte hohe Anzahl an diversifizierten Unternehmen mit einem Premium erklärbar ist.

Tabelle 4.2 fasst diese Ergebnisse übersichtlich zusammen und zeigt die Fundstellen empirischer Belege auf.

	Einflussgrösse des Bewertungsunterschieds	Effekt auf Bewertungsunterschied bisher nachgewiesen?	Nachgewiesen von	Einschätzung der Relevanz
1	Der Effizienzgrad des internen Kapitalmarkts	Ja	Berger Ofek (1995) Ahn/Denis (2001) Billet/Mauer (2002)	Sehr hoch
2	Der Grad der Ausnutzung zusätzlicher Schuldenkapazität	Ja, aber Effekt gering	Berger Ofek(1995) Billet/Mauer (2002) Best/Hodges/Lin (2004)	Gering
3	Operative Mehrkosten	Indirekt	Lang/Stulz (1993)* Berger Ofek (1995)* Billet/Mauer (2002)* Mansi/Reeb (2002)*	Hoch
4	Geringere Abdeckung durch Analysten	Ja, in begrenztem Rahmen	Ferris/Sarin (2000)	Hoch

* indirekt: gemessen am Grad der Diversifikation, der ein Treiber der Höhe operativer Mehrkosten ist

Tabelle 4.2: Verdichtung theoretischer Wertquellen auf Einflussgrößen des Bewertungsunterschieds

4.4 Ableitung der Hypothesen H4 bis H7

Aus den dargelegten Analysen lassen sich folgende Hypothesen zu den Einflussgrößen des Bewertungsunterschied ableiten:

➤ *H4*: Die geringere Abdeckung diversifizierter Unternehmen durch Analysten und die Höhe der operativen Mehrkosten haben einen nachweisbaren Einfluss auf die Höhe des Bewertungsunterschieds. Gemessen werden diese Einflussgrößen am Grad der Diversifikation.

und:

[104] Nachweislich positiven Einfluss besitzt zwar auch die Einflussgröße der Schuldenkapazität, die positive Wirkung ist jedoch bei Berger/Ofek (1995), S. 57, als gering eingestuft worden.

- *H5*: Der Effizienzgrad des internen Kapitalmarkts hat einen nachweisbaren Einfluss auf die Höhe des Bewertungsunterschieds.

Zudem ist die Vermutung aufgestellt und begründet worden, dass der Effizienzgrad des internen Kapitalmarkts die zentrale Einflussgröße darstellt. Also lautet eine weitere Hypothese:[105]

- *H6*: Der Effizienzgrad des internen Kapitalmarkts ist die Größe mit dem stärksten Einfluss auf die Höhe des Bewertungsunterschieds.

Da die Hypothese H2 einen negativen Bewertungsunterschied vermutet und dieser durch Hypothese H6 hauptsächlich dem Effizienzgrad des internen Kapitalmarkts zugeordnet wird, lautet eine weitere Hypothese:

- *H7*: Diversifizierte Unternehmen in Deutschland haben im Durchschnitt ineffiziente interne Kapitalmärkte.

Damit ist die Hypothesenbildung im Ausgang von der bisherigen Forschung abgeschlossen und ein Hypothesengerüst aufgestellt worden, mit dessen Hilfe die beiden zentralen Forschungsfragen auf empirischer Grundlage untersucht werden können.

[105] H5 und H6 werden – obwohl inhaltlich zusammengehörend – als separate Hypothesen geführt, da sie im späteren Verlauf methodisch unterschiedlich untersucht werden müssen.

5 Empirische Untersuchung

Auf die Bildung der Hypothesen folgt nun deren empirische Validierung für die Gesamtheit der am deutschen Aktienmarkt gehandelten inländischen Unternehmen. Dafür wird zunächst der Untersuchungsgegenstand zusammengefasst und die Datenbasis eingegrenzt. Die empirische Überprüfung der Hypothesen erfolgt dann in Form dreier thematisch getrennter Untersuchungen. Anschliessend werden im letzten Teil dieses Kapitels mögliche Kritikpunkte an dieser Untersuchung erörtert.

5.1 Untersuchungsgegenstand und Datenbasis

5.1.1 Untersuchungsgegenstand und Aufbau der empirischen Untersuchung

Den Gegenstand der empirischen Untersuchung bilden die in Kapitel 3 und 4 aufgestellten Hypothesen zu den beiden übergeordneten Forschungsfragen. Die erste Forschungsfrage verlangt eine Untersuchung der Existenz eines systematischen Bewertungsunterschieds zwischen fokussierten und diversifizierten Unternehmen in Deutschland. Die hierzu aufgestellten Hypothesen lauten:

- *H1*: Es gibt einen ökonomisch signifikanten Bewertungsunterschied zwischen diversifizierten und fokussierten Unternehmen am deutschen Aktienmarkt.

➤ *H2*: Der Bewertungsunterschied ist im Durchschnitt negativ, diversifizierte Unternehmen werden also mit einem Discount gehandelt.

➤ *H3*: Der Bewertungsunterschied zwischen diversifizierten und fokussierten Unternehmen am deutschen Aktienmarkt liegt wesentlich an diversifikationsspezifischen Einflussgrößen.

Diese Hypothesen H1 und H2 werden in der ersten Untersuchung überprüft (Teilkapitel 5.2), während H3 erst im Rahmen der Überprüfung der zweiten Forschungsfrage untersucht werden kann.

Für die Beantwortung der zweiten Forschungsfrage nach den Einflussgrößen des Bewertungsunterschieds sind drei weitere Hypothesen zu überprüfen:

➤ *H4*: Die geringere Abdeckung diversifizierter Unternehmen durch Analysten und die Höhe der operativen Mehrkosten haben einen nachweisbaren Einfluss auf die Höhe des Bewertungsunterschieds. Gemessen werden diese Einflussgrößen am Grad der Diversifikation.

➤ *H5*: Der Effizienzgrad des internen Kapitalmarkts hat einen nachweisbaren Einfluss auf die Höhe des Bewertungsunterschieds.

➤ *H6*: Der Effizienzgrad des internen Kapitalmarkts ist die Größe mit dem stärksten Einfluss auf die Höhe des Bewertungsunterschieds.

Die Überprüfung dieser Hypothesen erfolgt im Teilkapitel 5.4. Hierzu ist es nötig, zunächst den als zentrale Einflussgröße vermuteten Effizienzgrad des internen Kapitalmarkts zu operationalisieren und für die Untersuchungsgesamtheit zu berechnen. Dies geschieht im Teilkapitel 5.3, das die folgende Hypothese überprüft:

➤ *H7*: Diversifizierte Unternehmen in Deutschland haben im Durchschnitt ineffiziente interne Kapitalmärkte.

Abbildung 5.1 auf der nächsten Seite zeigt den Aufbau der empirischen Arbeit grafisch auf: Die erste Untersuchung widmet sich der Existenz eines Bewertungsunterschieds (*H1-H2*). In der zweiten Untersuchung wird die Effizienz der internen Kapitalmärkte diversifizierter Unternehmen überprüft (*H7*). Die dritte Untersuchung ermittelt die Wirkung der im Kapitel 4 identifizierten Einflussgrößen auf die Höhe des Bewertungsunterschieds (*H3-H6*).

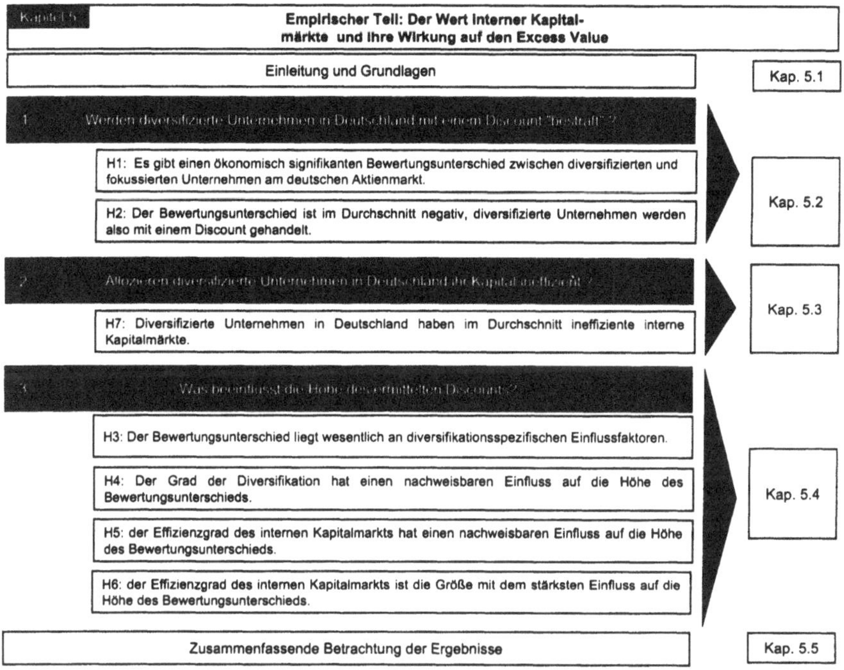

Abbildung 5.1: Übersicht über das Vorgehen der empirischen Untersuchung

5.1.2 Datenbasis

5.1.2.1 Grundgesamtheit: Der CDAX

Die Grundlage der Untersuchung bilden alle zum 1.1.2001 im amtlichen und geregelten Markt in Frankfurt gehandelten deutschen Unternehmen.[1] Diese im CDAX gelisteten Unternehmen stellen den Großteil aller in Deutschland an der Börse notierten Unternehmen dar. Die Erhebung der für die empirische Untersuchung notwendigen Unternehmens- und Geschäftssegmentdaten erfolgt über Worldscope, die europaweit umfassendste Datenbank für Geschäftsberichtsdaten. Als Quelle für die zur Marktwertermittlung nötigen Aktienkursdaten dient Datastream.[2] Zusätzliche Informationen zur Verifizierung und Korrektur der Geschäftssegmentdaten entstammen den Geschäftsberichten der jeweiligen Unternehmen. Da in empirischen Studien bisher in den USA ein sich im Zeitablauf verändernder Diversification Discount ermittelt worden ist,[3] erscheint es sinnvoll, auch für die vorliegende Untersuchung einen Zeitraum von mehreren Jahren zu betrachten. Die für die Untersuchung notwendigen Daten liegen jedoch erst ab 1998 in ausreichender Qualität vor. Daten aus den Jahren vor 1998 gehen nicht in die Untersuchung ein, da die Segmentberichtsdaten vor 1998 von unzureichender Qualität sind.[4]

Tabelle 5.1 zeigt die Bildung der Untersuchungsgesamtheit, der um einige Unternehmen bereinigten Grundgesamtheit. Ausgehend vom CDAX werden 53 kleine Unternehmen ausgeschlossen, deren Daten nicht in Worldscope erfasst sind. Zusätzlich werden kleine Unternehmen mit weniger als 20 Mio. Euro Umsatz nicht berücksichtigt; damit wird eine mögliche Verzerrung durch kleine Unternehmen mit geringem Handelsvolumen ihrer Aktien vermieden, die häufig mit einem Discount für geringe Liquidität belegt sind.[5]

---

[1] Seit der Umstellung der Indexsegmentierungen an der deutschen Börse zum 1.1.2003 sind die Segmente des amtlichen und geregelten Marktes unter Prime und General Standard zu finden.

[2] Der elektronische Zugriff auf Worldscope und Datastream wurde für diese Untersuchung freundlicherweise von Thomson Financial zur Verfügung gestellt.

[3] Siehe hierzu Abb. 3.1 auf Seite 31.

[4] Börsennotierte Konzerne sind nach §297, Abs. 1 HGB erst für Geschäftsjahre, die nach dem 31.12.1998 beginnen, zur Veröffentlichung eines eigenständigen Segmentberichts verpflichtet. Für die Jahre davor besteht nur eine minimale Veröffentlichungspflicht gemäß §285, Nr. 4 HGB. Mit jedem Jahr vor dem Berichtsjahr 1999 werden daher die Segmentdaten unzureichender. Erst ab 1998 können sie nach Meinung des Autors systematisch ausgewertet werden. Für detaillierte Informationen zur Segmentberichtspflicht siehe Abschnitt 5.5.3.1.

[5] Vgl. hierzu ausführlich Loderer/Roth (2003), S. 3ff.

	2002	Anteil an der Grund-gesamtheit	Anteil an der Untersuchungs-gesamtheit
Grundgesamtheit: Anzahl der an der Frankfurter Börse gelisteten Unternehmen (CDAX)*	**685**	100%	
abzgl. nicht in Worldscope erfasste Unternehmen	(53)	-8%	
abzgl. Unternehmen mit Umsatz in 2002 < 20 Mio. Euro	(97)	-14%	
abzgl. Unternehmen aus SIC 6000-6999	(47)	-7%	
Untersuchungsgesamtheit	**488**	71%	**100%**
davon fokussiert (Untersuchungsgruppe **'FOK'**)	410		84%
davon diversifiziert (Untersuchungsgruppe **'DIV'**)	78		16%

* der CDAX umfasst alle deutschen Unternehmen des amtlichen und geregelten Marktes in Frankfurt (seit 1.1.2003: Prime und General Standard)

Tabelle 5.1: Die Bildung der Untersuchungsgesamtheit

Ebenfalls ausgeschlossen werden Banken, Versicherungen und sonstige Finanzdienstleister,[6] da sie speziellen Rechnungslegungsvorschriften unterliegen und insbesondere der in der empirischen Untersuchung verwendete Umsatzmultiplikator nicht kongruent zu den übrigen Branchen berechnet werden kann.[7]

So ergibt sich eine Untersuchungsgesamtheit von 488 Unternehmen, die etwa 85% der gesamten Marktkapitalisierung des CDAX ausmacht.[8] Damit gehen maximal 2.440 Firmenjahre[9] in die empirische Untersuchung ein.

5.1.2.2 Klassifizierung der Datenbasis

Die Unternehmen der Auswahlgesamtheit werden klassifiziert in fokussierte und diversifizierte Unternehmen. Diese Klassifizierung erfolgt auf der Basis der im Abschnitt 2.1 dargestellten engen Definition von Diversifikation. Demnach sind Unternehmen nur dann als diversifiziert einzuordnen, wenn sie Umsätze in mindestens zwei unverwandten Branchen melden. Als zusätzliche Anforderung wird verlangt, dass in keiner dieser Branchen mehr

[6] Alle Unternehmen der 'Financial Services'-Branche, SIC Codes: 6000-6999; eine Erläuterung des SIC Codes erfolgt im nächsten Abschnitt.

[7] Vgl. hierzu auch Lins/Servaes (1999), S. 2217.

[8] Die übrigen 15% verteilen sich wie folgt: 10% ausgeschlossene Unternehmen der Financial Services-Branche, 5%: nicht in Worldscope erfasste Unternehmen.

[9] 5 Jahre x 488 Firmen = 2.440 Firmenjahre.

als 90% des Gesamtumsatzes des Unternehmens erzielt wird; dies soll verhindern, dass im Wesentlichen fokussierte Unternehmen mit marginalen Nebengeschäften als diversifizierte Unternehmen eingestuft werden.[10] Um bei der Identifikation von unverwandten Branchen subjektive Einschätzungen zu vermeiden, stützt sich die Klassifikation auf die objektiven Standards der 'Standard Industry Classification Codes' (SIC Codes) als Grundlage für die Definition unterschiedlicher Branchen. Diese international weit verbreitete Kategorisierung aller Branchen nach ihrem Verwandtheitsgrad wurde eingeführt vom 'United States Census Bureau', um Unternehmen oder einzelne Geschäftssparten auf der Basis ihrer Aktivitäten zu klassifizieren. Der SIC Code ist ein vierstelliger Zahlencode, der jedes Unternehmen entsprechend seiner Tätigkeit einer bestimmten Branche und diese wiederum einem übergeordneten Wirtschaftsbereich zuordnet. Jeder Wirtschaftsbereich ist einem Wirtschaftszweig zugeordnet, der wiederum einem Hauptwirtschaftszweig angehört. Die erste Ziffer des vierstelligen Codes bestimmt den Hauptwirtschaftszweig, die zweite Ziffer spezifiziert den Wirtschaftszweig, die dritte den Wirtschaftsbereich und die letzte Ziffer die Branche. In unterschiedlichen Wirtschaftszweigen angesiedelte Branchen gelten als unverwandt.[11]

Nach Maßgabe der SIC-Klassifizierung und der gegebenen Definition von Diversifikation ist ein Unternehmen dann diversifiziert, wenn es in mindestens zwei Branchen tätig ist, die einen sich in den ersten zwei Ziffern unterscheidenden SIC Code aufweisen. Die Methodik, anhand von SIC Codes Unternehmen in diversifizierte und fokussierte Unternehmen zu klassifizieren, folgt der von MONTGOMERY (1982) eingeführten und seitdem häufig in vergleichbaren Untersuchungen verwendeten Methodik. Einige Korrekturen sind dennoch vonnöten, da eine strikte Anwendung der Kriterien zu Fehleinordnungen führen würde. So wäre beispielsweise ein Schuhproduzent bereits dann diversifiziert, wenn er Schuhe mit Plastik- (SIC Code 3149) und mit Lederkomponenten (SIC Code 3021) fertigt. Solche offensichtlichen Verstöße gegen den Sinn der im Abschnitt 2.1 dargestellten Definition von Diversifikation werden korrigiert.[12] Damit unterliegt die Klassifizierung einer gewissen Subjektivität, der aber einem automatischen Anwenden eines festen Algorithmus mit den damit verbundenen unvermeidbaren Fehlern der Vorzug gegeben wird.[13] Die Klassifizierung führt

---

[10] In der Wahl der 90%-Marke als Definitionshürde folgt diese Untersuchung dem Ansatz der in Kapitel 3 erwähnten vergleichbaren Untersuchungen.

[11] Eine Übersicht über die SIC Codes findet sich im Anhang.

[12] Solche Korrekturen regen auch Martin/Sayrak (in Villalonga (2003), S. 18) an, um die auf strikter Anwendung der SIC-Regeln basierenden Fehleinschätzungen in zukünftigen Untersuchungen zu vermeiden.

[13] Alternativ zu einer Zuordnung über SIC Codes hätte auch der dem SIC Code ähnliche europäische NACE (Europäische NACE: Von der europäischen Kommission erarbeitete einheitliche europäische Klassifikation

zu der Aufteilung der Auswahlgesamtheit auf die Untersuchungsgruppe 'DIV', die die 78 als diversifiziert klassifizierten Unternehmen enthält, und die Untersuchungsgruppe 'FOK' mit den 410 fokussierten Unternehmen.

5.1.2.3 Bereinigung und Korrektur der Datenbasis

Für die empirische Untersuchung ist eine Überprüfung der vorliegenden Daten auf die Vollständigkeit der Geschäftsberichts-, Aktienkurs- und Segmentdaten sowie eine Kontrolle der in Worldscope angegebenen Daten nötig. Diese führt zum Ausschluss derjenigen Datensätze, die eine Vollständigkeitsprüfung nicht bestehen oder Verstöße gegen die aktuellen Vorschriften der Segmentberichterstattung aufweisen. Solche Verstöße sind zum Beispiel eine Verletzung der in DRS 3.12 vorgeschriebenen Regel, dass mindesten 75% der konsolidierten Umsatzerlöse den anzugebenden Segmenten zugeordnet sind.[14] Sind die Daten vollständig, korrekt und konsistent, muss überprüft werden, ob ungefähre Deckungsgleichheit zwischen den im Geschäftsbericht genannten strategischen Geschäftsfeldern und den in Worldscope aufgeführten Geschäftsfeldern besteht. Ist auch dies der Fall, so wird überprüft, ob die SIC Code-Zuordnungen in Worldscope korrekt und über die Zeit konsistent sind. Ist Letzteres nicht der Fall, wird eine manuelle Anpassung vorgenommen. Diese Tests führen zu folgenden Korrekturen:

— Manuelle Korrektur von etwa 15-20% der zugewiesenen SIC Codes, da diese zum Teil nicht zu den Segmentbeschreibungen passen oder im Zeitablauf inkonsistent sind. Dies stellt eine nötige Korrektur von erheblichem Ausmaß dar.

— Disqualifikation einiger Firmenjahre, in denen Segmentberichtsdaten zum Teil oder vollständig fehlen oder Inkonsistenzen aufweisen.

Für die Untersuchung der Hypothesen H1 und H2 im ersten Teil der Untersuchung müssen zudem die Unternehmen eliminiert werden, deren Geschäftsjahr nicht mit dem Kalenderjahr endet. Diese für die bisher auf die USA fokussierten Untersuchungen unbekannte Maßnahme muss ergriffen werden, da sonst Unternehmenswerte zu verschiedenen Stichtagen verglichen werden müssten, was über systematische Kurseinflüsse zu einem verzerrten Vergleich

der Wirtschaftstätigkeiten. 'NACE' steht für 'Nomenclature générale des activités économiques dans les communautés européennes') verwendet werden können; um eine hohe Vergleichbarkeit mit bisherigen Studien zu erhalten, wird jedoch die SIC Systematik vorgezogen.

[14] DRS = Deutscher Rechnungslegungsstandard, der die Regeln für die in §297, Abs. 1 HGB festgelegten Pflicht zur Segmentberichterstattung detailliert. Siehe Standardisierungsrat (2003).

führen würde. Somit werden für den ersten Teil der Untersuchung 109 fokussierte und 6 diversifizierte Unternehmen ausgeschlossen. Die verkleinerten Untersuchungsgruppen für den ersten Teil der Untersuchung werden mit FOK_e und DIV_e gekennzeichnet.

5.2 Erste empirische Untersuchung: Existenz eines Bewertungsunterschieds

Dieses Teilkapitel beschreibt die Untersuchungsgrundlagen und Ergebnisse der ersten der insgesamt drei Untersuchungen. Für die Untersuchung der Forschungsfrage nach der Existenz eines Bewertungsunterschieds wird zunächst ein Modell zur Ermittlung des Bewertungsunterschieds erläutert. Darauf folgen die Vorstellung der Ergebnisse und eine Überprüfung der Robustheit der Ergebnisse.

5.2.1 Modellformulierung und Operationalisierung

„...nobody knows how to value shares“ (THE ECONOMIST, 27.1.2001)

Diese Aussage aus dem 'Economist' zeigt das Grundproblem der Formulierung eines Modells zur Überprüfung der drei vorgestellten Hypothesen auf, wenngleich etwas überspitzt: Wie soll ein Bewertungsunterschied festgestellt werden, wenn es so schwierig ist, den Wert von Aktien und damit Unternehmenswerte zu bestimmen? Wie sieht der richtige Bewertungsansatz aus? Die bisherige Literatur zum Bewertungsunterschied zwischen fokussierten und diversifizierten Unternehmen bietet mehrere Ansätze zu einer Berechnung des Bewertungsunterschieds, wie im Abschnitt 3.1 beschrieben. Doch nur die Methodik der Vergleichswertermittlung erweist sich als für den Zweck dieser Untersuchung tauglich. Ereignisstudien, die den Aktienkurseffekt auf diversifizierende Akquisition oder fokussierende Desinvestitionen untersuchen, sind zwar theoretisch optimal, eignen sich jedoch nicht zur breiten Untersuchung des Bewertungsunterschieds in Deutschland. Dies liegt zum einen an der verhältnismäßig geringen Anzahl an relevanten Transaktionen im Untersuchungszeitraum und zum anderen an möglichen Verzerrungen, der die Ergebnisse von Vergleichswertstudien unterliegen können. So kann zwar im Einzelnen direkt beobachtet werden, wie ein spezifisches Unternehmen vor und nach einer diversifizierenden oder fokussierenden Maßnahme bewertet wird, und daraus unmittelbar der Rückschluss gezogen werden, ob der Markt Diversifikation 'bestraft' oder 'belohnt'; eine Generalisierung der Ergebnisse ist jedoch mit Skepsis zu beurteilen, da verstärkt diejenigen Transaktionen durchgeführt werden, die mit hoher Wahrscheinlichkeit eine positive Marktreaktion bewirken[15] – was zu Fehlschlüssen

[15] Vgl. Lang/Stulz (1994), S. 1252.

führen könnte.[16] Vergleichswertstudien hingegen, die die Differenz zwischen dem Gesamtwert eines Unternehmens und der Summe der hypothetischen Einzelwerte der Geschäftsfelder dieses Unternehmens berechnen und damit die Über- oder Unterbewertung eines diversifizierten Unternehmens quantifizieren, können für die gesamte Untersuchungsgruppe diversifizierter Unternehmen einen Bewertungsunterschied ermitteln. Daher wird der Ansatz der Vergleichswertstudien für die Untersuchung der Hypothesen gewählt.

Wesentlich für eine hohe Güte der Schätzung eines Bewertungsunterschieds über Bewertungsvergleiche ist die Entwicklung eines möglichst optimalen Vergleichsansatzes. Die vorliegende Untersuchung folgt daher weitgehend bereits etablierten Ansätzen, insbesondere der von BERGER/OFEK (1995) entworfenen und u.a. von LINS/SERVAES (1999) weiterentwickelten Methodik der Berechnung des 'Excess Value', die in der aktuellen empirischen Forschung breite Verwendung findet. Diese Berechnungsmethodik wird im Folgenden dargelegt. Anders als in bisherigen Studien werden jedoch Wahlmöglichkeiten in der Methodik ausführlich erläutert und die jeweilige Entscheidung für eine der Wahlmöglichkeiten begründet.

5.2.1.1 Modellherleitung und Bewertungskonzept

Das Konzept des 'Excess Value', im Folgenden 'EV' abgekürzt, als Quantifizierung eines Bewertungsunterschieds zwischen diversifizierten und fokussierten Unternehmen basiert auf dem Grundgedanken der Marktbewertung, die eine möglichst hohe Objektivität der Schätzung einer solchen Wertdifferenz gewährleisten soll. Das subjektive Ermessen des Bewerters wird dabei durch die Objektivität des Marktes ersetzt, da keine Schätzungen zukünftiger Gewinne des zu bewertenden Unternehmens notwendig sind.[17]

Die grundlegende Idee der Maßzahl 'Excess Value' ist dabei die Abschätzung, wieviel mehr bzw. weniger ein diversifiziertes Unternehmen wert wäre, wenn die einzelnen Geschäftsbereiche als separate Unternehmen an der Börse notiert wären. Diese Wertdifferenz erfasst so den zusätzlichen Wert (Excess Value), den die Organisation der einzelnen

---

16 Dieses Argument der Selbstselektion sei mit einem Beispiel unterlegt: Werden z. B. besonders häufig verlustbringende Segmente desinvestiert, was nahezu automatisch zu einem Wertaufschlag führt, könnte fehlgeschlossen werden, dass der Markt generell Fokussierung belohnt. Grund für den Wertaufschlag ist in diesem Fall aber die durch den Verkauf eines verlustbringenden Segments erhöhte Profitabilität eines Unternehmens.

17 Siehe Aeschbacher (2003), S. 13.

Geschäftsfelder unter einem Unternehmensdach einbringt, bzw. den Wert, der durch diese Konstruktion zerstört wird. Damit wird der EV definiert als Abweichung zwischen dem tatsächlichen Unternehmenswert, 'Actual Value' (AV), und dem hypothetischen Gesamtwert seiner einzelnen Geschäftsfelder ('Implied Value', IV):

$$Excess\ Value\ logarithmisch:\ EV = ln\ \frac{AV}{IV} \tag{5.1}$$

Der Zusammenhang kann dabei auch als prozentuale Abweichung dargestellt werden:

$$Excess\ Value\ in\ \%:\ EV(\%) = \frac{AV}{IV} - 1 \tag{5.2}$$

Für die Analysen wird auf die logarithmierte Form des Excess Value zurückgegriffen, da sie sich besser für die im späteren Verlauf erfolgenden linearen Regressionsanalysen eignet.[18] Wenn nicht gesondert erwähnt, beziehen sich EV-Werte im Folgenden auf die logarithmische Form. Zu erörtern ist nun, wie der Unternehmenswert und der hypothetische Vergleichswert zu berechnen sind. Zur Unternehmensbewertung gibt es viele grundlegend verschiedene Konzeptionen. Welche Konzeption die passende ist, bestimmt sich durch den Zweck der Wertbestimmung.[19] Im vorliegenden Falle gilt es, eine möglichst objektive Einschätzung des Kapitalmarkts bezüglich der hypothetischen Einzelwerte der Geschäftssegmente eines diversifizierten Unternehmens zu erhalten. Eine Einschätzung dieser Einzelwerte durch den Kapitalmarkt ist nicht direkt verfügbar, da die einzelnen Geschäftssegmente nicht am Kapitalmarkt gelistet sind. So müssen diese Einzelwerte geschätzt werden, indem ein vom Markt bewertetes Vergleichsobjekt identifiziert wird, dessen Werteinschätzung auf die zu bewertende Größe übertragen werden kann. Dies erfolgt in Wissenschaft und Praxis über die Methodik der Vergleichswertberechnung. Aus der Bewertung vergleichbarer Unternehmen wird auf den Wert des zu bewertenden Unternehmens geschlossen. Mit Hilfe sogenannter Multiplikatoren wird das Verhältnis einer Bezugsgröße – wie z.B. der Gewinn des Vergleichsobjektes – zum Unternehmenswert auf das zu bewertende Objekt übertragen.[20] Grundlegende Annahme dabei ist, dass sich die Vergleichsgruppe und das Bewertungsobjekt nur im Hinblick auf die preisbestimmende Bezugsgröße unterscheiden und die Bezugsgröße von Vergleichsgruppe und Bewertungsobjekt in linearer Beziehung zueinander stehen.

Abbildung 5.2 auf der nächsten Seite illustriert die grundlegende Annahme der Linearität der Beziehung zwischen der Bezugsgröße und dem zu schätzenden Marktwert. Im Beispiel

[18] Zu dieser Thematik vgl. Wooldridge (2000), S. 653 ff.

[19] Vgl. Coenenberg/Schultze (2002), S. 697.

[20] Für eine genaue Definition des Multiplikator-Begriffs siehe Coenenberg/Schultze (2002), S. 698.

führt eine doppelt so hohe Bezugsgröße des zu bewertenden Unternehmens zu einem doppelt so hohen Marktwert.[21]

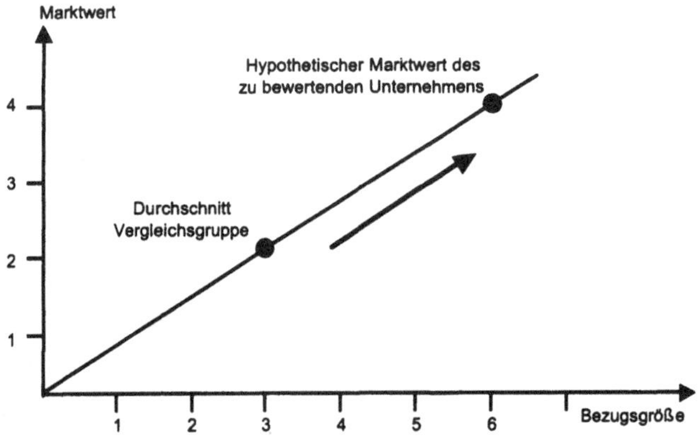

Abbildung 5.2: Marktwertbestimmung über Multiplikatoren[22]

Die Multiplikatorenmethode ist in der wissenschaftlichen Diskussion durchaus umstritten. Die Kritik bezieht sich zumeist auf die Verwendung der Multiplikatorenmethode an Stelle einer Fundamentalwertberechnung, die wegen der nicht zwingend vorhandenen Kongruenz zwischen Marktpreis und fundamentalem Unternehmenswert zu falschen Ergebnissen führen kann.[23] Diese Kritik trifft jedoch nicht auf die Anwendung im Rahmen dieses Modells zu, da für den Zweck der vorliegenden Untersuchung gerade die Berechnung eines theoretischen Marktpreises des zu bewertenden Objektes notwendig ist. Ein weiterer Kritikpunkt betrifft die mangelnde theoretische Fundierung des Verfahrens und die hohe Anzahl von Freiheitsgraden bei der Auswahl der Vergleichsgruppen, wie BALLWIESER bemängelt.[24] Dazu stellt HERRMANN jedoch in einer kritischen Betrachtung der Multiplikatorenmethode fest: „... [Es] wurde nämlich gezeigt, dass es – ungeachtet der zahlreichen Freiheitsgrade des Anwenders – durchaus möglich ist, eine Preisschätzung mit Multiplikatoren im Einklang mit theoretischen Überlegungen durchzuführen."[25] Wesentlich für eine hohe Güte der Preisschätzung

---

[21] Vgl. zu diesen Ausführungen Herrmann (2002), S. 72f.

[22] Quelle: Herrmann (2002), S. 73.

[23] Zur Kritik siehe bspw. Löhnert/Böckmann (2001a), S. 403f.

[24] Siehe Ballwieser (1991), S. 62f.

[25] Siehe Herrmann (2002), S. 123.

über die Multiplikatorenmethode ist die Auswahl passender Vergleichsobjekte. Der Einfluss möglicher Freiheitsgrade bei der Multiplikatorenberechnung wird im späteren Verlauf über Sensitivitätstest ermittelt und so die Güte der Berechnung eingeschätzt.

Um zu einer möglichst objektiven und fundierten Einschätzung des zu bewertenden Objektes zu gelangen, wird die Multiplikatorenbewertung in vier Schritten durchgeführt: Auf die Auswahl eines für den Bewertungszweck am besten geeigneten Multiplikators folgt die Identifizierung einer Vergleichsgruppe. Erst dann können die Multiplikatoren gebildet werden, mit deren Hilfe der Wert des zu bewertenden Objektes ermittelt wird.

5.2.1.2 Operationalisierung des Bewertungskonzepts

Auswahl des optimalen Multiplikators

Die Bildung eines Multiplikators kann über nahezu beliebige Kombinationen einer Bezugsgröße zu einer Referenzgröße (Unternehmenswert) erfolgen. Die Auswahl ist abhängig vom Zweck der Bewertung. Die für diese Untersuchung optimale Referenz- und Bezugsgröße soll nun ausgewählt werden.

Auswahl der Referenzgröße: Grundsätzlich stehen zwei Arten von Multiplikatoren zur Auswahl: Equity-Multiplikatoren, bei denen der Marktwert des Eigenkapitals Referenzgröße ist, und Entity-Multiplikatoren, die den Gesamtwert des Unternehmens als Referenzgröße nutzen. Für den Bewertungszweck dieser Untersuchung werden Entity-Multiplikatoren ausgewählt, da sie den unterschiedlichen Verschuldungsgrad von Unternehmen und die daraus entstehenden unterschiedlichen Eigenkapitalkosten berücksichtigen und somit die geeignetere Referenzgröße darstellen.[26] Der Gesamtwert des Unternehmens errechnet sich nach der Entity-Methode über den Marktwert des Eigenkapitals und des Fremdkapitals. Die Bewertung des Fremdkapitals zu Marktpreisen ist für eine sorgfältige Bewertung eines Einzelunternehmens durchaus wichtig, erfordert allerdings einen hohen Aufwand. Bei der für diese Untersuchung notwendigen Bewertung von fast 400 Unternehmen an fünf Stichtagen stellt dies jedoch eine den Aufwand nicht rechtfertigende Aufgabe dar. So werden leichte Ungenauigkeiten toleriert und statt des Marktwerts des Fremdkapitals der Buchwert als Näherungswert verwendet. [27]

---

[26] Vgl. Löhnert/Böckmann (2001b), S. 409.

[27] Diese Vereinfachung wird bei umfangreicheren Untersuchungen häufig verwendet. Siehe hierzu Vartanian (2003), S. 122.

Auswahl der Bezugsgröße: Bei der Verwendung von Entity-Multiplikatoren müssen als Bezugsgrößen solche Kenngrößen gewählt werden, bei denen die Ansprüche der Fremdkapitalgeber noch nicht abgegolten sind, also Erfolgsgrößen vor Zinszahlung und Kapitalgrößen inklusive Fremdkapital. Damit vermeidet die Untersuchung einen Fehler vergleichbarer Studien, in denen operative Ergebnisse als Bezugsgröße für die reine Marktkapitalisierung verwendet werden und dadurch inkonsistent sind.[28] Einige Autoren vertreten in der Bewertungsliteratur den Standpunkt, dass der Gesamtwert des Unternehmens noch um Bargeldhaltung und kurzfristige Sichteinlagen bereinigt werden sollte. Die vorliegende Untersuchung folgt hingegen der Methodik vergleichbarer Untersuchungen und bereinigt den Unternehmenswert nicht um diesen Faktor. In Kapitel 5.2.3.3 werden jedoch mögliche Ergebnisbeeinflussungen dieser Entscheidung analysiert. Da Wertschätzungen auf der Basis von Multiplikatoren nur theoretisch zu einer genauen Schätzung führen (und zwar nur dann, wenn das Bewertungsobjekt und das Vergleichsobjekt identische Güter bzw. Unternehmen mit exakt den gleichen Charakteristika und Wachstumsperspektiven sind), in der Praxis aber nur approximative Abschätzungen ergeben, werden in dieser Untersuchung insgesamt drei grundlegend verschiedene Entity-Multiplikatoren verwendet, um eine gewisse Bewertungsbandbreite zu erhalten und damit die Qualität und Stabilität der EV-Schätzungen besser beurteilen zu können. Als Bezugsgrößen werden dabei die in vergleichbaren Untersuchungen verwendeten Bezugsgrößen ausgewählt: Operatives Ergebnis, Umsatz und Aktiva. Jeder der sich aus den gewählten Bezugsgrößen und der Referenzgröße ergebenden Multiplikatoren weist eigene Stärken und Schwächen auf, die im Folgenden dargelegt werden:

Multiplikator 1: Gesamtwert / Operatives Ergebnis Das operative Ergebnis repräsentiert die Ertragskraft des originären Geschäfts eines Unternehmens und ist damit eine verlässliche Bezugsgröße für einen Multiplikator. Verzerrungen durch unterschiedliche Kostenstrukturen und Kapitalintensitäten sind bei diesem Multiplikator ausgeschaltet. Allerdings kann dieser Multiplikator durch unterschiedliche Abschreibungspolitik oder die Ausnutzung bilanzpolitischer Spielräume verzerrt sein, insbesondere auf Segmentebene. So finden GIVOLY/HAYN/D'SOUZA Evidenz für eine höhere Anfälligkeit von Ergebniskennzahlen für

[28] Zu dieser Problematik siehe auch Seppelfricke (2003), S. 149:" ... es [macht] jedoch keinen Sinn, die operative Ergebnisgröße der Marktkapitalisierung gegenüberzustellen: operative Ergebnisse bzw. Cashflows stehen sowohl zur Bedienung des Eigen- als auch des Fremdkapitals zur Verfügung. Demzufolge ist der Enterprise Value (i.e. Entity Value, Anm. d. Autors), also die Summe der Marktwerte des Fremd- und Eigenkapitals, die natürliche Referenzgröße."

systematische Manipulationen, als dies für Umsatz- oder Aktiva-Multiplikatoren der Fall ist.[29] Dennoch wird dieser Multiplikator in der Bewertungspraxis am häufigsten verwendet.

Multiplikator 2: Gesamtwert / Umsatz Der Umsatz stellt in der Regel die robusteste Größe gegenüber unterschiedlichen Methoden der Rechnungslegung und Bilanzierungspolitik dar. Die Vergleichbarkeit der Bezugsgröße Umsatz ist somit als hoch zu bewerten.[30] Umsätze lassen allerdings nur sehr bedingt auf die zukünftige Performance eines Unternehmens schließen. Eine Übertragung eines Umsatzmultiplikators auf das Bewertungsobjekt impliziert die gleiche Kostenstruktur und Wachstumsperspektive wie bei der Vergleichsgruppe.

Multiplikator 3: Gesamtwert / Aktiva Im Unterschied zu den vorangegangenen Multiplikatoren enthält dieser eine Bestandsgröße, den Buchwert aller Aktiva, als Bezugsgröße.[31] Als eine leichte Abwandlung von Tobin's q repräsentiert dieser Multiplikator eine Abschätzung des Marktes hinsichtlich des zukünftigen Wachstumspotenzials eines Unternehmens, da er angibt, mit dem wievielfachen des Buchwertes ein Unternehmen bewertet ist. Dieser Multiplikator ist zwar allgemein in der Bewertungspraxis weniger bedeutend, wird allerdings in den bisherigen Untersuchungen zum Discount häufig verwendet.

Jeder der drei Multiplikatoren weist somit Stärken und Schwächen auf. Die Frage, welcher für den Untersuchungszweck am besten geeignet ist, lässt sich nicht letztgültig klären. Auch Untersuchungen der Prognosegenauigkeit von Multiplikatoren können die Eignungsfrage nicht abschliessend klären. Eine besonders umfangreiche Untersuchung der Prognosegenauigkeit dieser Multiplikatoren für den amerikanischen Kapitalmarkt durch LIE/LIE hat ergeben, dass alle untersuchten Multiplikatoren leicht negative Verzerrungen aufweisen. Als genauester Multiplikator erweist sich in der Untersuchung der Aktiva-Multiplikator mit

---

[29] Siehe Givoly/Hayn/D'Souza (1993). Diese Untersuchung umfasst zwar lediglich US-amerikanische Unternehmen, der Autor hält diese Ergebnisse jedoch für auf deutsche Unternehmen übertragbar. Tendenziell liegt die Anfälligkeit für Manipulationen wahrscheinlich sogar höher bei deutschen Unternehmen, da die Segmentberichterstattung in Deutschland noch geringer reglementiert ist als in den USA.

[30] Vgl. Seppelfricke (2003), S. 156.

[31] Beim Aktiva-Multiplikator ist im Zusammenhang mit der Tatsache, dass lediglich der Buchwert des Fremdkapitals bei der Berechnung des Unternehmenswertes verwendet wird, eine leichte Verzerrung zu befürchten; da nur das Eigenkapital zu Marktwerten in den Multiplikator eingeht, steht der Buchwert des Fremdkapitals somit sowohl im Zähler als auch indirekt im Nenner der Gleichung. Dennoch wird dieser Multiplikator verwendet, um die Vergleichbarkeit mit den wesentlichen anderen Untersuchungen zum EV zu erleichtern, die sich ebenfalls dieses Multiplikators bedienen. Siehe z.B. Berger/Ofek (1995).

einem durchschnittlichen Prognosefehler[32] von etwa 4%; der Umsatzmultiplikator schneidet mit etwa 6% am schlechtesten ab. Der Ergebnismultiplikator lässt sich durch die Ausklammerung von Abschreibungen (EBITDA) leicht verbessern und liefert die zweitgenaueste Schätzung.[33] AESCHBACHER (2003) hingegen ermittelt in einer Untersuchung von schweizer und deutschen Unternehmen eine höhere Prognosegenauigkeit für Gewinnmultiplikatoren als für Multiplikatoren auf Aktiva-Basis. Aufgrund der Widersprüchlichkeit der Ergebnisse können diese nicht dazu verwendet werden, einen bestimmten Multiplikator zu favorisieren. Stattdessen unterstreichen sie die Notwendigkeit, die empirische Untersuchung auf die Basis mehrerer Multiplikatorbewertungen zu stellen.

Auswahl der Vergleichsgruppen ('Peer Groups')

Bei der Auswahl der Vergleichsgruppen gilt es, dem Bewertungsobjekt, also dem jeweiligen Einzelsegment eines diversifizierten Unternehmens, hinsichtlich Kostenstruktur, Ertrags- und Wachstumspotenzial möglichst genau entsprechende Unternehmen auszusuchen. Die Auswahl über die Branchenzugehörigkeit stellt ein vergleichbares Marktumfeld und eine ähnliche Wachstumsdynamik sicher und bildet so ein objektives und akzeptiertes Auswahlkriterium. So formuliert AESCHBACHER: „Die Branchenzugehörigkeit kommt als Kriterium zur Zusammenstellung des Bündels der Vergleichsunternehmen (Peer Group) am häufigsten zum Zug. Dahinter steckt die Annahme, dass innerhalb einer Branche die Wachstums- und Rentabilitätsaussichten der Firmen ähnlich sind, sich eine branchentypische Kapitalstruktur etabliert hat und einheitliche Rechnungslegungsstandards verwendet werden."[34] Die Anzahl der in eine Vergleichsgruppe aufzunehmenden Unternehmen bildet zusätzlich zur Auswahl eine weitere Herausforderung. Hierbei besteht ein Zielkonflikt zwischen einer ausreichend großen Datenbasis (und damit einer breit angelegten Vergleichsgruppe) und einer möglichst präzisen Vergleichbarkeit zwischen Vergleichsgruppe und Bewertungsobjekt und damit einer engen Vergleichsgruppenauswahl. Vergleichbare Studien haben sich auf einen Wert von mindestens fünf Unternehmen pro Vergleichsgruppe festgelegt, der eine Balance zwischen ausreichender Datenbasis und Vergleichbarkeit darstellt, wenngleich auch er subjektiv gewählt ist. Für den deutschen Markt erscheint eine leichte Anpassung nach unten nötig; so bildet die vorliegende Untersuchung für jedes Segment der 72 diversifizierten Unternehmen

---

32 Der Prognosefehler bemisst sich durch die Abweichung des über Multiplikatoren berechneten Marktwertes vom reellen Marktwert eines Unternehmens.

33 Siehe Lie/Lie (2002), S. 48.

34 Siehe Aeschbacher (2003), S. 25.

die engstmögliche Vergleichsgruppe auf der Basis der SIC Codes, die mindestens vier fokussierte Unternehmen enthält. Damit ergeben sich 35 Vergleichsgruppen auf der zwei- bis dreistelligen SIC Code-Ebene, die im Durchschnitt 8,8 Unternehmen enthalten.

Berechnung der Multiplikatoren

Für alle 301 fokussierten Unternehmen der Untersuchungsgruppe FOK_e werden drei Multiplikatoren auf der Grundlage der Aktiva, des Umsatzes und des operativen Ergebnisses berechnet und in den 35 Vergleichsgruppen verdichtet. Dabei wird der Median zur Durchschnittsbildung verwendet, um eine Verzerrung durch Ausreißer zu vermeiden. So hätte beispielsweise Schwarz Pharma 1999 mit einem operativen Ergebnis-Multiplikator von 2.623 den durchschnittlichen Multiplikator (im Median 22,3) erheblich verzerrt, eine deutliche Überbewertung des hypothetischen Wertes impliziert und damit einen möglichen Discount stark überzeichnet. Die Verwendung des Medians hat zudem den mathematischen bedingten Vorteil, dass er den Absolutbetrag der Abstände zwischen den einzelnen Beobachtungen und dem Median minimiert und damit eine geringere Abweichung des tatsächlichen vom geschätzten Wert des Bewertungsobjektes bedingt als bei der Verwendung des arithmetischen Mittels.[35]

Somit lautet die Berechnungsformel für den jeweiligen Kenngrößen-Multiplikator *M* der Vergleichsgruppe *v*:

$$M_v = Median\left(\frac{Gesamtwert_{Unternehmen\ 1}}{\text{Kenngröße}_{Unternehmen\ 1}};\ldots\frac{Gesamtwert_{Unternehmen\ x}}{\text{Kenngröße}_{Unternehmen\ x}}\right)_v \tag{5.3}$$

Berechnung des theoretischen Unternehmenswertes und Bestimmung des Excess Value

Zur Berechnung des Excess Value werden die Kenngrößen Umsatz, Aktiva und operatives Ergebnis der einzelnen Geschäftssegmente jedes diversifizierten Unternehmens mit den jeweiligen Multiplikatoren der zugeordneten Vergleichsgruppen multipliziert. Die Summe der Einzelwerte ergibt den hypothetischen Gesamtwert IV.[36] Aus der Differenz zwischen dem tatsächlichen und dem hypothetischen Wert bestimmt sich der Excess Value.

---

[35] Die relevante Bewertungsliteratur (siehe z.B. Seppelfricke (2003)) ist sich einig in der Bevorzugung des Medians gegenüber dem arithmetischen Mittel zur Durchschnittsbildung. So zeigen Loderer/Jörg/Pichler/Zgraggen (2002), S. 785, dass der durchschnittliche Berechnungsfehler bei einer Verwendung des Medians bei PE-Ratio-Berechnungen deutlich geringer ausfällt als bei Verwendung des arithmetischen Mittels.

[36] Aktiva, Umsätze und operatives Ergebnis, die nicht auf operative Segmente verteilt sind, werden mit den Multiplikatoren des Geschäftssegments mit dem größten Umsatz bewertet. Sind mehr als 40% der Aktiva

Zusammengefasst lässt sich die Berechnung des EV darstellen über folgende Gleichungen:

$$Excess\ Value\ logarithmisch: EV = ln\ \frac{AV}{IV} \tag{5.4}$$

mit:

$$IV = \sum_{i=1}^{n} \left[\text{Kenngröße}_{Segment\ i} \times M_{v_i}\right] \tag{5.5}$$

und

$$\text{AV} = \text{market value(equity)} + \text{book value(debt)} \tag{5.6}$$

Der Index i steht für die einzelnen Segmente eines Unternehmens, n für die Anzahl der Segmente. Der Excess Value auf der Grundlage der Aktiva-Multiplikatoren wird im Weiteren mit 'EVA' abgekürzt, 'EVS' bezeichnet den EV auf der Umsatzbasis und 'EVOI' den EV auf der Basis des operativen Ergebnisses.

Ein positiver EV zeigt eine Überbewertung gegenüber fokussierten Unternehmen an, also ein Premium, ein negativer einen Discount. Für die Analyse der gesamten Excess Values werden Extremwerte ab einer vierfachen Überbewertung und einer vierfachen Unterbewertung eliminiert. Zweck der Eliminierung von Extremwerten ist es, eine Verzerrung des Gesamtergebnisses durch 'untypische' Werte zu verhindern; 'untypisch' im Sinne eines besonderen Zustandes wie drohende Illiquidität oder kurzfristige Marktüberreaktionen, in denen sich die meisten Unternehmen mit extremen EV-Werten befinden. Die Ausgrenzungswerte sind subjektiv bestimmt, wobei die Ausgrenzung der Werte keinen verzerrenden Effekt hat. Diese Maßnahme führt zu einem Ausschluss von 3-5% der Werte und einer Erhöhung des durchschnittlichen EV um 1%.

oder 25% des Umsatzes oder des operativen Ergebnisses nicht einem operativen Segment zugeordnet, so wird der EV für das betroffene Unternehmen nicht berechnet und der Datenpunkt entfernt. Die letztgenannte Hürde basiert auf den Vorschriften zur Segmentberichterstattung gemäß DRS 3.15, gegen die bei einer Überschreitung der Grenze von 25% nicht verteiltem operativen Ergebnis verstoßen wird. Solche Vorschriften bestehen bezüglich der anderen Kennzahlen nicht, daher wird auf eine vergleichbare Hürdensetzung zurückgegriffen, wobei die Grenze für die Verteilung der Aktiva niedriger angesetzt werden musste, um nicht zu viele Unternehmen auszuschliessen. Berger/Ofek (1995) setzen für eine Verteilung der Aktiva sogar gar keine Mindestgrenze bei der Allokation, solange die Umsätze ausreichend verteilt sind. Zu dieser Problematik siehe auch Berger/Ofek (1995), S. 43f.

5.2.2 Ergebnisse

5.2.2.1 Überprüfung der Hypothesen H1 und H2

Die in diesem Abschnitt zu überprüfenden Hypothesen lauten:

- *H1*: Es gibt einen ökonomisch signifikanten Bewertungsunterschied zwischen diversifizierten und fokussierten Unternehmen am deutschen Aktienmarkt.

- *H2*: Der Bewertungsunterschied ist im Durchschnitt negativ, diversifizierte Unternehmen werden also mit einem Discount gehandelt.

Für das Verständnis der nachfolgenden Analysen ist es wichtig, zu erläutern, dass auch für fokussierte Unternehmen ein theoretischer Excess Value berechnet werden kann. Die Berechnung erfolgt wie bei den diversifizierten Unternehmen, mit dem Unterschied, dass das fokussierte Unternehmen als Unternehmen mit nur einem Geschäftssegment behandelt wird. Die jeweilige Bezugsgröße des fokussierten Unternehmens wird mit dem branchentypischen Multiplikator bewertet; daraus ergibt sich ein hypothetischer Wert, dessen Abweichung vom tatsächlichen Unternehmenswert den Excess Value ergibt. Um die Hypothesen H1 und H2 zu bestätigen, muss nun gezeigt werden, dass der Excess Value für diversifizierte Unternehmen deutlich unter dem von fokussierten Unternehmen liegt. Diese Voraussetzung ist erfüllt, da die Ergebnisse für den Excess Value diversifizierter Unternehmen deutlich unter denen der fokussierten liegen, wie Tab. 5.2 zeigt. So beträgt der durchschnittliche EV diversifizierter

EV FOK und EV DIV

Jahr	1998	1999	2000	2001	2002	Arithm. Mittel
Median EV DIV	-0,29	-0,21	-0,24	-0,14	-0,16	-0,24
Median EV FOK	0,00	0,00	0,00	0,00	0,00	0,00
Arithm. Mittel EV DIV	-0,27	-0,21	-0,23	-0,12	-0,11	-0,18
Arithm. Mittel EV FOK	0,04	0,04	0,04	0,07	0,04	0,05

Tabelle 5.2: Vergleich der Excess Values (EV) fokussierter und diversifizierter Unternehmen

Unternehmen -0,18 gegenüber 0,05 bei den fokussierten Unternehmen, womit die Hypothesen H1 und H2 bestätigt sind.

Mit Hilfe eines Gauß-Tests[37] soll nun gezeigt werden, dass diese für die Untersuchungsgesamtheit bestätigten Hypothesen auch für die vollständige Grundgesamtheit aller an der FWB gelisteten Unternehmen gilt. Die für die Grundgesamtheit zu untersuchenden Hypothesen werden im Folgenden mathematisch formuliert.

$$H1_1: \mu_{DIV'} \neq \mu_{FOK'} \tag{5.7}$$

Die zu widerlegende Nullhypothese lautet:

$$H1_0: \mu_{DIV'} = \mu_{FOK'} \tag{5.8}$$

$\mu_{DIV'}$ bezeichnet den Median der EVs für alle diversifizierten Unternehmen der Grundgesamtheit DIV', analog $\mu_{FOK'}$ für alle fokussierten Unternehmen, wobei die berechneten Werte für die Untersuchungsgesamtheit μ_{DIV} und μ_{FOK} Schätzwerte dieser Parameter seien.

Die Hypothese der negativen Ausprägung des Bewertungsunterschieds wird folgendermaßen formuliert:

$$H2_1: \mu_{DIV'} < 0 \tag{5.9}$$

bzw. die Nullhypothese:

$$H2_0: \mu_{DIV'} \geq 0 \tag{5.10}$$

Hypothese $H1_0$ wird mittels eines Zwei-Stichproben- und $H2_0$ mittels eines Ein-Stichproben-Gauß-Tests überprüft. Als akzeptierbare Irrtumswahrscheinlichkeit wird für diese Tests ein Signifikanzniveau von 1% festgelegt. Für alle EV-Maßzahlen lässt sich die Nullhypothese widerlegen. Damit gelten die ökonomischen Ausgangshypothesen H1 und H2 auch für die Grundgesamtheit aller an der FWB notierten Unternehmen als bestätigt: Es gibt erstens einen deutlichen Bewertungsunterschied zwischen diversifizierten und fokussierten Unternehmen am deutschen Aktienmarkt; zweitens ist dieser negativ ausgeprägt. Diversifizierte Unternehmen werden also in Deutschland systematisch niedriger bewertet als fokussierte Unternehmen.

Die folgenden Tabellen zeigen im Detail, dass der Bewertungsunterschied nach allen EV-Maßzahlen existiert und im Durchschnitt immer negativ ist. Zur Erleichterung der Interpretation der EV-Werte sind diese als prozentuale Bewertungsdifferenzen zwischen hypothetischem und tatsächlichem Marktwert dargestellt. Bei der Darstellung als prozentuale Größe

[37] Dieser Test für die Ungleichheit von Mittelwertdifferenzen wurde gewählt, da es sich um zwei unabhängige Stichproben handelt, deren Mittelwerte und Varianzen bekannt sind. Vgl. hierzu Bamberg/Baur (2001), S. 185.

wird statt des arithmetischen Mittels der Median als Durchschnittswert angegeben, da er bei einer Durchschnittsbildung von positiven und negativen Prozentwerten aussagekräftiger ist.[38]

EVA (als Prozentwert)

	1998	1999	2000	2001	2002	Arithm. Mittel
Median	-28%	-29%	-27%	-13%	-15%	-23%
Minimalwert	-72%	-72%	-72%	-64%	-68%	-70%
Maximalwert	96%	297%	236%	325%	342%	342%
Standardabweichung	54%	70%	73%	67%	77%	68%

Tabelle 5.3: Ergebnisse der Excess Value-Berechnung auf der Basis der Aktiva (EVA)

Der Excess Value auf der Basis des Aktiva-Multiplikators liegt 1998 bei nahezu 30% und verringert sich bis 2002 auf 14%. Die Standardabweichung ist ähnlich hoch wie bei vergleichbaren Studien. Diversifizierte Unternehmen sind auf dieser Basis um bis zu 72% unter- und um bis zu 342% überbewertet.

EVS (als Prozentwert)

Jahr	1998	1999	2000	2001	2002	Arithm. Mittel
Median	-20%	-19%	-18%	-15%	-14%	-17%
Minimalwert	-70%	-74%	-70%	-63%	-73%	-70%
Maximalwert	137%	384%	292%	249%	203%	384%
Standardabweichung	53%	81%	74%	66%	68%	68%

Tabelle 5.4: Ergebnisse der Excess Value-Berechnung auf der Basis des Umsatzes (EVS)

Für den auf der Grundlage des Umsatz-Multiplikators berechneten Excess Value zeigt sich nahezu das gleiche Bild wie beim EVA; lediglich für 1998 ergibt sich ein geringerer Excess Value als bei der Berechnung auf Aktiva-Basis. Etwas deutlicher weichen die auf der Basis des operativen Ergebnisses berechneten Werte ab: so liegt der Discount zu Anfang bei 38%.

[38] Ein Beispiel zur Illustration: Angenommen, es wären nur drei Unternehmen in der Untersuchungsgruppe, eines als aufgespaltenes Unternehmen theoretisch doppelt so viel Wert (EV%: 200%), eines theoretisch nur halb soviel Wert (EV%: -50%) und eines ohne Bewertungsunterschied (EV%: 0%). Im Durchschnitt ergäbe das einen Wert von 50%, während der Median bei 0% liegt. Der Median ignoriert weitestgehend Verzerrungen, die sich daraus ergeben können, dass die prozentualen Werte im negativen Bereich nur bis -99,9% gehen können, im positiven Bereich aber theoretisch bis unendlich. Ein einziges extrem überbewertetes Unternehmen könnte so einen positiven Gesamtdurchschnitt bewirken, auch wenn die Mehrheit der Unternehmen einen negativen Bewertungsunterschied aufweist.

Über die Jahre konvergieren jedoch alle Excess Values gegen den Wert von ca. 15%.

EVOI (als Prozentwert)

Jahr	1998	1999	2000	2001	2002	Arithm. Mittel
Median	-38%	-16%	-27%	-13%	-17%	-22%
Minimalwert	-65%	-73%	-62%	-74%	-72%	-69%
Maximalwert	16%	1%	15%	24%	103%	103%
Standardabweichung	30%	23%	26%	28%	46%	31%

Tabelle 5.5: Ergebnisse der Excess Value-Berechnung auf der Basis des operativen Ergebnisses (EVOI)

Die weiteren Schilderungen basieren auf dem Wert 'EV', der als Durchschnitt der drei EV-Werte EVA, EVS und EVOI gebildet wird. Sofern nicht gesondert darauf verwiesen wird, gleichen sich die jeweiligen Ergebnisse und es wird nicht gesondert auf alle Einzelergebnisse eingegangen. Auffallend ist neben dem im Durchschnitt deutlich negativen EV die Tatsache, dass immerhin über 30% aller diversifizierten Unternehmen mit einem Premium bewertet sind. Tabelle 5.6 fasst die EV-Werte nochmals zusammen und zeigt die Durchschnittswerte für den EV.

Jahr	1998	1999	2000	2001	2002	Arithm. Mittel
Median der Prozentwerte						
EVA	-28%	-29%	-27%	-13%	-15%	-23%
EVS	-20%	-19%	-18%	-15%	-14%	-17%
EVOI	-38%	-16%	-27%	-13%	-17%	-22%
EV	-29%	-21%	-24%	-14%	-16%	-21%
Anteil der Unternehmen mit nicht-negativem EV	30%	37%	32%	37%	41%	33%

Tabelle 5.6: Übersicht über die EV-Ergebnisse der verschiedenen Multiplikatoren

Die Hypothesen H1 und H2 konnten damit eindeutig bestätigt werden. Der reinen Überprüfung der Hypothesen H1 und H2 soll nun eine interpretierende Erläuterung der Ergebnisse folgen.

5.2.2.2 Ergebniserläuterung und Interpretation: Der Diversification Discount in Deutschland

Ein interpretierender Einblick in die einzelnen Ergebnisse der Auswertung der ca. 2.400 Datenpunkte, verbunden mit einigen Zusatzanalysen, führt zu folgenden Erkenntnissen für den Untersuchungszeitraum von 1998 bis 2002:[39]

Diversifizierte Unternehmen sind profitabler als fokussierte. Vergleicht man die durchschnittliche Profitabilität fokussierter und diversifizierter Unternehmen anhand des 'Return on Invested Capital (ROIC)'[40], erweisen sich die diversifizierten Unternehmen mit durchschnittlich 8% ROIC als profitabler als die fokussierten mit durchschnittlich 5.3% ROIC. Auch eine Korrektur um die unterschiedlichen Firmengrößen ändert an der Aussage nichts, verringert allerdings den Unterschied auf einen Prozentpunkt (8% bei diversifizierten vs. 7% bei fokussierten Unternehmen).

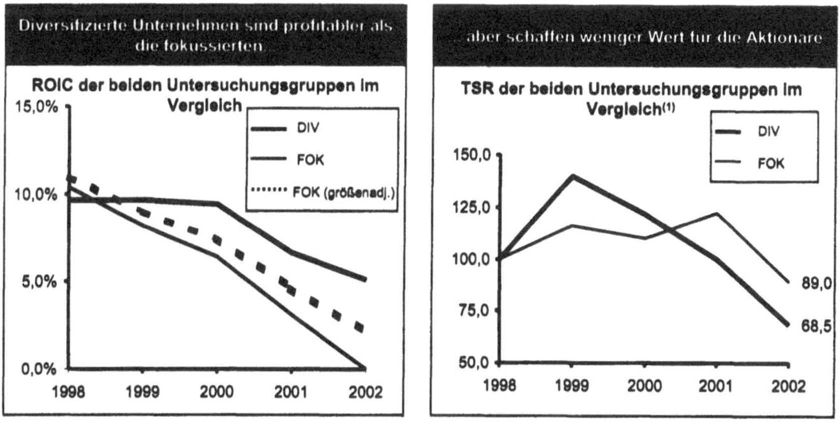

Basis: Untersuchungsgruppe DIV_e, FOK_e

Abbildung 5.3: TSR und Profitabilität fokussierter und diversifizierter Unternehmen

Diversifizierte Unternehmen schaffen weniger Shareholder Value als fokussierte. Zum Vergleich der Wertschaffung (im Sinne des Shareholder Value-Konzepts) der Unternehmenstypen werden zwei Portfolios konstruiert; das eine, P-DIV, bildet ein Portfolio aus allen 72 diversifizierten Unternehmen der Untersuchungsgruppe DIV_e. Das andere, P-FOK, bildet sämtliche fokussierten Unternehmen der Untersuchungsgruppe FOK_e ab. Die Unternehmen werden dabei mit ihrem jeweiligen Marktwert zum 1.1.1998 gewichtet und auf 100

[39] Vgl. hierzu auch Beckmann (2004).

[40] Die Definition des ROIC ist aus der Tabelle 5.10 auf Seite 131 zu entnehmen.

indexiert. Die Wertentwicklung beinhaltet die Kurssteigerungen der zugrundeliegenden Werte sowie alle Dividendenzahlungen. Vergleicht man nun diesen 'Total Shareholder Return' (TSR)[41] auf Index-Basis, erreicht das Portfolio der diversifizierten Unternehmen nach fünf Jahren einen Wert von 68,5, verglichen mit einem Wert von 89 des fokussierten Portfolios.[42] Damit haben beide Portfolios über den Vergleichszeitraum an Wert verloren, das der fokussierten Unternehmen allerdings erheblich weniger. Nimmt man statt gewichteter Portfolios lediglich die durchschnittliche TSR-Entwicklung der jeweiligen Unternehmen, fällt dieser Vergleich deutlich enger aus: fokussierte Unternehmen sinken auf einen Wert von 81,5 gegenüber 80 bei diversifizierten. Allerdings darf dieses Ergebnis nicht generalisiert werden. Betrachtet man beispielsweise nur den Zeitraum von 1998 bis 2000, schaffen diversifizierte Unternehmen mehr Wert als fokussierte. Im betrachteten Zeitraum allerdings liegt die Wertschaffung diversifizierter Unternehmen trotz einer höheren Profitabilität unter der der fokussierten Unternehmen. Investoren beurteilen offensichtlich Wertschaffung durch diversifizierte Unternehmen anders als durch fokussierte Unternehmen geschaffene Werte – ein deutliches Anzeichen für einen Diversification Discount. Dieses Anzeichen bestätigen die weiteren Analysen:

Diversifizierte Unternehmen werden mit einem deutlichen Discount gehandelt. Im Beobachtungszeitraum wurden diversifizierte Unternehmen mit einem durchschnittlichen Bewertungsabschlag von 20,6% belegt. Dieser Abschlag hat sich allerdings über den Zeitverlauf verringert: von 29% 1998 ging der Bewertungsabschlag nahezu kontinuierlich auf 15% 2002 zurück. Abb. 5.4 auf der nächsten Seite zeigt diesen Trend für alle EV-Maßzahlen. Die Existenz dieses Bewertungsabschlags trotz einer höheren Profitabilität diversifizierter Unternehmen deutet darauf hin, dass Investoren Profite diversifizierter Unternehmen als weniger substanziell bewerten als die Profite fokussierter Unternehmen.

Der Discount betrifft nicht alle diversifizierten Unternehmen gleichermaßen. Betrachtet man die individuellen Unternehmensbewertungen, findet man eine sehr hohe Varianz der Ergebnisse: So werden 70% aller diversifizierten Unternehmen im Durchschnitt über

[41] Der TSR eines Unternehmens ist definiert als: (ausgeschüttete Dividenden + Zuwachs an Marktkapitalisierung) / Marktkapitalisierung zu Investitionsbeginn.

[42] Aus den Untersuchungsgruppen FOK und DIV wurden zwei Portfolios konstruiert, in die die zugehörigen Unternehmen jeweils mit ihrer relativen Marktgröße (Marktwert des jeweiligen Unternehmens / Marktwert aller Unternehmen des Portfolios) zum Stichtag des 31.12.1998 eingingen.

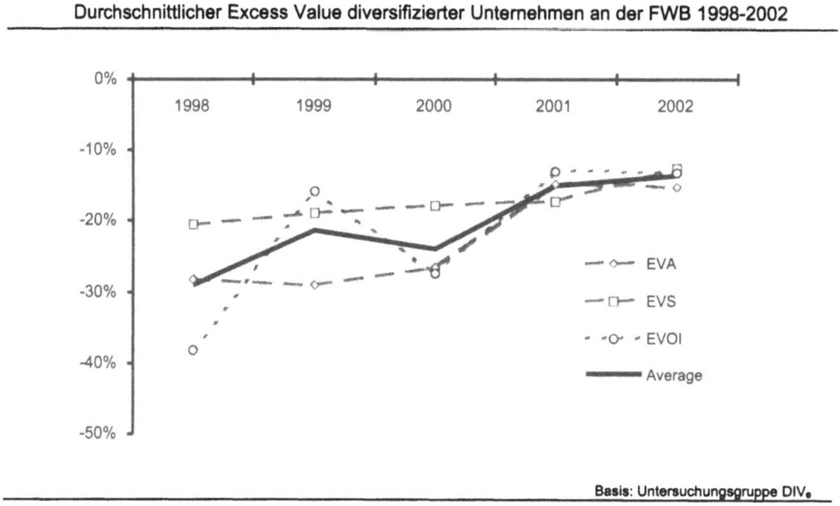

Abbildung 5.4: Durchschnittlicher Excess Value der diversifizierten Unternehmen

den Untersuchungszeitraum mit einem Discount gehandelt, der zwischen -75% und 0% variiert. Die restlichen 30% werden hingegen mit einem Premium gehandelt. Dies zeigt, dass das Mißtrauen der Investoren offensichtlich nicht pauschal alle diversifizierten Unternehmen trifft und dass nicht alle pauschal mit einem Discount bestraft werden, sondern die Diversifikationsstrategie einiger Unternehmen zu einem Premium führt. Abbildung 5.5 zeigt die beschriebene Varianz am Beispiel der Einzeldaten des Jahres 2001; in den anderen Jahren des Untersuchungszeitraums fällt die Verteilung der Einzelwerte vergleichbar aus.

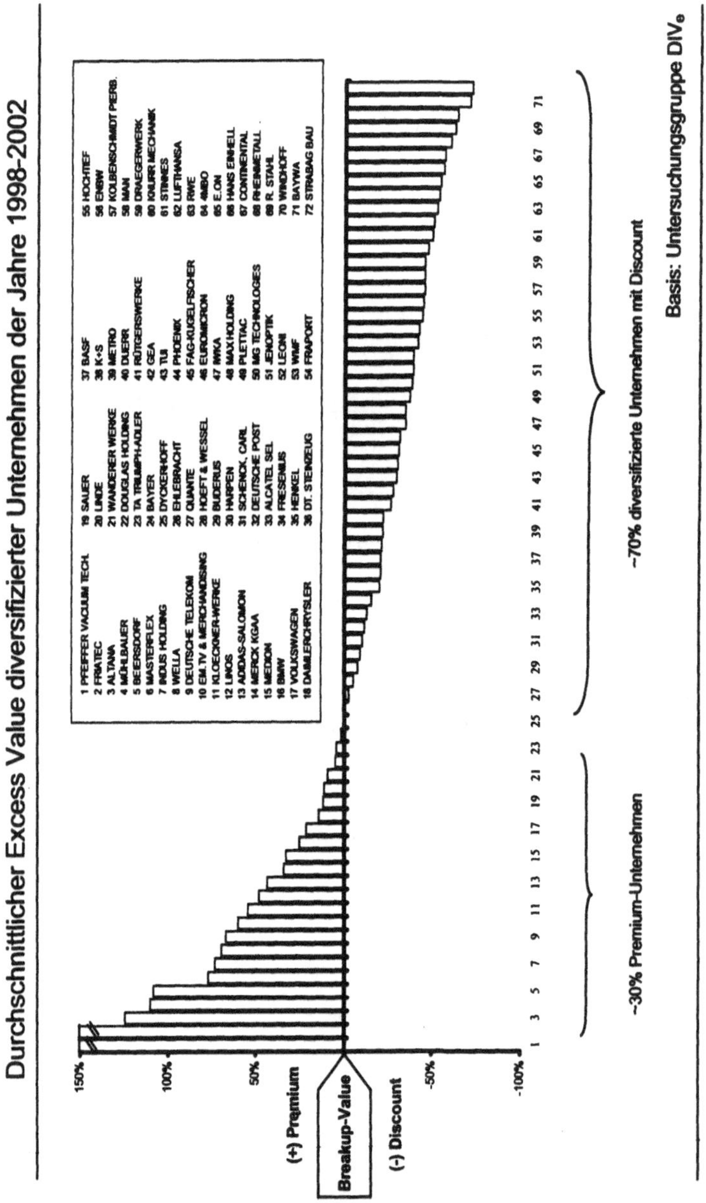

Abbildung 5.5: Excess Value diversifizierter Unternehmen - Einzelübersicht

5.2.3 Robustheit der Ergebnisse

Die Herleitung des Bewertungsmodells hat die Wahlmöglichkeiten bezüglich der anwendbaren Methodik geschildert. Um zu zeigen, dass die vorgestellten Ergebnisse nicht Zufallsprodukte der gewählten Methodik sind, sondern weitgehend methodenunabhängig sind, werden sogenannte Robustheitstests durchgeführt, die die Sensitivität des Ergebnisses auf Änderungen in der Berechnungsmethodik messen. Abbildung 5.6 fasst systematisch alle Wahlmöglichkeiten zusammen. Nicht jede dieser theoretischen Wahlmöglichkeiten stellt ei-

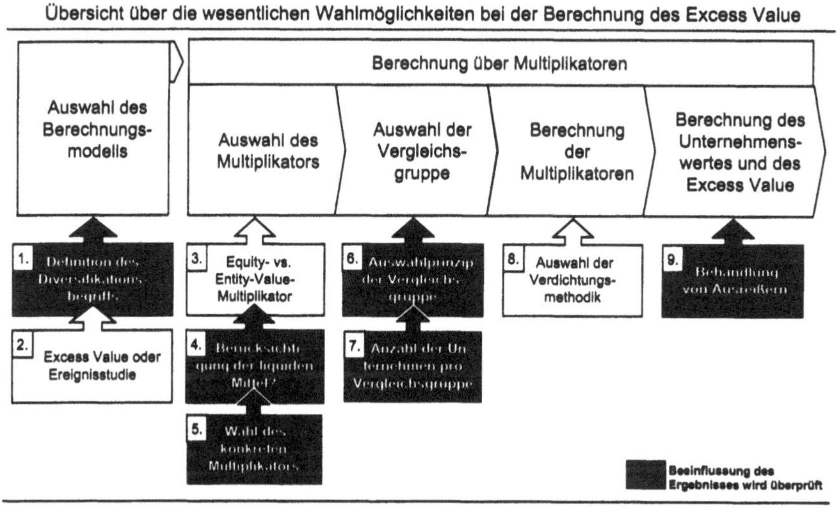

Abbildung 5.6: Übersicht über Wahlmöglichkeiten bei der Berechnung des EV

ne echte Wahlfreiheit dar, einige können aufgrund herrschender wissenschaftlicher Meinung bzw. nach Maßgabe des Untersuchungszwecks ausgeschlossen werden. Diese sind:

1.) Die Wahl der generellen Untersuchungsmethodik (siehe Punkt 2 der Grafik): Im Abschnitt 5.2.1 ist begründet worden, dass für den Zweck der Untersuchung der Ansatz über eine Vergleichswertberechnung den optimalen Untersuchungsansatz darstellt. Die Konsequenzen dieser Entscheidung sollen daher nicht untersucht werden.

2.) Die Wahl der Referenzgröße für die Multiplikatoren (siehe Punkt 3 der Grafik): Im Abschnitt 5.2.1.2 ist dargelegt worden, dass Entity-Value-basierte Multiplikatoren den Equity-Value-basierten vorzuziehen sind. Daher wird auch diese Entscheidung nicht in ihrer Konsequenz für das Ergebnis analysiert.

3.) Die Wahl der Verdichtungsmethodik bei der Berechnung der Multiplikatoren (siehe Punkt 8 der Grafik): Die Ausführung über die Multiplikatorenberechnung auf der Seite 95 erläutert, dass der Median die optimale Wahl ist und sich somit auch hier keine echte Wahlfreiheit bietet.

Die verbleibenden sechs echten Wahlmöglichkeiten werden nun bezüglich ihrer Wirkung auf das Ergebnis analysiert:

5.2.3.1 Sensitivität der Ergebnisse bezüglich einer breiteren Auslegung des Diversifikationsbegriffs

Wie Abschnitt 2.1 ausgeführt hat, wird der Diversifikationsbegriff vielfältig ausgelegt. Die jeweilige Auslegung hat erhebliche Konsequenzen für die Ergebnisse einer Untersuchung, denn sie bestimmt die Zusammenstellung der Untersuchungsgruppen der diversifizierten Unternehmen DIV und die der fokussierten Unternehmen FOK, die für die Bildung der Vergleichsgruppen benötigt werden. Für die vorliegende Untersuchung sollen im Folgenden die Konsequenzen einer Festlegung auf die enge Auslegung des Diversifikationsbegriffs auf laterale Diversifikation analysiert werden, indem die Ermittlung des Excess Value vollständig auf der Basis einer breiteren Definition wiederholt wird (inklusive der Neubildung aller Multiplikatoren) und die Ergebnisse beider Untersuchungen im Anschluss verglichen werden. Da ein negativer Zusammenhang zwischen Diversifikationsgrad und EV vermutet wird, müßte eine breitere Auslegung des Diversifikationsbegriffs zu einer Erhöhung des EV (Senkung des Discounts) führen. Eine Abweichung vom ursprünglichen Ergebnis ist demnach zu erwarten und würde der Robustheit des Ergebnisses nicht widersprechen. Fällt die Abweichung jedoch deutlich aus, so hat die enge Auslegung des Diversifikationsbegriffs erhebliche Auswirkungen.

Die breitere Auslegung des Diversifikationsbegriffs umfasst nun strikt alle Unternehmen, die auf der Basis der SIC Codes über mindestens zwei in unterschiedlichen Wirtschaftszweigen angesiedelte Geschäftssegmente verfügen – ohne Korrekturen von nicht lateral diversifizierten Unternehmen, die über diese Methodik als diversifiziert eingestuft werden. Diese Auslegung folgt der Definition vergleichbarer Studien wie BERGER/OFEK und LINS/SERVAES und macht die Ergebnisse damit eher vergleichbar. Sie führt zu einer deutlichen Änderung der Untersuchungsgruppen: Die Anzahl der als diversifiziert kategorisierten Unternehmen verdoppelt sich auf 160, die Anzahl der fokussierten Unternehmen sinkt auf 213. Damit ändert sich auch die Basis für die Bildung der Multiplikatoren und die Bildung der Vergleichsgruppen, da nun weniger fokussierte Unternehmen zur Verfügung stehen.

Der Effekt dieser Änderungen auf das Ergebnis ist erstaunlich gering: Im Gegensatz zur erwarteten Erhöhung des EV bleibt dieser nahezu gleich, lediglich die Amplitude der Ergebnisse erhöht sich minimal von den ursprünglichen 15-29% auf 15-30%. In den Jahren 1998 und 1999 fällt der Discount erwartungsgemäß geringer aus als bei der ursprünglichen Definition von Diversifikation; ab dem Jahr 2000 allerdings liegt der neu berechnete Discount wider Erwarten auf etwas höherem Niveau. Bei keinem Multiplikator und in keinem Jahr weichen die Ergebnisse beider Untersuchungswege jedoch um mehr als 10% voneinander ab, sodass der Effekt der Änderung als gering beurteilt werden kann. Auch für die neuen Ergebnisse können die Hypothesen H1 und H2 bestätigt werden. Selbst bei einem erweiterten Diversifikationsbegriff kann man daher von der Existenz eines Diversification Discounts sprechen.

Jahr	1998	1999	2000	2001	2002	Arithm. Mittel
Median der Prozentwerte						
EVA	-11%	-18%	-34%	-33%	-19%	-23%
EVS	-25%	-22%	-32%	-21%	-18%	-24%
EVOI	-29%	-4%	-23%	-27%	-25%	-21%
EV	-22%	-15%	-30%	-27%	-21%	-22%

Tabelle 5.7: Ergebnisse der Excess Value-Berechnungen auf der Basis der veränderten Definition von Diversifikation

5.2.3.2 Sensitivität der Ergebnisse bezüglich einer Bereinigung der Unternehmensgesamtwerte um die Haltung liquider Mittel

In der Bewertungsliteratur wird von einigen Autoren gefordert, den Gesamtwert eines Unternehmens um die liquiden Mittel zu korrigieren. Mit Hilfe der liquiden Mittel, so die Annahme dieser Autoren, könnte ein Unternehmen die Höhe des Fremdkapitals und somit seinen Marktwert unmittelbar senken. SCHWETZLER/REIMUND zeigen in ihrer Untersuchung, dass eine solche Korrektur zu einer leichten Senkung des EV führt (also zu einem etwas höheren durchschnittlichen Discount), da diversifizierte Unternehmen im Durchschnitt über mehr liquide Mittel verfügen. In der vorliegenden Untersuchung wird diese Korrektur des Unternehmenswertes bewusst nicht durchgeführt, da eine erhöhte Haltung liquider Mittel als branchenbedingt und zweckgerichtet eingestuft wird und nicht als Zufallsprodukt. Daher wird kein vollständiger Robustheitstest durchgeführt. Dennoch lässt sich der Effekt einer solchen Korrektur abschätzen: Eine Bereinigung der Unternehmenswerte um die Haltung von

Bargeld und weiteren liquiden Mitteln führt zu einer durchschnittlichen Verringerung des jeweiligen Unternehmenswertes bei den diversifizierten Unternehmen um 7,3%, bei den fokussierten nur um 7,0%. Diese Differenz ist sehr gering und beeinflusst die Berechnung des EV nur minimal; so führt eine Änderung beispielsweise bei einem berechneten Discount von 33,3% lediglich zu einer Erhöhung auf 33,5%. Allerdings können die Unterschiede in den einzelnen Vergleichsgruppen zum Teil höher ausfallen und deutlichere Effekte haben; doch auch dies lässt sich relativieren: So führt erstens eine Korrektur der Gesamtwerte um die kurzfristigen liquiden Mittel auch bei SCHWETZLER/REIMUND nur zu einer geringfügigen Änderung des Ergebnisses;[43] zweitens steigt der Discount tendenziell eher als dass er sinkt; der Befund eines Discounts würde dadurch eher gestärkt, da er ohne Korrektur tendenziell unterschätzt wird.

5.2.3.3 Sensitivität der Ergebnisse bezüglich einer Änderung der Multiplikatoren

Mit der Entscheidung, drei verschiedene Multiplikatoren als Basis für die Wertberechnung zu verwenden, ist dieser Robustheitstest bereits vorweggenommen worden. Eine Betrachtung der Abweichungen zwischen den Ergebnissen der drei Multiplikatorenverfahren zeigt Folgendes:

1.) Im Durchschnitt bewegen sich alle drei EV-Berechnungen in einer engen Spannweite von 17% (EVA) bis 22% (EVS) bzw. 23% (EVOI).

2.) Deutlichere Unterschiede ergeben sich zum Teil bei der Betrachtung der einzelnen Unternehmen. Dort weichen die Einzelergebnisse teilweise erheblich voneinander ab. Die Spannweite der Ergebnisse auf der Ebene der einzelnen Unternehmen beträgt im Durchschnitt ca. 15%. Insgesamt liegen zwar die Durchschnittswerte der verschiedenen EV-Maßzahlen insbesondere 2002 nahe beieinander (5% Abweichung), konvergierend von 15% Abweichung 1998. Auf der Ebene der einzelnen Unternehmen kann dieser Korridor jedoch sogar über den Nullwert gehen, sodass die eine EV-Maßzahl einen Discount, eine andere ein Premium indiziert, was in etwa 8% der Fälle vorkommt. [44] Die Differenzen der verschiedenen EV-Maßzahlen sind zum Teil in der Non-Konformität der Untersuchungsgruppe begründet - für mehrere Unternehmen gibt es

---

[43] Siehe Schwetzler/Reimund (2003), S. 2: Bei einer Korrektur der Unternehmenswerte um die Haltung liquider Mittel sinkt der ermittelte durchschnittliche Discount um ca. 0,8%.

[44] In diesen Fällen liegen EVA und EVS zumeist eng beieinander, während der EVOI deutlich abweicht.

keine EVA oder EVOI-Werte, aber EVS-Werte -, liegen aber zum Teil durchaus an Abweichungen auf individueller Ebene. Daher muss der EV-Wert auf Unternehmensebene als Näherungswert gesehen werden, ist in seiner Gesamtheit aber eine ausgesprochen stabile und methodenunabhängige Maßzahl.

5.2.3.4 Sensitivität der Ergebnisse bezüglich einer Änderung der Vergleichsgruppenermittlung

Die Sensitivität der Ergebnisse bezüglich Änderungen der Vergleichsgruppenermittlung ist ein besonders kritischer Punkt, da hier die Wissenschaft die größte Entscheidungsfreiheit lässt und dementsprechend der Grad der Subjektivität bei der Wahl am höchsten ist. Ähnlich wie für den ersten Sensitivitätstest wird die gesamte Untersuchung wiederholt, diesmal mit einem veränderten Prinzip der Vergleichsgruppenzusammenstellung. Nach wie vor ist die Branchenzugehörigkeit das Kriterium zur Zusammenstellung; diesmal werden die Gruppen jedoch weiter gefasst: Grundsätzlich wird für jedes zu bewertende Segment eine Vergleichsgruppe aus den Unternehmen der gleichen Industrie auf der Ebene der zweistelligen SIC Codes gebildet. Dies führt zu durchschnittlich 12,9 Unternehmen pro Vergleichsgruppe, verglichen mit 8,8 bisher. Auf der Ebene der einzelnen Unternehmen kann dies durchaus zu merklichen Änderungen führen; so ändert sich bei 15% der Unternehmen der berechnete EV um mehr als 10%. Auf der Gesamtebene ändert sich der durchschnittliche EV allerdings nur um 0,1% und sinkt von -20,6% auf -20,7%. Damit kann die Sensitivität des Gesamtergebnisses für eine Änderung der Vergleichsgruppendefinition als vernachlässigbar klein bezeichnet werden.

5.2.3.5 Sensitivität der Ergebnisse bezüglich der Ausschlussgrenze von Ausreißern

Wie bereits in den vergleichbaren Untersuchungen werden bei der EV-Durchschnittsbildung Ausreißer mit einem EV über 400% und unter -75% eliminiert. Diese Maßnahme erhöht den durchschnittlichen EV nur leicht um 1% und hat damit keine signifikanten Auswirkungen auf das Ergebnis.

5.2.3.6 Gesamtbeurteilung der Robustheit

Die Ergebnisse der Sensitivitätstests zeigen, dass die auf zum Teil subjektiver Basis getroffenen Entscheidungen zur Wahl der Methoden die zentralen Ergebnisse nicht maßgeblich be-

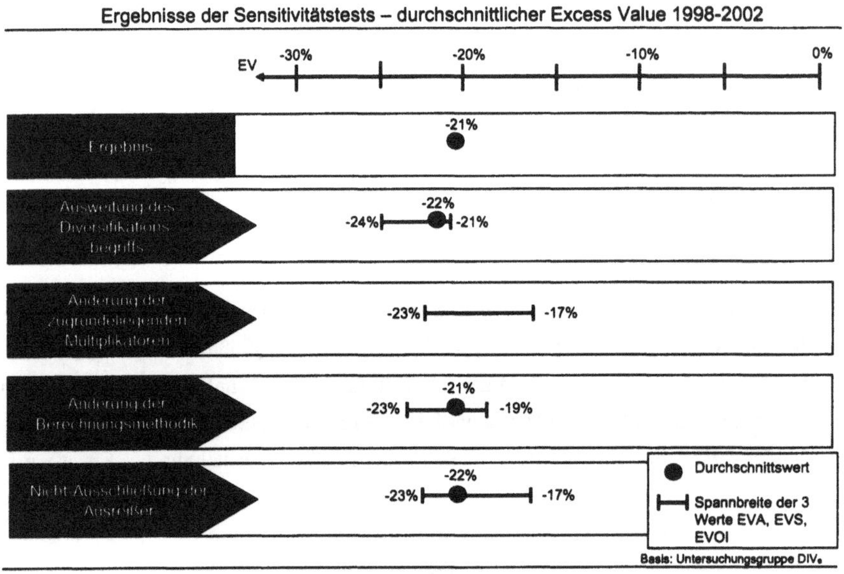

Abbildung 5.7: Ergebnisse der Sensitivitätstests

einflussen (Abb. 5.7 illustriert die relative Stabilität der Ergebnisse). Die Entscheidungen für eine andere Methodik haben jeweils nur geringen Einfluss auf das Endergebnis. Die zentralen Ergebnisse können demnach nicht in Frage gestellt werden: Erstens gibt es einen systematischen Bewertungsunterschied zwischen fokussierten und differenzierten Unternehmen am deutschen Aktienmarkt und zweitens liegt dieser negativ ausgeprägte Bewertungsunterschied im Betrachtungszeitraum immer im Durchschnitt zwischen 15% und 30%. Da die Robustheitstests vollständig alle echten Wahlmöglichkeiten abdecken, können die Ergebnisse der vorliegenden Untersuchung als hochgradig stabil bezeichnet werden.

5.3 Zweite empirische Untersuchung: Allokationseffizienz interner Kapitalmärkte

Dieses Teilkapitel beschreibt die Untersuchungsgrundlagen und -ergebnisse der zweiten der insgesamt drei Untersuchungen. Es widmet sich der Überprüfung der Hypothese H7: Diversifizierte Unternehmen in Deutschland haben im Durchschnitt ineffiziente interne Kapitalmärkte. Auch dieses Kapitel stellt zunächst das Modell vor, mit dessen Hilfe der Effizienzgrad eines internen Kapitalmarkts bestimmt wird, erläutert dann die Ergebnisse und untersucht zum Schluss die Robustheit der Ergebnisse.

5.3.1 Modellformulierung und Operationalisierung

5.3.1.1 Intuitiver Modellansatz

Ein interner Kapitalmarkt kann, wie in Kapitel 2 hergeleitet, dann effizienter sein als der externe Kapitalmarkt, wenn:

- Projekte von Geschäftsbereichen optimal finanziert werden,
- freie Finanzressourcen zu den Geschäftssegmenten mit den besten Ertragsaussichten alloziert oder an die Aktionäre ausgeschüttet werden,
- Finanzressourcen aus Bereichen mit schlechten Ertragsaussichten abgezogen und erfolgreicheren Bereichen zugeteilt werden.

Es gilt nun, ein Modell aufzustellen, das diese Effizienzkriterien beinhaltet. Ziel muss sein, einen kardinalen, über alle diversifizierten Unternehmen vergleichbaren Wert zu erhalten, der die relative Effizienz eines internen Kapitalmarkts gegenüber dem externen bestimmt. Der Nullwert dieser Maßzahl soll den Wert repräsentieren, der sich ohne die Existenz eines internen Kapitalmarkts ergäbe.

Es gibt zahlreiche empirische Modelle, die die Effizienz des internen Kapitalmarkts modellieren und somit empirisch überprüfbar machen; die meisten widmen sich jedoch nur Teilaspekten der effizienten Verteilung wie der Modellierung von Anreizen für die Unterneh-

	Unternehmen D1			Unternehmen D2		
	Total	Segment 1	Segment 2	Total	Segment 1	Segment 2
t0 ROA	10%	15%	5%	10%	15%	5%
t0 CF	100	80	20	100	80	20
t1 CAPEX	100	100	0	100	80	20
t1 Return on Capex	15	15	0	13	12	1

Tabelle 5.8: Beispiel für die Erläuterung des Ansatzes zur Bildung des ICM-Wertes

mensleitung oder die Segmentmanager zur effizienten Verteilung des Kapitals.[45] Nur ein Modell integriert alle Effizienzkriterien und ermittelt eine kardinal skalierbare Maßzahl der Effizienz: das Modell von BILLET/MAUER (2002). An einem einfachen Beispiel sei erläutert, welchen intuitiven Ansatz dieses Modell verfolgt: Die diversifizierten Unternehmen D1 und D2 haben jeweils zwei Geschäftssegmente, die einen unterschiedlichen Return on Assets (ROA) erwirtschaften. Dieser bleibt per Annahme konstant. Der ROA von insgesamt 10% im Jahr t_0 wird als freier Cashflow (CF) komplett reinvestiert. Unternehmen D1 verfügt über einen effizienten internen Kapitalmarkt und transferiert alle Cashflows zu dem Segment mit dem höheren ROA. Im darauf folgenden Jahr (t_1) erhält es als Return auf seine investierten Cashflows 15% der investierten Summe, also 15 Geldeinheiten (GE). Unternehmen D2 transferiert keine Cashflows und erhält ceteris paribus 13 Einheiten auf seine Investitionen. Der Kapitaltransfer von Unternehmen D1 war effizient und hat in t_1 einen zusätzlichen Return erwirtschaftet von 2 GE – die transferierte Summe von 20 GE multipliziert mit der Differenz der Segment-ROAs: 20 GE x (15%-5%) = 2 GE. Umgekehrt hätte ein Transfer an das Segment 2 zu einem Verlust von 80 GE x (5%-15%) = -8 GE geführt. Diese Rechnung bildet die Basis für die Maßzahl *icm*. Pro Segment wird der Gewinn bzw. Verlust eines jeden Kapitaltransfers berechnet, mit den Segment-Aktiva skaliert und zum Wert *icm* über alle Segmente addiert. Damit nimmt *icm* genau dann einen positiven Wert an, wenn Kapitaltransaktionen im Durchschnitt zu einer Wertsteigerung führen, und einen negativen im umgekehrten Fall. Effizienz ist also im Folgenden relativ definiert, nicht absolut. Als effizient gilt bereits der interne Kapitalmarkt, der im Durchschnitt zu einer Wertsteigerung gegenüber einer Nicht-Umverteilung führt. Dann ist der interne Markt bereits effizienter als der externe Markt, der diese direkte Umverteilungsfunktion nicht übernehmen kann.

---

[45] Vgl. zum Beispiel Scharfstein (1998).

Dieser intuitive Ansatz setzt die in der Literatur als 'Winner-Picking' bezeichnete Umverteilung von Kapitalressourcen um, nicht aber das Effizienzkriterium der optimalen Kapitalausstattung über die Umgehung von finanziellen Restriktionen einzelner Geschäftssegmente. Letzteres ist schwer zu überprüfen, worauf im späteren Verlauf noch eingegangen wird. Zunächst wird das auf dem geschilderten intuitiven Ansatz basierende Modell von BILLET/MAUER erläutert. Anschließend folgt eine Weiterentwicklung des Modells für die vorliegende Untersuchung. Die von BILLET/MAUER verwendeten englischen Variablenbezeichnungen werden unverändert übernommen und auch bei der Modellerweiterung verwendet.

5.3.1.2 Formalisierung des Modells von Billet/Mauer

Für eine Effizienzbestimmung des internen Kapitalmarkts nach Maßgabe des geschilderten intuitiven Ansatzes sind drei Komponenten im Rahmen des Modells zu untersuchen:

1.) der Ressourcentransfer innerhalb der Geschäftsfelder: Welches Segment erhält Subventionen und welches leistet Transfers?

2.) die relative Effizienz dieser Transfers bzw. Subventionen,

3.) die Bewertung dieser Transfers bzw. Subventionen.

Das auf diesen Komponenten aufbauende Modell liefert einen kardinalen Wert, mit dem die Qualität der internen Kapitalmärkte des Unternehmens beurteilt werden kann. Zu einem solchen Wert gelangt das Modell in drei Schritten.

1. Schritt: Bestimmung der Kapitalflüsse: Subvention oder Transfer?

Im ersten Schritt wird jedes Geschäftssegment eines diversifizierten Unternehmens klassifiziert als subventionsbedürftiges Segment oder als potenzieller Transfergeber. Dies geschieht folgendermaßen: Für jedes Segment i = 1....n eines diversifizierten Unternehmens werden die Investitionen mit dem Cashflow nach Steuern (ATCF) des Segments verglichen und daraus die Höhe der geleisteten Transfers bzw. der empfangenen Subventionen berechnet. So erhält ein Segment eine Subvention, wenn die Segmentinvestitionen den Cashflow nach Steuern übersteigen; im umgekehrten Falle kann das Segment einen Transfer leisten. Damit bestimmt sich die Höhe der benötigten Subvention eines Segments i als:

$$Subsidy_i = Max(CAPEX_i - ATCF_i; 0), \tag{5.11}$$

wobei der Cashflow nach Steuern definiert ist als:

$$ATCF_i = operating\ income_i + depreciation_i - interest\ expenses_i - taxes_i - dividends_i \quad (5.12)$$

Statt des operativen Ergebnisses (*operating income*) wäre optimalerweise das gesamte Ergebnis zu verwenden. Da auch diese Kennzahl nicht Bestandteil der Segmentberichterstattung ist, muss die Annahme getroffen werden, dass die Einzelsegmente kein 'non-operating income' generieren bzw. dieses generell der Konzernzentrale zugerechnet wird. Die segmentspezifischen Zinszahlungen (*interest expenses*) sind i.d.R. nicht aus der Segmentberichterstattung abzulesen und müssen daher approximiert werden über eine Verteilung der Gesamtzahlungen nach Maßgabe der Aktiva je Segment. Gleiches geschieht mit den Dividendenzahlungen (*dividends*).[46] Die segmentspezifischen Steuerzahlungen (*taxes*)werden approximiert über den Steuersatz des Gesamtunternehmens multipliziert mit dem operativen Ergebnis des jeweiligen Segments. $Subsidy_i$ misst demnach den Teil der Segmentinvestitionen, der über den externen Kapitalmarkt finanziert werden müsste, wenn das Segment i ein unabhängiges Unternehmen wäre. Die Höhe des potenziellen Transfers bestimmt sich analog:

$$PTransfer_i = Max(ATCF_i - CAPEX_i; 0) \quad (5.13)$$

Der tatsächlich zu leistende Transfer wird dann berechnet durch:

$$Transfer_i = Min\left(PTransfer_i; \frac{PTransfer_i}{\sum_{i=1}^{n} PTransfer_i} \times \left(\sum_{i=1}^{n} Subsidy_i\right)\right) \quad (5.14)$$

Jedes Segment, das ein potenzieller Transfergeber ist, leistet also nur Transfers in Höhe seines Anteils an der Gesamtsumme der potenziellen Transfers. So wird sichergestellt, dass die geleisteten Transfers nicht größer sind als die Summe aller benötigten Subventionen. Umgekehrt darf die Summe aller Subventionen die der Transfers jedoch übertreffen; in diesem Falle muss die Konzernzentrale extern Kapital aufnehmen. Wenn die Summe der potenziellen Transfers die Höhe der benötigten Subventionen übersteigt, wird in diesem Modell jedes transfergebende Segment zur gleichen Quote an den Subventionen beteiligt.

2. Schritt: Bewertung der Effizienz der Kapitalflüsse

Die Bestimmung, ob ein Transfer bzw. eine Subvention effizient ist, erfolgt über den Vergleich zwischen dem ROA[47] des abgebenden und des empfangenden Segments. So entschei-

---

[46] Die Verteilung der Dividendenzahlungen auf die Segmente weicht in dieser Modelldarstellung leicht von der Methodik des Originalmodells ab; Billet/Mauer verteilen Dividendenzahlungen lediglich auf transfergebende Segmente. Siehe Billet/Mauer (2002), S. 10.

[47] ROA = Return on Assets.

det das Verhältnis des Segment-ROA zum ROA-Durchschnitt der übrigen Segmente über die Effizienz des Kapitalflusses. Die Subvention eines Segments ist beispielsweise dann effizient, wenn der ROA des Segments höher ist als der Segmentdurchschnitt. Liegt er darunter, ist die Subvention ineffizient. Die Bewertung der Kapitaltransfers erfolgt so auf der Basis der relativen Ertragsleistung der betroffenen Segmente.[48]

Das Modell lässt die Effizienzbestimmung der Kapitalflüsse in die Variable *Efficiency* einfließen, die bei effizientem Kapitalfluss den Wert 1 annimmt, bei ineffizientem den Wert -1. Falls kein Kapitalfluss stattfindet, nimmt die Variable den Wert 0 an.[49]

$$Efficiency_{\mathrm{i}} = \begin{cases} 1 \text{ if } \mathrm{CAPEX_i} > ATCF_i \wedge ROA_i > ROA_{avg} \\ -1 \text{ if } \mathrm{CAPEX_i} > ATCF_i \wedge ROA_i \leq ROA_{avg} \\ 0 \text{ if } \mathrm{CAPEX_i} = ATCF_i \\ -1 \text{ if } \mathrm{CAPEX_i} < ATCF_i \wedge ROA_i > ROA_{avg} \\ 1 \text{ if } \mathrm{CAPEX} < ATCF_i \wedge ROA_i \leq ROA_{avg} \end{cases} \quad (5.15)$$

Mit: ROA_i = ROA von Segment i, und ROA_{avg} = Durchschnittlicher ROA der übrigen Segmente.

3. Schritt: quantitative Bewertung der Kapitalflüsse

Um auf einen kardinalen und über Unternehmensgrenzen hinaus vergleichbaren Wert zu kommen, müssen die Transfers/Subventionen quantitativ erfasst und skaliert werden. Vier Einzelwerte werden gebildet, effiziente Subventionen (ES), ineffiziente Subventionen (IS), effiziente Transfers (ET) und ineffiziente Transfers (IT). Jeder dieser Werte errechnet sich aus der Höhe des Transfers/der Subvention, multipliziert mit der Differenz zwischen dem Segment-ROA und dem Durchschnitts-ROA der jeweils anderen Geschäftssegmente (bzw. umgekehrt bei Transfers). Alle Werte werden zwecks Skalierung mit der Summe aller Segment-Aktiva (TA) gewichtet. Die 4 Werte werden über die einzelnen Segmente aufsummiert und ergeben zusammengezählt eine Schätzung des Wertes des internen Kapitalmarkts (icm_{BM}):

---

[48] Die Methodik des Leistungsvergleichs über den ROA hat indes Schwächen. So ist der ROA eine buchhalterische und statische Maßzahl, die nicht den Gesamtwert einer Investition in ein Segment kapitalisiert. Deshalb wird im Abschnitt 5.3.3.1 die Einführung einer alternativen Kennzahl erwogen und Gründe für die dennoch bestehen bleibende Präferenz für den ROA dargelegt.

[49] Im Originalmodell verwenden Billet/Mauer eine andere Notation. Zur Vorbereitung der Modellerweiterung wird aus Gründen der Nachvollziehbarkeit der Unterschiede zwischen dem Basismodell und dem im folgenden Abschnitt dargestellten erweiterten Modell diese abweichende Notation gewählt.

$$ES = \sum_{i=1}^{n} \frac{(ROA_i - ROA_{avg}) \times (Subsidy_i) \times 1_{\{\text{Efficiency}_i = 1\}}}{TA} \tag{5.16}$$

$$IS = \sum_{i=1}^{n} \frac{(ROA_i - ROA_{avg}) \times (Subsidy_i) \times 1_{\{\text{Efficiency}_i = -1\}}}{TA} \tag{5.17}$$

$$ET = \sum_{i=1}^{n} \frac{(ROA_{avg} - ROA_i) \times (Transfer_i) \times 1_{\{\text{Efficiency}_i = 1\}}}{TA} \tag{5.18}$$

$$IT = \sum_{i=1}^{n} \frac{(ROA_{avg} - ROA_i) \times (Transfer_i) \times 1_{\{\text{Efficiency}_i = -1\}}}{TA} \tag{5.19}$$

$$icm_{BM} = ES - IS + ET - IT \tag{5.20}$$

Damit approximiert der Wert icm_{BM}, wie viel ROA (in Prozent) dem jeweiligen Unternehmen durch Fehlallokationen entgangen sind (wenn $icm_{BM} < 0$) bzw. wie viel ROA es mehr generiert hat, als ein entsprechendes fokussiertes Unternehmen ohne einen internen Kapitalmarkt erzielt hätte (wenn $icm_{BM} > 0$).

5.3.1.3 Erweiterung des Modells um eine Wachstumskomponente

Mittels einer Weiterentwicklung des vorgestellten Modells soll eine deutliche Schwäche des Modells von BILLET/MAUER (2002) eliminiert werden: Die Bewertung der Kapitaltransfers auf der Basis einer reinen Renditekennzahl reicht für eine wirklichkeitsgetreue Modellbildung nicht aus. So würde die Strategie, in stark wachsende, aber noch ertragsarme Geschäftsbereiche zu investieren, negativ bewertet werden. Gerade eine solche Strategie mag sich langfristig auszahlen, denn solch stark wachsende Geschäftsbereiche können sich langfristig in profitable Bereiche wandeln. Daher soll das Modell im Sinne einer klassischen Portfolio-Matrix[50] um die Betrachtung der Wachstumsperspektive erweitert werden. Subventionen von Segmenten mit unterdurchschnittlichem ROA sollen dann nicht als ineffizient gelten, wenn die dem Segment zuzuordnende Branche stark wächst. Ebenso gelten Transfers von Segmenten mit überdurchschnittlichem ROA nicht als ineffizient, wenn die dem Segment zuzuordnende Branche deutlich schrumpft.Diese Änderung schlägt sich wie folgt in

[50] Zum Konzept der Portfolio-Matrix siehe Stern/Stalk (1998).

einer Korrektur der Bestimmung der Effizienzvariable nieder:

$$Efficiency_{\mathrm{i}}^{Neu} = \begin{cases} 1 \text{ if } \mathrm{CAPEX_i} > ATCF_i \wedge ROA_i > ROA_{avg} \\ 0 \text{ if } \mathrm{CAPEX_i} > ATCF_i \wedge ROA_i \leq ROA_{avg} \wedge SGI_i = 1 \\ -1 \text{ if } \mathrm{CAPEX_i} > ATCF_i \wedge ROA_i \leq ROA_{avg} \wedge SGI_i = 0 \\ 0 \text{ if } \mathrm{CAPEX_i} = ATCF_i \\ -1 \text{ if } \mathrm{CAPEX_i} < ATCF_i \wedge ROA_i > ROA_{avg} \wedge SGI_i = 1 \\ 0 \text{ if } \mathrm{CAPEX_i} < ATCF_i \wedge ROA_i > ROA_{avg} \wedge SGI_i = 0 \\ 1 \text{ if } \mathrm{CAPEX_i} < ATCF_i \wedge ROA_i \leq ROA_{avg} \end{cases} \quad (5.21)$$

Hierbei sind die Variablen im Einzelnen definiert als: ROA_i = ROA von Segment i, ROA_{avg} = Durchschnittlicher ROA der übrigen Segmente und SGI_i= Segment Growth Index, ein Index, der das Wachstum der dem Segment entsprechenden Branche prognostiziert; dieser nimmt den Wert 1 an, wenn das prognostizierte Branchenwachstum über Durchschnitt aller Branchen liegt, ansonsten den Wert 0.

Die Bestimmung des neuen Effizienzwertes errechnet sich analog der Formeln 5.16 bis

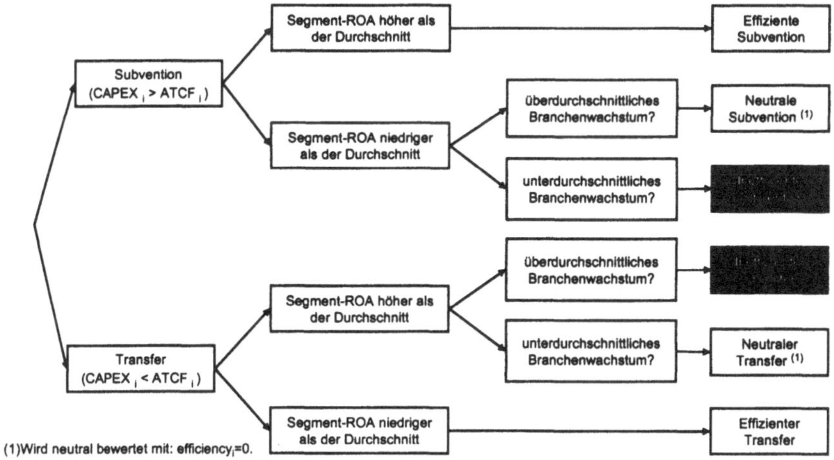

Abbildung 5.8: Die Effizienzbestimmung interner Kapitalallokationen

5.20 mit dem neuen Effizienzwert Efficiency^{Neu}. Abb. 5.8 zeigt die Logik dieser Effizienzbestimmung in Form eines Entscheidungsbaumes auf. Die Variable Efficiency nimmt dabei immer dann den Wert 1 an, wenn die Subvention oder der Transfer effizient ist. Die Einbeziehung eines Wachstumsfaktors erfordert die Konstruktion von Wachstumsindizes, anhand derer für jedes Segment eine Schätzung erfolgen kann, wie die Wachstumsperspektiven des Segments jeweils in den Jahren 1998-2002 aussahen. Da es sich bei der Untersuchungsgruppe der diversifizierten Unternehmen nahezu ausschließlich um Unternehmen mit hohem Exportanteil in die EU-Staaten und die USA handelt, werden die zur Indexermittlung notwendigen Wachstumsdaten in einem gewichteten Länderindex ermittelt, der die Mitglieder der EU vor der letzten Erweiterung (EU15) und die USA beinhaltet. Hierin liegt eine Vereinfachung, denn um formal korrekt zu sein, müsste für jedes Segment ein spezifisches Wachstumsdatum ermittelt werden, das sich durch den jeweiligen Länder-Umsatz-Mix zusammensetzt. Diese Vereinfachung ist allerdings aus technischer Sicht nicht zu umgehen, da der Länder-Umsatz-Mix je Segment in der Regel nicht veröffentlicht ist.[51] Als Maßzahl für die Wachstumsperspektive werden Umsatzwachstumszahlen genommen.[52] Da es keine Branchenwachstumsprognosen aus historischer Perspektive (z.B. im Jahr 1998 erwartetes Wachstum der Baubranche für das Jahr 1999) und aus einheitlicher, konsistenter Quelle gibt, sind reale Branchenwachstumsdaten verwendet worden. Das impliziert die Annahme, dass die Wachstumsprognosen für das jeweilige Jahr sicher zutreffen oder die Manager der diversifizierten Unternehmen über perfekte Voraussicht verfügen.[53]

Einheitliche Quelle für die Daten ist die 'OECD STAN Database for Industrial Analysis'[54], die umfangreiches Material zum Umsatzwachstum nach Branchen und Ländern enthält. Hieraus wird eine Wachstumsmatrix konstruiert, die nach Jahr und Branche das nominelle Wachstum umfasst. Die Wachstumsdaten gehen dabei für die EU15 und die USA nach einer Gewichtung auf der Basis des Bruttosozialprodukts ein. Eine Inflationsbereinigung wird nicht vorgenommen, da es in der Wachstumskomponente ausdrücklich um potenzielles Umsatzwachstum geht – und das umfasst sowohl die Mengen- als auch die Preiskomponente. Aus der OECD-Datenbank wird so eine Matrix generiert für die Jahre 1998-2002 und 20 Branchen, denen analoge SIC-Gruppen zugeordnet sind.[55] Damit lässt sich jedem Geschäftssegment eine entsprechende Branche der OECD-Logik zuordnen. Um nun beurteilen zu können, ob eine Branche überdurchschnittlich wächst, wird für jedes Jahr der

---

[51] Eine vergleichende Berechnung mit rein deutschen Wachstumsraten zeigt zudem, dass eine Änderung der Länderbasis nur geringe Auswirkungen auf das Resultat des Gesamtwertes *icm* hätte. Somit wird diese Vereinfachung als nicht von gravierendem Ausmaß beurteilt.

[52] Alternative hierzu sind die häufig von Analysten veröffentlichten Gewinnwachstumsprognosen nach Branchen. Diese enthalten jedoch neben der Umsatz- die Kostendimension, sodass ein Wachstum auch bedeuten kann, dass große Kosteneinsparungen erzielt werden, ohne dass die Branche wächst. Daher sind die Umsatzgrößen vorzuziehen.

[53] Das entscheidende Argument, trotz dieser einschränkenden Annahme die Realdaten zu bevorzugen, ist die hohe Inkonsistenz in den alternativ zu konsolidierenden Prognosedaten.

[54] Abrufbar unter: http://www.oecd.org/.

[55] Da sich die OECD nicht auf SIC Codes bezieht, musste eine Zuordnung der SIC Codes zu vergleichbaren Industriegruppen der OECD-Datenbank erfolgen.

Median der Wachstumszahlen gebildet; die Hälfte der Branchen, deren Wachstum über dem Median liegt, wächst überdurchschnittlich, die andere unterdurchschnittlich. Mit Hilfe dieser Matrix wird jedem Segment der entsprechende SGI zugeordnet, der den Wert 1 annimmt, wenn die entsprechende Branche überdurchschnittlich wächst, andernfalls den Wert 0. Analog zur Berechnung des Wertes für icm_{BM} bestimmt sich der auf dem erweiterten Modell basierende Wert icm als:

$$ES = \sum_{i=1}^{n} \frac{(ROA_i - ROA_{avg}) \times (Subsidy_i) \times 1_{\{\text{Efficiency}_i^{Neu}=1\}}}{TA} \tag{5.22}$$

$$IS = \sum_{i=1}^{n} \frac{(ROA_i - ROA_{avg}) \times (Subsidy_i) \times 1_{\{\text{Efficiency}_i^{Neu}=-1\}}}{TA} \tag{5.23}$$

$$ET = \sum_{i=1}^{n} \frac{(ROA_{avg} - ROA_i) \times (Transfer_i) \times 1_{\{\text{Efficiency}_i^{Neu}=1\}}}{TA} \tag{5.24}$$

$$IT = \sum_{i=1}^{n} \frac{(ROA_{avg} - ROA_i) \times (Transfer_i) \times 1_{\{\text{Efficiency}_i^{Neu}=-1\}}}{TA} \tag{5.25}$$

$$icm = ES - IS + ET - IT \tag{5.26}$$

Auf der Basis des solchermaßen erweiterten Modells wird der Effizienzgrad interner Kapitalmärkte analysiert.

5.3.1.4 Bildung einer zusätzlichen Maßzahl für die Ineffizienz eines internen Kapitalmarkts

Das hier vorgestellte Modell approximiert Gewinne oder Verluste durch interne Kapitalallokationen. Unter der Annahme, dass der Effizienzgrad des internen Kapitalmarkts im Wesentlichen indirekt, über die Wahrnehmung der Investoren, eine Marktbewertung beeinflusst, setzt das Modell voraus, dass Investoren ähnlich genau bei ihrer Beurteilung der Effizienz der internen Kapitalmärkte vorgehen. Um zu testen, ob Investoren nicht lediglich auf Evidenz für Quersubventionierungen achten, anstatt den genauen Wertverlust durch ineffiziente Transaktionen festzustellen, wird aus dem bestehenden Modell eine vereinfachte Kenngröße, cap, abgeleitet. Diese misst den Anteil der ineffizient allozierten Investitionen am Gesamtinvestitionsvolumen und stellt damit eine vereinfachte Effizienzgröße dar. So wird cap bestimmt als:

$$cap = \frac{\sum_{i=1}^{n} capex_i \times Efficiency_i^{Neu} | Efficiency_i^{Neu} = -1}{\sum_{i=1}^{n} capex_i} \tag{5.27}$$

Die Effizienzbeurteilung wird aus dem bisherigen Modell übernommen. Neu ist, dass die gesamten Investitionen ($\sum capex_i$) beurteilt werden. In der Zusammenhangsanalyse in Kapitel 5.4 wird sich zeigen, welche Effizienzgröße den größeren Einfluss auf den EV ausübt.

5.3.2 Ergebnisse

5.3.2.1 Überprüfung der Hypothese H7

Die in diesem Abschnitt zu überprüfende Hypothese lautet:

- *H7*: Diversifizierte Unternehmen in Deutschland haben im Durchschnitt ineffiziente interne Kapitalmärkte.

icm-Werte DIV_{icm}

Jahr	1998	1999	2000	2001	2002	Arithm. Mittel
Median	-0,02%	-0,18%	-0,15%	-0,03%	-0,02%	-0,08%
Arithm. Mittel	-0,10%	0,05%	-0,40%	-0,11%	-0,15%	-0,14%
Minimalwert	-0,41%	-0,92%	-2,62%	-0,75%	-2,03%	
Maximalwert	0,00%	3,05%	0,00%	0,40%	0,26%	

Tabelle 5.9: Ergebnisse der Messung für den Effizienzwert interner Kapitalmärkte

Tabelle 5.9 zeigt in einer Ergebnisübersicht, dass der Effizienzwert interner Kapitalmärkte im Durchschnitt negativ ist - und zwar in jedem Untersuchungsjahr. Wegen der besonders hohen Anforderungen an die verfügbaren Segmentdaten für die Berechnung des *icm*-Wertes musste jedoch die Untersuchungsgruppe weiter verkleinert werden. So konnten nur für 30 der 78 Unternehmen der Untersuchungsgruppe DIV Werte ermittelt werden. Die Ergebnisse für diese Untergruppe DIV_{icm} sind eindeutig. Unter der Annahme, dass es sich bei den 30 Unternehmen um eine Zufallsstichprobe aus DIV handelt, kann mit Hilfe eines Ein-Stichproben-Gauß-Tests ermittelt werden, ob sich dieses Ergebnis mit hoher Wahrscheinlichkeit auch auf die gesamte Untersuchungsgruppe übertragen lässt.

Zu zeigen ist, dass die berechneten Durchschnittswerte für den *icm* statistisch signifikant von Null verschieden sind. Die Variable $\mu_{icm'}$ bezeichnet den Durchschnitt der *icm*-Werte für alle diversifizierte Unternehmen, für den der für die Untersuchungsgruppe DIV_{icm} ermittelte Wert als Schätzer verwendet wird.

$$H7_1 : \mu_{icm'} < 0 \quad (5.28)$$

Damit ergibt sich die zu überprüfende Nullhypothese zu H7 als:

$$H7_0 : \mu_{icm'} \geq 0 \quad (5.29)$$

Der Gauß-Test verwirft auf einem 1% Signifikanzniveau die Nullhypothese, dass der Durchschnittswert von *icm'* größer als bzw. gleich Null ist.[56] Damit gilt die ökonomische Ausgangshypothese H7 als bestätigt: diversifizierte Unternehmen verfügen in Deutschland im Durchschnitt über einen ineffizienten internen Kapitalmarkt.

5.3.2.2 Ergebniserläuterung: Die Ineffizienz interner Kapitalmärkte

Wie in der ersten Untersuchung soll eine genauere Analyse der Ergebnisse, verbunden mit einer Interpretation folgen. Die wesentlichen Erkenntnisse aus einer Betrachtung der Ergebnisse für die analysierten 30 Unternehmen der Untersuchungsgruppe werden im Folgenden beschrieben:

Diversifizierte Unternehmen verfügen im Durchschnitt über ineffiziente interne Kapitalmärkte. Der ermittelte durchschnittliche *icm*-Wert aller Unternehmen liegt über die Jahre 1998 - 2002 bei -0.08%; dies impliziert, dass die Unternehmen mit Quersubventionierungen und Transfers im Durchschnitt ca. 0,1% ROA verlieren und so Wert vernichten. Dabei erfährt der *icm*-Wert einen deutlich positiven Trend über die Zeit (siehe Abbildung 5.9.).

Die internen Kapitalmärkte verteilen die Kapitalströme überwiegend ineffizient. Die Betrachtung der etwa 300 Kapitaltransfers von diversifizierten Unternehmen zeigt auf, dass über 60% dieser Transfers ineffizient sind; entweder erfolgt ein Transfer zu einem Segment mit niedrigerem ROA oder eine Subvention eines Segments mit niedrigem ROA und

[56] Der ermittelte v-Wert liegt mit -56,12 deutlich außerhalb des Verwerfungsbereichs zwischen $-2,2362$ und $+\infty$.

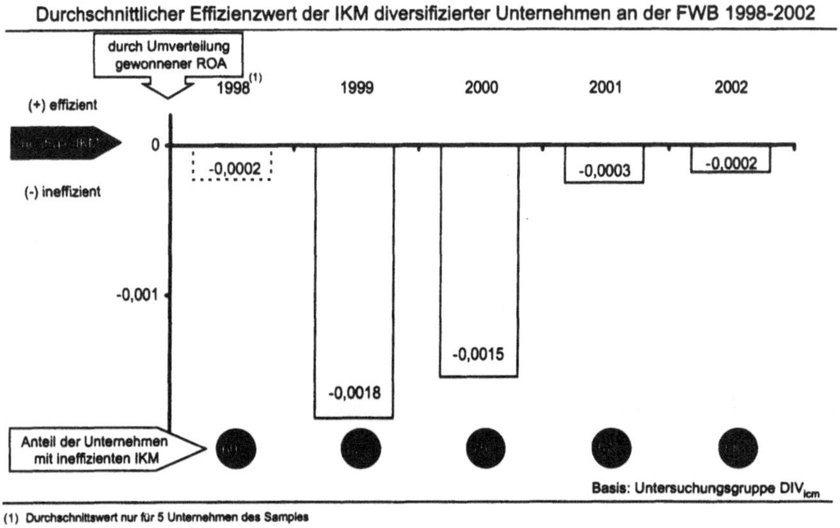

Abbildung 5.9: Durchschnittlicher icm-Wert diversifizierter Unternehmen

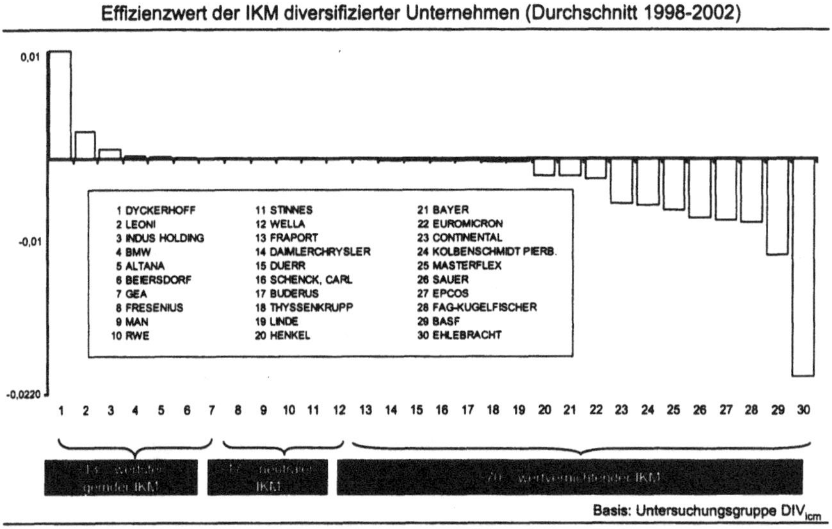

Abbildung 5.10: Einzelübersicht über die icm-Werte

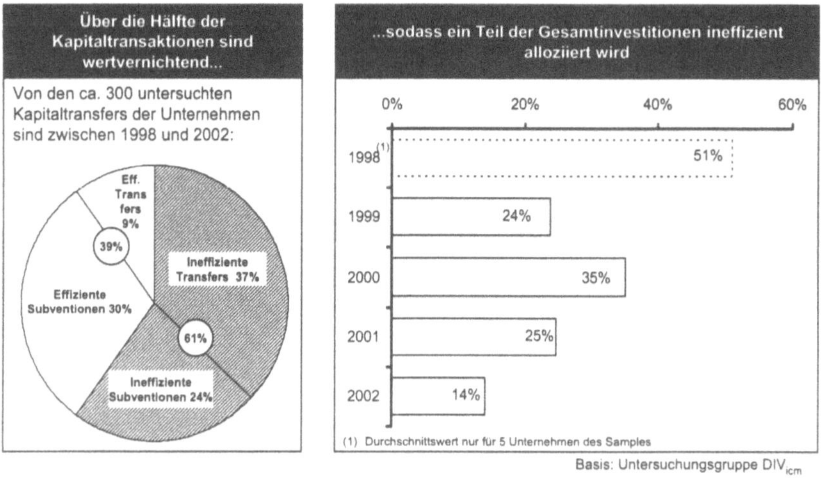

Abbildung 5.11: Analyse der Kapitalströme diversifizierter Unternehmen

schlechten Wachstumsaussichten. Erst im Jahr 2002 dominieren die effizienten Transfers, dennoch bleibt der *icm*-Wert knapp negativ. Diese wertmindernden Quersubventionierungen führen dazu, dass fast ein Drittel der gesamten Investitionen ineffizient alloziert werden (siehe Abbildung 5.11).

Die internen Kapitalmärkte vernichten überwiegend Wert. 60-80% (je nach Jahr) der Mehrgeschäftsfeldunternehmen entgeht Wertschaffung durch ineffiziente Kapitalallokationen (siehe hierzu Abbildung 5.10). Einige Unternehmen allozieren bis zu 85% ihrer gesamten Investitionen ineffizient, also wertvernichtend. Über die untersuchten Jahre weisen maximal 40% der untersuchten Unternehmen einen nicht ineffizienten Kapitalmarkt auf, im Jahr 1999 nur 18%. Zudem gibt es wenig positive Beispiele. Lediglich drei Unternehmen, Dyckerhoff, BMW und Carl Schenck, weisen im Durchschnitt über die Jahre 1998-2002 einen positiven *icm*-Wert auf.

Die wenigen Unternehmen mit effizienten internen Kapitalmärkten schaffen einen überdurchschnittlich hohen Wert für Aktionäre. Der Total Shareholder Return eines 1998 getätigten Investments in eines der fünf Unternehmen mit den besten Werten von *icm* 1998-2002 beträgt im Durchschnitt 63%, gegenüber einem negativen Durchschnitt der übrigen diversifizierten Unternehmen.[57] Diese Erkenntnis liefert einen ersten Hinweis auf die marktwertsteigernde Wirkung effizienter interner Kapitalallokationen; der tatsächliche Wirkungsnachweis erfolgt im nächsten Teilkapitel unter Einbezug aller relevanten Einflussgrößen.

5.3.3 Weiterführende Überlegungen

5.3.3.1 Einführung einer alternativen Kennzahl: Economic Value Added

Der ROA weist als Beurteilungsmaßstab für die Effizienz der Verteilung freier Kapitalressourcen Schwächen auf. So entwickelt sich der ROA im Laufe eines Produktlebenszyklus i.d.R. stetig nach oben, da die Erträge und damit der Zähler tendenziell steigen, während die Aktiva (und damit der Nenner) durch Abschreibungen sinken. Nimmt man den reinen ROA als Maßstab, honoriert man somit den Kapitaltransfer zu Segmenten, deren Produkt am Ende des Produktlebenszyklus steht.[58] Die Einführung des Wachstumsindex versucht, diesem Problem entgegenzusteuern, indem Transfers zu Segmenten mit guten Wachstumsaussichten, aber schlechter aktueller Ertragslage, nicht als ineffizient gewertet werden. Dennoch könnte eine dynamische Erfolgskennzahl, die die effektiv über die Kapitalkosten erwirtschafteten Gewinne quantifiziert, eine bessere Effizienzgröße darstellen. Die Einführung einer solchen Kennzahl auf der Basis der extern verfügbaren Daten erfordert allerdings zusätzliche Annahmen, die weit über die für eine *icm*-Berechnung auf ROA-Basis erforderlichen Annahmen hinausgehen. So müssen Annahmen getroffen werden hinsichtlich der jeweiligen Finanzierungsstruktur der einzelnen Geschäftssegmente eines diversifizierten Unternehmens und der segmentspezifischen Kapitalkosten. Die Notwendigkeit der Schätzung solcher für eine Kennzahl wie den Economic Value Added zentraler Kenngrößen macht ihren theoretischen Vorteil zunichte. Daher wird der ROA als Kenngröße beibehalten.

---

[57] Total Shareholder Return 1998-2002: Gesamtverzinsung (Marktwert und Dividenden) des 1998 in ein Unternehmen investierten und 2002 entnommenen Kapital. Die angegebenen Werte sind ungewichtete Durchschnitte der fünf Unternehmen mit dem besten durchschnittlichen Wert für *icm* zwischen 1998 und 2002, und den übrigen Unternehmen aus der Untersuchungsgruppe.

[58] Zu einer Kritik des ROA-Konzepts siehe Abschnitt 5.5.3.2.

5.3.3.2 Berücksichtigung von Finanzierungsrestriktionen

Interne Kapitalmärkte schaffen theoretisch besonders dann Wert, wenn sie externe Finanzierungsrestriktionen durch interne Finanzierung überbrücken können.[59] Ergebnisse der Untersuchung der Effizienz interner Kapitalmärkte in den USA durch BILLET/MAUER, deren Modell auch das Vorbild für das hier verwendete Modell bildet, stützen diese Theorie. Kapitaltransfers zu anderen Geschäftssegmenten schaffen, so ihre Erkenntnis, besonders dann Wert, wenn diese Segmente Finanzierungsbeschränkungen unterliegen, also am externen Kapitalmarkt als Einzelunternehmen kein Geld aufnehmen können. Solche Transaktionen haben eine deutliche Wirkung auf die Höhe des EV, selbst wenn sie ineffizienter Natur sind, also Quersubventionierungen eines Segments mit unterdurchschnittlichem ROA darstellen.[60] Um eine Auswirkung dieses Faktors zu untersuchen, muss eine Abschätzung erfolgen, ob ein Geschäftssegment als einzelnes Unternehmen Finanzierungsbeschränkungen unterläge oder nicht. Zu einer solchen Abschätzung haben FAZZARI/PETERSEN (2000) ein Modell entwickelt, das über die Schätzung der Wahrscheinlichkeit einer Dividendenausschüttung von Unternehmen auf die Wahrscheinlichkeit schließt, mit der ein Unternehmen oder ein einzelnes Unternehmenssegment externen Finanzierungsbeschränkungen unterliegt. Grundlegende Idee ist, dass ein Unternehmen, das eine Dividende ausschüttet, mit höherer Wahrscheinlichkeit keiner externen Finanzierungsbeschränkung unterliegt als eines ohne Dividendenausschüttung. Da Dividendenzahlungen, wenn einmal aufgenommen, schwer reversibel sind, wird angenommen, dass nur Unternehmen ohne Finanzierungsbeschränkungen Dividenden auszahlen.[61] Die Dividendenpolitik fokussierter Unternehmen wird nun auf ihren Zusammenhang mit Variablen wie Profitabilität und Größe untersucht; aus einer linearen multiplen Regression werden so Koeffizienten für die Wahrscheinlichkeit einer Dividendenausschüttung eines Unternehmens bei gegebener Profitabilität und Größe abgeleitet. Mit Hilfe der ermittelten Koeffizienten und der segmentspezifischen Daten wird dann eine Wahrscheinlichkeit abgeschätzt, mit der ein einzelnes Geschäftssegment eines diversifizierten Unternehmens eine Dividende auszahlen würde – und damit auf eine mögliche Finanzierungsbeschränkung geschlossen.

Die Umsetzung dieser Idee erweist sich allerdings als nicht durchführbar für die für Deutschland verfügbaren Datensätze. Eine Regressionsanalyse über die Dividendenpolitik

---

59 Siehe hierzu die theoretischen Ausführung zum internen Kapitalmarkt auf der Seite 43.

60 Vgl. Billet/Mauer (2002), S. 1187.

61 Vgl. Billet/Mauer (2002), S. 1178.

fokussierter Unternehmen ergibt – anders als Analysen auf dem US-amerikanischen Markt – keine signifikanten Einflussgrößen und erlaubt somit nicht die nötige Koeffizientenbestimmung für eine Schätzung der Wahrscheinlichkeit von Finanzierungsrestriktionen der Einzelsegmente diversifizierter Unternehmen. Möglicherweise ist die Datenbasis zu gering für eine solche Abschätzung. Daher wird auch diese Ergänzung des Modells verworfen.

Auch ohne Erfassung möglicher Finanzierungsbeschränkungen kann der interne Kapitalmarkt theoretisch sowohl den Fundamentalwert eines Unternehmens als auch indirekt über die Bewertung durch Investoren den Marktwert und damit den Bewertungsunterschied beeinflussen. Daher hat die fehlende Möglichkeit der Berücksichtigung von eventuellen externen Finanzierungsbeschränkungen keinen einschränkenden Einfluss auf die Durchführung der empirischen Untersuchung.

5.4 Dritte empirische Untersuchung: Einflussgrößen des Bewertungsunterschieds

Dieses Teilkapitel beschreibt die Untersuchungsgrundlagen und Ergebnisse der letzten der insgesamt drei Untersuchungen. Es führt die in den ersten Teilkapiteln ermittelten Ergebnisse zusammen und überprüft die in Kapitel 4 identifizierten Einflussgrößen des Excess Value. Dazu wird zunächst ein Überprüfungsmodell aufgestellt; auch werden die Modellvariablen, soweit nicht bereits geschehen, operationalisiert. Anschliessend werden die Hypothesen H3 bis H6 überprüft.

5.4.1 Modellformulierung und Operationalisierung

Für eine Überprüfung der Hypothesen müssen die Wirkungszusammenhänge zwischen den erklärenden Größen 'Diversifikationsgrad' und 'Effizienzgrad des internen Kapitalmarkts' und der zu erklärenden Größe des Bewertungsunterschieds analysiert werden. Prinzipiell sind Zusammenhangsanalysen mittels Korrelations- oder Regressionsanalyse durchführbar. Die in Kapitel 3 und 4 geschilderten theoretischen Hintergründe und empirischen Ergebnisse legen eine unmittelbare Abhängigkeit der Höhe des Bewertungsunterschieds (EV) von den Größen 'Diversifikationsgrad' und 'Effizienz des internen Kapitalmarkts' nahe. Da alle diese Modellgrößen metrisch erfassbar sind und eindeutige Annahmen hinsichtlich der Kausalität bestehen (die beiden Einflussgrößen wirken auf den EV), ist eine Analyse anhand eines multiplen Regressionsmodells einer Korrelationsanalyse vorzuziehen. Grundlegende Annahme ist die lineare Beziehung zwischen der zu erklärenden Variable des Bewertungsunterschieds und den den Bewertungsunterschied erklärenden Variablen.[62] Für das Regressionsmodell werden nun die Variablen operationalisiert und die Modellgleichung aufgestellt.

---

[62] Diese grundlegende Annahme wird im Rahmen der Modelltests auf ihre Validität getestet. Siehe hierzu Abschnitt 5.4.1.3

5.4.1.1 Operationalisierung der Modellvariablen

Einflussgrößen des Excess Value

Die von den beiden Einflussgrößen bestimmte Variable, der Bewertungsunterschied, ist bereits im Abschnitt 5.2 in Form der Variablen *EV* operationalisiert worden, ebenso der Effizienzgrad des internen Kapitalmarkts im Abschnitt 5.3 in Form der Variablen *icm*. Die zweite Einflussgröße kann auf der Grundlage bestehender Ansätze als Variable operationalisiert werden, da es bereits eine Vielzahl möglicher Messkonzepte für Diversität bzw. den Grad der Diversifikation gibt. Grundsätzlich kann dabei zwischen zwei Arten von Messkonzepten unterschieden werden:

— Quantitativ-kontinuierliche Konzepte messen den Diversifikationsgrad anhand der Anzahl der unterschiedlichen Tätigkeitsbereiche eines Unternehmens. Für die Unterscheidung von Tätigkeitsbereichen wird häufig auf die SIC Codes zurückgegriffen. Dieser einfache Messansatz wird zum Teil durch die Berücksichtigung der Bedeutung der Tätigkeitsbereiche erweitert, indem die verschiedenen Tätigkeitsbereiche mit ihren relativen Umsatzanteilen gewichtet werden. Häufig verwendete Messkonzepte dieser Art wurden von GORT (1962) und BERRY (1971) entwickelt, eine erweiterte, gewichtende Maßzahl stammt von AMIT/LIVNAT (1988).

— Diskret-kategoriale Konzepte ordnen diversifizierte Unternehmen auf der Basis einer Analyse des Umfangs und Zusammenhangs ihrer Produktbereiche einer von mehreren möglichen Diversifikationskategorien zu.[63] Das am häufigsten verwendete Konzept stammt laut SZELESS[64] von RUMELT (1974), das ein Unternehmen anhand von drei Kennzahlen, dem Spezialisierungsgrad, dem Verbundheitsgrad und dem vertikalen Integrationsgrad, einer von neun Kategorien der Diversifikation zuordnet.

Für den Zweck der Untersuchung ist eine der quantitativ-kontinuierlichen Messgrößen vorzuziehen, da sie gegenüber den diskret-kategorialen Konzepten eine hohe Objektivität und Reliabilität aufweist und sich durch ihr metrisches Skalenniveau besser für ein Verfahren der Zusammenhangsanalyse eignet.[65] Die Entscheidung für eine der zur Verfügung stehenden Messgrößen innerhalb der quantitativ-kontinuierlichen Konzepte beeinflusst nicht das

---

63 Vgl. Schüle (1992), S.95.

64 Vgl. Szeless (2001), S.63.

65 Vgl. Schüle (1992), S.98.

spätere Ergebnis; so ermitteln MONTGOMERY und PALEPU hohe Korrelationen zwischen den einzelnen Messgrößen.[66] Aufgrund dieser hohen Korrelationen kann, so SCHÜLE, „von Möglichkeiten zur Substitution der Operationalisierungsansätze untereinander ausgegangen werden."[67] Die Messgröße soll daher möglichst einfach gestaltet sein, um Messfehler zu vermeiden. Die von BERGER/OFEK (1995) und BILLET/MAUER (2002) verwendete einfache Größe 'Anzahl der Segmente' (auf Worldscope-Basis) verfehlt den Bestimmungszweck der zu ermittelnden Variable. Der Diversifikationsgrad soll Maßzahl sein für die Höhe der Komplexitätskosten und für die geringere Abdeckung durch Analysten. Die einfache Anzahl der Geschäftssegmente reflektiert diese Treiber nicht ausreichend. Eine bessere Approximation liefert die Anzahl unverwandter Geschäftssegmente.[68] Für die Bestimmung unverwandter Branchen wird wie bei der Kategorisierung von Diversifikation das hierarchische System der SIC Codes verwendet. Als unverwandt gelten Tätigkeitsbereiche, die sich, wie erläutert, in den ersten beiden Ziffern der ihnen zugeordneten SIC Codes befinden. Zusätzlich werden die bereits für die Klassifizierung angewendeten Korrekturen vorgenommen, die auf der Worldscope-Zuteilungsmechanik entstandene widersinnige Klassifizierungen ausschließen.[69] Damit wird der Grad der Diversifikation, dem Messkonzept von GORT folgend,[70] in der Variable *useg* operationalisiert als die Anzahl unverwandter Segmente.

Nicht gemessene mögliche Einflussgrößen des Excess Value

Kapitel 4 hat weitere Einflussgrößen identifiziert, die sich mangels isolierter Betrachtbarkeit einer direkten Untersuchung entziehen. Zu diesen Einflussgrößen gehören eine mögliche pauschale Abwertung diversifizierter Unternehmen durch Analysten und eine möglicherweise geringere Liquidität der Aktien diversifizierter Unternehmen. Diese nicht direkt zu analysierenden Faktoren können auf zwei mögliche Weisen in die Ergebnisse einer linearen Regressionsanalyse eingehen: Entweder geht ihr Einfluss in den Fehlerterm ε ein oder der Einfluss wird über ins Modell aufgenommene Größen ermittelt. Im Rahmen einer Regressionsanalyse und der Interpretation der Ergebnisse ist dieser Sachverhalt zu berücksichtigen.

66 Vgl. Montgomery (1982), S.304f. und Palepu (1985), S.250.

67 Siehe Schüle (1992), S.101.

68 Vgl. hierzu auch Dunn/Nathan (1998), S.28, die zeigen, dass die Anzahl der durch Analysten abzudeckenden unverwandten Branchen eines Unternehmens verantwortlich ist für eine schlechtere Prognosequalität.

69 Für Details zu den Korrekturen siehe Abschnitt 5.1.2.2 dieser Arbeit.

70 Vgl. Gort (1962), S.23f.

Kontrollgrößen

Werden in einer Regressionsanalyse Einflussgrößen der abhängigen Variablen weggelassen, so gehen sie in die Residuen ein und verzerren die Schätzung der Einflussgrößen. Daher müssen möglichst alle den EV potentiell beeinflussenden Größen identifiziert werden und entweder als Einflussgröße oder als sogenannte Kontrollgröße in die Regression eingehen. Im Abschnitt 5.2.2 ist gezeigt worden, dass auch für fokussierte Unternehmen ein Excess Value berechnet werden kann. Dieser ist zwar bei fokussierten Unternehmen im Durchschnitt gleich null, weicht aber in Einzelfällen durchaus davon ab. Es gibt also nicht-diversifikationsspezifische Einflussgrößen des EV. Nicht-diversifikationsspezifische Einflussgrößen sind Größen, die die Bewertung eines Unternehmens beeinflussen und nicht über die Multiplikatoren abgedeckt sind. So werden beispielsweise Unternehmen mit hoher Liquidität in der Regel höher bewertet als ähnliche Unternehmen mit niedriger Liquidität, da Unternehmen mit hoher Liquidität ein geringeres Ausfallrisiko aufweisen und über eine größere Finanzkraft verfügen. Diese nicht-diversifikationsspezifischen Größen, deren Einfluss separat von dem der beiden echten Einflussgrößen gemessen werden muss, werden aus den bisherigen Studien zum Diversification Discount abgeleitet. Nach BILLET/MAUER werden als solche identifiziert:[71]

— die Profitabilität eines Unternehmens,

— der Verschuldungsgrad eines Unternehmens,

— die Liquidität eines Unternehmens, als Indiz für das Risiko eines Konkurses,

— die Größe eines Unternehmens.

Diese Größen gehen als Kontrollvariablen *prof*, *lev*, *liqu* und *size* in die Regressionsgleichung ein. Die genauen Definitionen der Variablen folgen den Definitionen von BILLET/MAUER und sind in Tab. 5.10 auf der nächsten Seite aufgeführt, die auch die deskriptiven Statistiken der Untersuchungsgruppe zusammenfasst. Die Variablen EVOI und *icm* bilden dabei den Engpass für die Regressionsmodelle, da für diese Variablen wegen der besonders hohen Datenanforderungen lediglich 68 bzw. 71 Datenpunkte zur Verfügung stehen, statt der bei den übrigen Variablen üblichen 300-380 Datenpunkte.

---

[71] Vgl. Billet/Mauer (2002), S. 20f.

Variable		Beobachtungen	Arithm. Mittel	Median	Standardabweichung	Minimum	Maximum
EVA	Excess Value (Assets): Maß für die Über- bzw. Unterbewertung eines diversifizierten Unternehmens in Relation zu einer Vergleichsgruppe aus fokussierten Unternehmen. Die Bewertung erfolgt auf Asset-Multiple Basis	161	-0,20	-0,23	0,56	-1,27	1,49
EVS	Excess Value (Sales): wie EVA, Basis für die Berechnung sind aber Sales-Multiples	292	-0,15	-0,20	0,58	-1,36	1,58
EVOI	Excess Value (Operating Income): wie EVA, Basis für die Berechnung sind aber Operating Income-Multiples	71	-0,34	-0,29	0,45	-1,41	0,71
EV	Durchschnittswert von EVA, EVS und EVOI, gebildet je Unternehmen	300	-0,18	-0,24	0,54	-1,29	1,48
ICM	Maß für den Effizienzgrad des internen Kapitalmarktes eines diversifizierten Unternehmens	68	0,00	0,00	0,03	-0,20	0,03
cap	Maß für den Prozentsatz ineffizient allozierter Segment-Investitionen	66	0,00	0,15	0,29	0,00	1,00
useg	Diversifikationsgrad, gemessen an der Anzahl unverwandter Geschäftssegmente	371	2,66	2,00	1,12	2,00	7,00
lev	Finanzieller Leverage, gemessen an: Gesamtverschuldung / Aktiva	371	0,25	0,24	0,17	0,00	0,92
liqu	Liquidität eines Unternehmens, gemessen an der Quick Ratio: (Barmittel + Wertpapiere + Forderungen)/kurzfristige Verbindlichkeiten	370	1,10	0,84	0,89	0,14	8,66
prof	Profitabilität, gemessen am Return on invested Capital (ROIC): (Gewinn vor Fremdkapitalzinsen) / (Gesamtkapital des Vorjahres) *100	369	8,20	7,99	14,75	-137,42	69,44
size	Unternehmensgröße gemessen an den Aktiva, deflationiert auf das Preisniveau von 1998	378	21,18	21,12	2,29	14,43	26,02

Tabelle 5.10: Deskriptive Statistik der in LM1 eingehenden Variablen

5.4.1.2 Operationalisierung des Regressionsmodells

Das Regressionsmodell soll den vermuteten linearen Zusammenhang zwischen den beiden Einflussgrößen als erklärenden Variablen (Regressoren) und dem Excess Value als zu erklärender Variable (Regressand) ermitteln. Als Regressionsmodell wird ein gepooltes Modell mit Kontrollvariablen für Jahreseffekte gewählt. Damit wird angenommen, dass alle diversifizierten Unternehmen mit den gleichen Maßstäben beurteilt werden und dass eine Regression ohne die Berücksichtigung firmenspezifischer Effekte auskommen kann.[72] Wegen der verhältnismäßig schmalen Datenbasis werden die Daten gepoolt; um dennoch mögliche jährliche strukturelle Variationen nicht außer Acht zu lassen, wird ein Zeitdummy u_t mitgeführt, der diese Variationen erfasst.[73]

Den nicht durch diese deterministischen Teile des Modells erklärten Einfluss auf den EV misst die Restgröße bzw. der Fehlerterm ε. Zur Schätzung des linearen Regressionsmodells wird das Verfahren der Ordinary-least-squares (OLS), der Kleinste-Quadrate-Schätzung, verwendet. Damit ergibt sich für das lineare Gesamtmodell LM1 folgende Grundform:

$$\textbf{LM1:}\ EV = \beta_0 icm + \beta_1 useg + \beta_2 prof + \beta_3 size + \beta_4 liqu + \beta_5 lev + u_t + const + \varepsilon \qquad (5.30)$$

Die empirische Schätzung der Regression LM1 erfolgt auf der Basis des Prinzips der Rückwärtselimination: Zunächst werden die Koeffizienten mit dem Basismodell LM geschätzt. Dann werden sukzessive die Variablen mit den geringsten t-Werten der Koeffizienten eliminiert und das solchermaßen verkürzte Modell erneut geschätzt. Diese Prozedur wird abgebrochen, sobald sich die Modellgüte, gemessen am korrigierten R^2, verschlechtert. Das Verfahren der Rückwärtselimination wird eingesetzt, um eine höhere Anzahl an Freiheitsgraden zu erreichen und die Modellanfälligkeit zu verringern. Auf diese Weise konnten die Variablen *prof* und *size* sowie die Jahresdummies entfernt werden, ohne den Erklärungsgrad des Modells nachhaltig zu beeinflussen. Somit bestimmt sich das lineare Modell für die Bestimmung der besten Schätzwerte über die Gleichung:

$$\textbf{LM1'':}\ EV = \beta_0 icm + \beta_1 useg + \beta_4 liqu + \beta_5 lev + const + \varepsilon \qquad (5.31)$$

[72] Eine Zeitserien-Regression auf Panel-Basis, die firmenspezifische Effekte mit erfasst, könnte zwar auf diese Annahme verzichten, ist aber aufgrund der schmalen Datenbasis nicht empfehlenswert, da sie die Anzahl der Freiheitsgrade und damit die Aussagekraft der Ergebnisse erheblich einschränken würde.

[73] Implizit unterstellt das Modell damit, dass die Werte einzelner Unternehmen über die Jahre genauso unabhängig voneinander sind, wie die Werte unterschiedlicher Unternehmen; diese Annahme muss getroffen werden, da die Datenbasis nicht für die Bildung eines Panels ausreicht.

Das Modell wird mit den drei bestehenden Varianten der EV-Messgröße, EVA, EVS, EVOI und der Durchschnittsvariablen EV berechnet.

5.4.1.3 Regressionsdiagnostik

Bevor sich fundierte Aussagen aus den Ergebnissen der jeweiligen Schätzungen ableiten lassen und das Modell auf seine Güte überprüft werden kann, muss sichergestellt sein, dass keine der grundlegenden Annahmen in Bezug auf das lineare Modell verletzt sind.

Prüfung auf Verletzung der Modellannahmen

Damit die Methode der kleinsten Quadrate zu den besten, linearen und unverzerrten Schätzwerten führt und Signifikanzprüfungen für die Regressionskoeffizienten durchgeführt werden können, müssen die wesentlichen Annahmen in Bezug auf das lineare Modell erfüllt sein. Die grundlegendste Annahme in Bezug auf das zugrundeliegende Regressionsmodell ist, dass die unabhängige Variable mit den abhängigen Variablen in einem linearen Zusammenhang steht. Besteht dagegen ein nichtlinearer Zusammenhang, werden sämtliche Messungen verzerrt und sind nicht mehr korrekt interpretierbar. Eine häufig verwendete Methodik zur Ermittlung der korrekten funktionalen Form ist der von Ramsey entworfene Reset-Test. Zeigen sich durch diesen Test Hinweise auf eine nicht korrekte funktionale Form, so kann mit Hilfe einer Transformation der Daten (beispielsweise durch Logarithmieren) versucht werden, diese zu verbessern.[74] So zeigte das Modell LM1 in seiner ursprünglichen Form Schwächen bei der funktionalen Form, sowohl bei Ramsey's Reset-Test als auch bei der grafischen Überprüfung. Eine Analyse der Scatterplots ergab, dass die Probleme im Zusammenhang der Kontrollvariablen *size*, *prof* und *liqu* lagen, die keinen eindeutigen linearen Zusammenhang mit EV zu haben schienen. Nach einer linearen Transformation (Logarithmierung) dieser Variablen wurden die Anforderungen an die funktionale Form erfüllt. Nach Korrektur der funktionalen Form sind die weiteren Annahmen des linearen Modells zu überprüfen:

1.) Der Erwartungswert des Fehlerterms ε ist Null.[75] Eine Verletzung dieser Annahme führt zu verzerrten Regressionskoeffizienten. Getestet wird die Erfüllung der Annahme

[74] Details zu Ramsey's Reset-Test siehe Krämer/Sonnberger (1986), S. 79.

[75] Da der Fehlerterm nicht beobachtbar ist, wird die Diagnose auf der Basis der Betrachtung der Residuen erstellt. Vgl. hierzu auch Kohler/Kreuter (2001), S. 199.

über die grafische Analyse des so genannten 'Residual vs. Fitted-Plot' (RvF); diese Grafik trägt die Residuen gegen die geschätzten Werte der abhängigen Variablen ab. Liegen die Residuen gleichmäßig um den Nullpunkt verteilt, wird die Annahme als erfüllt betrachtet.

2.) Die Varianz des Fehlerterms ε ist gleich für alle Ergebniskombinationen der erklärenden Variablen, d.h. die Varianzen der Residuen müssen konstant sein (**Homoskedastizität**). Bei nicht konstanter Varianz der Residuen legt der OLS-Schätzer mehr Gewicht auf die Beobachtungen mit größerer Varianz in den Residuen, da die Summe der quadrierten Residuen größer ist. Zwar führt dies nicht zu einer Verzerrung der Koeffizienten, doch werden die Schätzer ineffizient. Überprüft wird die Erfüllung der Annahme einerseits grafisch über die Analyse des RvF-Plots und zum anderen über den Cook-Weisberg Test.

3.) Die erklärenden Variablen dürfen untereinander nicht hoch korreliert sein, sonst sind die geschätzten Regressionskoeffizienten nicht mehr aussagekräftig, da sie von Stichprobe zu Stichprobe stark schwanken (keine **Multikollinearität**). Multikollinearität liegt in den meisten multiplen Regressionen vor; innerhalb welcher Grenzen sie tolerierbar ist, ist wissenschaftlich nicht einheitlich festgelegt. Die vorliegende Arbeit folgt zwei in Lehrbüchern häufig verwendeten Regeln: Erstens darf keiner der Korrelationskoeffizienten der erklärenden Variablen einen höheren Wert als 0,8 einnehmen und zweitens sollte der mit Hilfe einer zusätzlichen Regression gebildete VIF-Faktor nicht größer als 10 sein.[76]

Das Modell LM1 ebenso wie die durch den Prozess der Rückwärtselimination von Variablen entstandenen Untermodelle LM1' und LM1" bestehen alle Tests auf Verletzungen der Modellannahmen; auch die grafischen Tests deuten auf keine Verletzungen der Modellannahmen hin. Damit können die auf der Basis des Modells und der Untermodelle gewonnenen Schätzer als optimal bezeichnet und interpretiert werden. Tab. 5.11 zeigt die Ergebnisse für die getesteten Modelle in einer Übersicht.

Prüfung der Modellgüte

Wie akkurat das Modell den postulierten Zusammenhang darstellen kann, zeigt sich in der Modellgüte, die über folgende Methode bestimmt wird: Das Bestimmtheitsmaß R^2 ermittelt

[76] Zu weiteren Details zur Analyse der Multikollinearität siehe Kennedy (1998), S.190.

Tests		**LM 1**	**LM 1'**	**LM 1''**
Funktionale Form				
RESET-Test	Verwendung von Ramsey's Reset Test zur Kontrolle der funktionalen Form	Test bestanden (F-Wert:0,56)	Test bestanden (F-Wert:0,2)	Test bestanden (F-Wert:0,27)
Grafische Analyse	Analyse der Scatterplots auf Linearität des Zusammenhangs zwischen der abhängigen und unabhängigen Variable	Test bestanden	Test bestanden	Test bestanden
Multikollinearität				
Korrelationsmatrix	Prüfung der Korrelationsmatrizen nach Pearson und Spearman	Test bestanden	Test bestanden	Test bestanden
VIF-Faktoren	Prüfung des Variance-Inflation-Factors	Test bestanden (VIF-Durchschnitt: 2,14)	Test bestanden (VIF-Durchschnitt: 1,99)	Test bestanden (VIF-Durchschnitt: 1,25)
Verletzung der Grundannahmen				
(1) Erwartungswert Fehlerterm =0	Grafische Analyse des "Residual versus Fitted"-Plots	Test bestanden	Test bestanden	Test bestanden
(2) Homoskedastizität				
Cook-Weisberg Test	Prüfung der Varianz der Fehlerwerte	Test bestanden (Chi^2 =0,09)	Test bestanden (Chi^2 =0,1)	Test bestanden (Chi^2 =0,08)
Grafische Analyse	Grafische Analyse des "Residual versus Fitted"-Plots	Test bestanden	Test bestanden	Test bestanden

Tabelle 5.11: Übersicht über die Testergebnisse der Regressionsanalysen

den Anteil der durch das Modell erklärten quadrierten Abweichungen zwischen den beobachteten und den geschätzten Werten der abhängigen Variablen an den insgesamt vorhandenen quadrierten Abweichungen. Somit gibt R^2 den prozentualen Anteil der durch das Modell erklärten Gesamtstreuung an. Je näher der Wert bei 100% liegt, desto größer ist die erklärte Streuung und desto besser ist die Modellgüte. Da R^2 jedoch mit zunehmender Anzahl der Regressoren nahezu immer automatisch[77] steigt, auch wenn hinzugenommene Variablen völlig irrelevant für den Regressanden sind, wird bei der Interpretation von multiplen Regressionsschätzungen das korrigierte Bestimmtheitsmaß R^2_{korr} herangezogen. Dieses korrigiert die genannten möglichen Verzerrungen. R^2 ist jedoch nicht alleinige Maßzahl zur Beurteilung der Modellgüte, nur bei positiver Erfüllung aller anderen Modellprüfungen wird R^2 als Gütemaßstab verwendet.[78]

---

[77] R^2 steigt nur dann nicht automatisch, wenn der Koeffizient einer zusätzlichen Variable exakt Null ist. Dieser Fall ist allerdings extrem selten.

[78] R^2 ist als Maßzahl für die Güte nicht unumstritten. So sehen bspw. Kohler/Kreuter eine alleinige Beurteilung der Güte anhand der Höhe von R^2 gar als gefährlich an und zeigen anhand von Beispielen, dass ein hohes R^2 allein nicht notwendigerweise auf eine hohe Modellgüte schließen lässt.Vgl. hierzu Kohler/ Kreuter (2001), S.188ff. Nur im Zusammenhang mit einer Erfüllung aller Modellannahmen ist R^2 interpretationsfähig.

Prüfung der Signifikanz der Ergebnisse

Mittels zweiseitiger t-Tests wird die Signifikanz der einzelnen Regressoren überprüft. Getestet wird die Nullhypothese, dass der jeweilige tatsächliche Koeffizient gleich Null ist. Wird die Hypothese verworfen, gilt der jeweilige Regressor als bestätigt, und der für den Regressor ermittelte Koeffizient kann hinsichtlich seiner Richtung und Stärke interpretiert werden. Der F-Test überprüft die Signifikanz des Gesamtmodells. Getestet wird die Nullhypothese, dass kein linearer Zusammenhang zwischen dem Regressand und irgendeinem Regressor besteht, d.h. dass alle Koeffizienten gleich Null sind.

5.4.2 Ergebnisse

5.4.2.1 Überprüfung der Hypothesen H3 bis H5

Die in diesem Abschnitt zu überprüfenden Hypothesen sind:

- *H3*: Der Bewertungsunterschied zwischen diversifizierten und fokussierten Unternehmen am deutschen Aktienmarkt liegt wesentlich an diversifikationsspezifischen Einflussgrößen.
- *H4*: Die geringere Abdeckung diversifizierter Unternehmen durch Analysten und die Höhe der operativen Mehrkosten haben einen nachweisbaren Einfluss auf die Höhe des Bewertungsunterschieds. Gemessen werden diese Einflussgrößen am Grad der Diversifikation.
- *H5*: Der Effizienzgrad des internen Kapitalmarkts hat einen nachweisbaren Einfluss auf die Höhe des Bewertungsunterschieds.

Die Schätzung der Parameterwerte zur Überprüfung der Hypothesen H3 bis H5 erfolgt auf der Grundlage des linearen Modells LM1".

$$\mathbf{LM1"}: EV = \beta_0 icm + \beta_1 useg + \beta_4 liqu + \beta_5 lev + const + \varepsilon \tag{5.32}$$

Die Hypothesen werden für ihre Überprüfung im Rahmen des Modells LM1" mathematisch wie folgt formuliert:

$$H4_1: \beta_1 < 0 \tag{5.33}$$

Die entsprechende zu überprüfende Nullhypothese lautet:

$$H4_0: \beta_1 = 0 \tag{5.34}$$

Der Koeffizient der Variable *useg* muss demnach signifikant kleiner Null sein, der Diversifikationsgrad soll in negativem Zusammenhang zum EV stehen.

$$H5_1: \beta_0 > 0 \tag{5.35}$$

Die entsprechende zu überprüfende Nullhypothese lautet:

$$H5_0: \beta_0 = 0 \tag{5.36}$$

Der Koeffizient der Variable *icm* muss demnach signifikant kleiner Null sein, der Effizienzgrad des internen Kapitalmarkts soll in positivem Zusammenhang zum EV stehen.

$$H3_1: \beta_1 \neq 0 \wedge \beta_0 \neq 0 \tag{5.37}$$

Die entsprechende zu überprüfende Nullhypothese lautet:

$$H3_0: \beta_1 = 0 \vee \beta_0 = 0 \tag{5.38}$$

Wenn also beide diversifikationsspezifische Einflussgrößen nachweislich die Höhe des EV bestimmen, gilt auch H3 als bestätigt. Eine Bestätigung der Hypothesen H4 und H5 würde somit gleichzeitig die Hypothese H3 bestätigen.

Ermittlung der Schätzwerte der Koeffizienten

Für eine Bestätigung der Hypothesen werden die Schätzwerte der Koeffizienten und die Signifikanz der Koeffizienten mittels t-Tests bestimmt. Die Ergebnisse der Regressionsanalyse des Modells LM1" sind (inklusive der Schätzungen des Grundmodells und des Untermodells LM1') in Tab. 5.12 auf Seite 139 aufgeführt. Auf der Grundlage der optimierten Schätzung ohne Jahresdummies ergeben sich als Werte für den Koeffizienten von *useg* je nach Multiplikatoransatz -0,12 bis -0,18. Die Werte sind signifikant auf 1% bzw. 5% Niveau für die Erklärung des EV. Eine Ausnahme bildet der Wert für die Erklärung des auf der Basis des EVOI-Multiplikators berechneten Excess Value, der lediglich das geringe Signifikanzniveau von 10% erreicht. Da das Regressionsmodell keine Modellannahmen verletzt und so effiziente Schätzer ergibt, kann die Nullhypothese $H4_0$ verworfen werden. Somit gilt die ökonmische Hypothese H4 als bestätigt.

Für den Koeffizienten *icm* ergeben sich je nach Multiplikatoransatz Werte zwischen 13 und

27. Die Werte für die Erklärung des Durchschnittswertes EV sowie des EVS sind dabei auf signifikantem bzw. hochsignifikantem Niveau, während der Wert für den EVA nur einem 10%-Niveau genügt. Der Koeffizientenwert für den EVOI fällt sogar unter dieses Signifikanzniveau. Dennoch kann auf der Basis des Durchschnittswertes EV auch die ökonomische Hypothese H5 durch eine statistisch signifikante Verwerfung der Nullhypothese $H5_0$ bestätigt werden.
Auch für die Kontrollvariablen *lev* und *liqu* ergeben sich signifikante Koeffizienten. Die F-Statistik kann hochsignifikant für alle Modelldurchläufe akzeptiert werden und alle Modellannahmen sind erfüllt (siehe Tab. 5.11 auf Seite 135). Einzige Ausnahme bildet der Modelldurchlauf für die Messgröße EVOI; neben der geringeren Signifikanz des Koeffizienten von *icm* verfehlt auch der F-Test knapp das Niveau von 10%; zudem ist die Modellgüte mit einem korrigierten R^2 von 6% deutlich geringer als bei den anderen Modelldurchläufen mit den Messgrößen EVA, EVS und EV. Damit stellt sich die Frage, ob die Bestätigung der Hypothese H5 zurückzunehmen ist. Die geringe Signifikanz des t-Tests und F-Tests für die Koeffizientenwerte bei der EVOI-Bestimmung weisen auf eine hohe Unsicherheit des Ergebnisses hin, reichen allerdings nicht aus, um die Gegenhypothese zu verifizieren. In Anbetracht der Tatsache, dass auf der Grundlage der anderen Messgrößen die Ergebnisse eindeutig sind, liegt kein Widerspruch vor, der der Bestätigung der Hypothese entgegensteht. Daher wird an der Bestätigung der Hypothese H5 festgehalten. Der Erklärungsgrad des Modells kann durch die Rückwärtselimination der Variablen *prof*, *size* und der Jahresdummies deutlich erhöht werden und ist mit einem korrigierten R^2 von bis zu 46% relativ hoch - bezogen auf einen Vergleich mit den Ergebnissen ähnlicher Untersuchungen.[79]

Die Hypothesen H4 und H5 gelten daher als bestätigt; infolge der Bestätigung beider Hypothesen ist so auch die Hypothese H3 als bestätigt anzusehen.

Interpretation der Schätzergebnisse

Die Messungen der Koeffizienten haben mehrere Einflussgrößen des Excess Value bestätigt: Die Anzahl unverwandter Segmente eines Unternehmens ist eine eindeutige Einflussgröße des Excess Value. Diese Variable wirkt negativ auf den EV: pro unverwandtem Segment sinkt der EV ceteris paribus um 11-17%, abzulesen an den Koeffizienten.[80] Investoren scheinen tatsächlich diversifizierten Unternehmen zu misstrauen: Je diversifizierter ein Unternehmen

---

[79] Zum Vergleich der Gütemaße siehe Tabelle 5.20 auf Seite 154.

[80] Die leichte Abweichung vom Koeffizientenwert ergibt sich durch die nötige Umrechnung auf Prozentniveau, da sich die Koeffizienten auf den logarithmierten EV beziehen.

	LM1 (Basismodell)				LM1' (optimiert)				LM1'' (optimiert, ohne Jahredummies)			
	-1-	-2-	-3-	-4-	-1-	-2-	-3-	-4-	-1-	-2-	-3-	-4-
abhängige Var.	EV	EVA	EVS	EVOI	EV	EVA	EVS	EVOI	EV	EVA	EVS	EVOI
unabhängige Var.												
icm	23,399	18,283	29,711	18,764	21,86	19,512	28,036	13,761	21,163	18,57	26,934	13,208
	(2.63)*	-1,78	(2.70)**	-1,86	(2.61)*	-1,97	(2.71)**	-1,38	(2.64)*	-1,93	(2.76)**	-1,42
useg	-0,207	-0,234	-0,214	-0,148	-0,199	-0,226	-0,21	-0,127	-0,166	-0,177	-0,182	-0,115
	(3.03)**	(2.96)**	(2.53)*	-1,9	(3.24)**	(3.10)**	(2.72)**	-1,74	(2.93)**	(2.61)*	(2.60)*	-1,75
Kontrollvariablen												
lev	1,602	1,538	1,91	0,686	1,841	1,806	1,92	0,952	1,876	1,846	1,933	0,938
	(3.04)**	(2.52)*	(2.93)**	-1	(4.21)**	(3.49)**	(3.28)**	-1,63	(4.39)**	(3.60)**	(3.41)**	-1,66
liqu	0,766	0,79	0,754	0,43	0,776	0,954	0,666	0,245	0,801	0,994	0,692	0,254
	(4.49)**	(4.02)**	(3.43)**	-2,01	(6.45)**	(6.69)**	(3.83)**	-1,45	(6.85)**	(7.08)**	(4.22)**	-1,57
prof	-0,123	0,061	-0,109	-0,407								
	-0,85	-0,36	-0,6	(2.37)*								
size	0,009	0,011	0,03	-0,02								
	-0,29	-0,32	-0,82	-0,58								
d99	-0,115	-0,2	-0,086	-0,009	-0,033	-0,1	-0,136	-0,025				
	-0,51	-0,77	-0,31	-0,03	-0,17	-0,42	-0,51	-0,1				
d00	0,041	0,004	0,083	0,067	0,106	0,112	0,029	0,055				
	-0,18	-0,02	-0,29	-0,26	-0,53	-0,47	-0,11	-0,22				
d01	0,105	0,194	0,044	0,069	0,128	0,179	-0,008	0,088				
	-0,47	-0,75	-0,16	-0,27	-0,64	-0,75	-0,03	-0,36				
d02	0,122	0,249	0,11	-0,052	0,202	0,253	0,084	0,055				
	-0,55	-0,97	-0,4	-0,21	-1,03	-1,09	-0,33	-0,23				
Konstante	0,112	-0,218	-0,358	1,192	-0,13	0,02	0,073	-0,331	-0,113	0,016	0,009	-0,313
	-0,14	-0,23	-0,35	-1,21	-0,67	-0,09	-0,27	-1,24	-0,78	-0,09	-0,05	-1,62
Beobachtungen	54	54	53	52	59	59	55	56	59	59	55	56
R^2	47%	50%	39%	24%	53%	53%	38%	14%	50%	50%	37%	13%
Korrigierte R^2	35%	38%	24%	5%	45%	46%	28%	0%	47%	46%	32%	6%

Absoluter Wert der t-Statistiken in Klammern;
* signifikant auf 5%-Niveau; ** signifikant auf 1%-Niveau

Tabelle 5.12: Übersicht über die Schätzergebnisse des Regressionsmodells LM1

ist, desto höher fällt der Discount aus. Der Effizienzgrad der internen Kapitalverteilung ist ebenfalls eine eindeutige Einflussgröße des Excess Value. Im Gegensatz zum Diversifikationsgrad kann der Effizienzgrad des internen Kapitalmarkts sowohl positiv als auch negativ auf den Excess Value wirken. Während selbst das minimal diversifizierte Unternehmen mit zwei unverwandten Segmenten eine Art 'Basis-Discount' von 11-17% erhält, der sich mit jedem zusätzlichen Segment weiter verschlechtert, kann ein positiver Effizienzgrad diesen Effekt deutlich mildern und gar in ein Premium verwandeln. Für jeden Prozentpunkt zusätzlich geschaffenen ROAs ergibt sich über den Koeffizienten ceteris paribus eine Erhöhung des Excess Value um 12-24%. Damit bildet der Effizienzgrad für diversifizierte Unternehmen ein Instrument, mit dem Shareholder Value sowohl geschaffen als auch vernichtet werden kann. Wie Kapitel 5.3 gezeigt hat, ist beim überwiegenden Teil diversifizierter Unternehmen allerdings eher Letzteres der Fall.

Gelindert oder verstärkt werden kann dieser Effekt noch durch nicht-diversifikationsspezifische Einflussgrößen, die in den Kontrollgrößen ermittelt worden sind: Eine hohe Liquidität hat positiven Einfluss auf den EV und kann so u.a. den negativen Effekt des Diversifikationsgrads mindern. Auch der Verschuldungsgrad übt einen positiven Einfluss auf den EV aus, ein Ergebnis, das sich mit dem von BILLET/MAUER (2002) deckt, den Ergebnissen von BENS/MONAHAN (2002) und BEST/HODGES/LIN (2004) hingegen widerspricht. Das Ergebnis der positiven Relation spricht für die in Kapitel 2 als mögliche Wertquelle angeführte günstigere Finanzierung über Fremdkapital und eine Erhöhung der Eigenkapitalrendite mittels des Leverage-Effekts, sofern die Gesamtkapitalrentabilität über den Fremdkapitalkosten liegt.

Effekt nicht (direkt) gemessener Einflussgrößen des Excess Value

Eine mögliche pauschale Abwertung diversifizierter Unternehmen durch Analysten und eine möglicherweise geringere Liquidität der Aktien diversifizierter Unternehmen konnten nicht direkt gemessen werden und in die Regressionsgleichung eingehen. Wegen der hohen Erklärungsgüte und der Normalverteilung der Residuen des Fehlerterms ε wird nicht davon ausgegangen, dass weitere Größen systematisch auf den EV Einfluss nehmen. Vielmehr wird angenommen, dass – so die beiden Variablen tatsächlich Einflussgrößen darstellen – diese über den Grad der Diversifikation wirken. Bei der praxisbezogenen Interpretation der Ergebnisse in Kapitel 6 werden diese Erkenntnisse berücksichtigt.

5.4.2.2 Überprüfung der Hypothese H6

Die in diesem Abschnitt zu überprüfende Hypothese lautet:

➤ *H6*: Der Effizienzgrad des internen Kapitalmarkts ist die Größe mit dem stärksten Einfluss auf die Höhe des Bewertungsunterschieds.

Zum Vergleich der Einflussstärken verschiedener Variablen eines linearen Regressionsmodells werden typischerweise die standardisierten Regressionskoeffizienten herangezogen, die berechnet werden über die Multiplikation der jeweiligen Koeffizienten mit den dazugehörigen Standardabweichungen, dividiert durch die Standardabweichung der abhängigen Variablen. Die solchermaßen standardisierten Koeffizienten lassen sich wie folgt interpretieren: Eine Erhöhung einer unabhängigen Variablen um eine Standardabweichung erhöht die abhängige Variable um die im Koeffizienten der unabhängigen Variablen angegebenen Anzahl an Standardabweichungen. Die Variable mit dem höchsten Beta-Koeffizient hat damit die vergleichsweise höchste Einflussstärke. Im hier vorliegenden Fall sind allerdings die in ihrer Effektstärke zu untersuchenden Variablen so grundverschieden von ihrer Berechnung und der Ausprägung (*useg* ist ganzzahlig zwischen 2 und 7, *icm* beziffert den prozentual entgangenen ROA und liegt zwischen -0,2 und 0,03), dass eine Standardisierung nur wenig Aussagekraft aufweist. So verweist das Ergebnis einer Standardisierung auf eine höhere Effektstärke von *useg* bei der Maßzahl EVA und auf eine höhere Effektstärke von *icm* bei den Maßzahlen EVS und EVOI. Mehr Aufschluss über die relativen Effektstärken kann eine Analyse des durchschnittlichen Effektes und der Effekt-Bandbreiten geben, den die beiden Einflussgrößen ceteris paribus bedingen: Setzt man den Minimal- und den Maximalwert der Ausprägungen des *icm* in das Modell LM3 ein, so erhält man eine mögliche Effektbreite von -99% bis +104%, bei *useg* lediglich -77% bis -19%. Dieses Ergebnis kann gedeutet werden als Anzeichen für eine stärkere Wirkung der Variablen *icm*. Der durchschnittliche Effekt ist allerdings bei *useg* mit -42% zu -10% beim *icm* höher, was für eine stärkere Wirkung der Variablen *useg* spricht, da diese Variable im Durchschnitt einen höheren Effekt hat. Somit lässt sich auch mit dieser Analyse nicht eindeutig ermitteln, welcher diversifikationsspezifische Faktor nun die größere Wirkung hat. Damit ist die Hypothese H6 nicht verifizierbar: Es kann nicht eindeutig nachgewiesen werden, dass der Effizienzgrad des internen Kapitalmarkts die Größe mit dem stärksten Einfluss auf den Excess Value darstellt.

5.4.2.3 Zusätzliche Analysen

Die Wirkung der alternativen Messgröße des Effizienzgrads eines internen Kapitalmarkts

Im Kapitel 4.3 wurde neben der Messgröße für den Effizienzgrad eines internen Kapitalmarkts *icm* auch noch eine vereinfachte Messgröße operationalisiert: Die Größe *cap* misst den prozentualen Anteil der als ineffizient kategorisierten Investitionen an den gesamten Investitionen. Eine Schätzung des Modells LM1 mit der einfacheren Kenngröße *cap* anstelle des Effizienzmaßes *icm* soll nun zeigen, ob sich durch diese Variable die Schätzung verbessert. Somit lautet das zu schätzende abgewandelte Modell LM2:

$$\textbf{LM2}: EV = \beta_1 cap + \beta_2 useg + \beta_3 liqu + \beta_4 lev + const + \varepsilon \quad (5.39)$$

Tab. 5.13 zeigt das Ergebnis:[81] *useg* bleibt signifikante Einflussgröße auf den EV, ebenso *lev* und *liqu*; der Koeffizient von *cap* hingegen bleibt insignifikant. Die Ignorierung des tatsächlichen Werteverlusts von ineffizienten Kapitalallokationen führt zu einem deutlichen Verlust an Aussagekraft. Die Effizienzmaßzahl *icm* ist im Hinblick auf ihren Erklärungsgehalt damit der Maßzahl *cap* überlegen.

	LM2			
	-1-	-2-	-3-	-4-
abhängige Var.	EV	EVA	EVS	EVOI
unabhängige Var.				
cap	-0,199	-0,214	-0,076	-0,156
	-0,99	-0,92	-0,29	-0,66
useg	-0,203	-0,22	-0,22	-0,114
	(3.14)**	(2.95)**	(2.83)**	-1,59
Kontrollvariablen				
lev	1,316	1,423	1,519	0,714
	(2.47)*	(2.30)*	(2.24)*	-1,21
liqu	0,634	0,855	0,502	0,241
	(4.39)**	(5.11)**	(2.60)*	-1,45
Konstante	0,136	0,256	0,184	-0,256
	-0,63	-1,02	-0,69	-1,07
Beobachtungen	57	57	54	56
R^2	34%	40%	22%	8%
Korrigiertes R^2	29%	35%	15%	1%

Absoluter Wert der t-Statistiken in Klammern
* signifikant auf 5%-Niveau; ** signifikant auf 1%-Niveau

Tabelle 5.13: Übersicht über die Schätzergebnisse des Regressionsmodells LM2

81 Auf der Grundlage der Testergebnisse können die Schätzer als effiziente Schätzer interpretiert werden. Siehe Tab. 5.16 auf Seite 146.

Die Bedeutung der Wachstumskomponente bei der Bestimmung des Wertes 'icm'

Es lässt sich zeigen, dass die Einführung der Wachstumskomponente für die Bestimmung des Effizienzgrads eines internen Kapitalmarkts eine Verbesserung darstellt: Das lineare Regressionsmodell LM1 wird abgewandelt und die Variable *icm* mit der Variable icm_{BM} geschätzt. Dafür werden die Effizienzwerte des internen Kapitalmarkts erneut berechnet, allerdings anhand des Modells von BILLET/MAUER - - ohne die Korrektur durch die Wachstumskomponente. Diese neuen Werte für das Effizienzmaß icm_{BM} werden dann wie in LM1 mittels eines linearen Regressionsmodells auf ihren Effekt auf den EV untersucht und mit den Ergebnissen für die Variable *icm* verglichen. Das Modell LM3 lautet:

$$\begin{aligned}\textbf{LM3}: EV = {} & \beta_0 icm_{BM} + \beta_1 useg + \beta_2 prof + \beta_3 size \\ & + \beta_4 liqu + \beta_5 lev + u_t + const + \varepsilon \end{aligned} \tag{5.40}$$

Das Ergebnis, in Tab. 5.14 auf der nächsten Seite zusammengefasst, ähnelt dem Ergebnis für LM1.[82] Signifikanzniveaus und Modellgüte sind allerdings nicht so hoch wie bei der Schätzung des Modells LM1: Maximal wird ein korrigiertes R^2 von 35% erreicht, gegenüber 44% für das Modell mit der Wachstumskomponente. Damit zeigt sich, dass die Aufnahme der Wachstumskomponente nicht nur theoretisch sinnvoll ist, sondern auch in praktischer Ausführung eine Verbesserung der Schätzung ermöglicht hat.

Die Konsequenz einer Aufspaltung der Variable 'useg'

In der Regressionsgleichung LM1 wird implizit angenommen, dass jedes zusätzliche unverwandte Segment eines Unternehmens eine gleich starke Wirkung auf den Excess Value hat. Eine Erhöhung der Variable *useg* von zwei auf drei führt annahmegemäß ceteris paribus zur gleichen prozentualen Senkung des EV wie eine Erhöhung von vier auf fünf etc. Diese Annahme ist zu hinterfragen, da es durchaus denkbar ist, dass das Verhältnis zwischen EV und *useg* nicht streng linear, sondern sprungfix sein könnte. Für eine Überprüfung dieses Sachverhalts wird die Variable *useg* durch dichotome Variablen ersetzt, die den Koeffizienten für Gruppen von Ausprägungen von *useg* erfassen. Die erste Variable erfasst den Koeffizienten für Unternehmen, die über lediglich zwei unverwandte Segmente verfügen, die zweite für Unternehmen mit drei oder vier Segmenten und die dritte dichotome Variable erfasst den

---

[82] Auch hier werden die Modelltests bestanden. Siehe Tab. 5.16 auf Seite 146.

	LM3			
	-1-	-2-	-3-	-4-
abhängige Var.	EV	EVA	EVS	EVOI
unabhängige Var.				
Icm(BM)	16,35	12,45	22,784	13,102
	-1,99	-1,33	(2.26)*	-1,42
useg	-0,184	-0,216	-0,182	-0,131
	(2.56)*	(2.65)*	(2.06)*	-1,62
Kontrollvariablen				
lev	1,42	1,4	1,655	0,5
	(2.56)*	(2.22)*	(2.44)*	-0,7
liqu	0,67	0,715	0,624	0,339
	(3.91)**	(3.68)**	(2.84)**	-1,59
prof	-0,062	0,108	-0,031	-0,361
	-0,43	-0,65	-0,17	(2.11)*
size	0,003	0,007	0,023	-0,025
	-0,11	-0,2	-0,6	-0,72
d99	-0,128	-0,209	-0,11	-0,018
	-0,55	-0,79	-0,38	-0,07
d00	0,003	-0,027	0,046	0,038
	-0,01	-0,1	-0,16	-0,15
d01	0,121	0,206	0,066	0,081
	-0,52	-0,78	-0,23	-0,31
d02	0,125	0,252	0,115	-0,049
	-0,55	-0,97	-0,41	-0,19
Konstante	0,095	-0,234	-0,36	1,217
	-0,11	-0,24	-0,35	-1,21
Beobachtungen	54	54	53	52
R²	44%	48%	36%	22%
Korrigiertes R²	31%	37%	20%	3%

Absoluter Wert der t-Statistiken in Klammern
* signifikant auf 5%-Niveau; ** signifikant auf 1%-Niveau

Tabelle 5.14: Übersicht über die Schätzergebnisse des Regressionsmodells LM3

Koeffizienten für Unternehmen mit mehr als vier Segmenten. So werden die dichotomen Variablen *seg2*, *seg3* und *seg5* bestimmt mit:

$$seg2 = \left\{ \begin{array}{l} 1, \text{wenn useg} = 2 \\ 0, \text{wenn useg} \neq 2 \end{array} \right\} \tag{5.41}$$

$$seg3 = \left\{ \begin{array}{l} 1, \text{wenn useg} = 3 \vee \text{useg} = 4 \\ 0, \text{wenn useg} \neq 3 \wedge \text{useg} \neq 4 \end{array} \right\} \tag{5.42}$$

$$seg5 = \left\{ \begin{array}{l} 1, \text{wenn useg} > 4 \\ 0, \text{wenn useg} \leq 4 \end{array} \right\} \tag{5.43}$$

Damit lautet das zu schätzende Modell:

$$\textbf{LM4}: EV = \beta_0 icm + \beta_1 seg2 + \beta_2 seg3 + \beta_3 seg5 + \beta_4 liqu + \beta_5 lev + \varepsilon \tag{5.44}$$

Tabelle 5.15 zeigt die Ergebnisse dieser Schätzung:[83] Die Schätzwerte sind für alle Variablen mindestens auf dem 5% Niveau signifikant, mit Ausnahme der Schätzer für *icm* und der Kontrollvariablen bei der EVOI-basierten Schätzung. Für die neu eingeführten Variablen sind durchweg alle Schätzer signifikant und zeigen folgendes Bild: Bei diversifizierten Unternehmen mit zwei unverwandten Segmenten liegt der Koeffizient bei -0,29 bis -0,53; bei Unternehmen mit drei oder vier Segmenten steigt er auf -0,45 bis -0,65 und bei Unternehmen mit mehr als vier Segmenten liegt er bei zwischen -0,92 und -1,17. Demnach werden Unternehmen mit zwei unverwandten Geschäftssparten ceteris paribus mit umgerechnet 26-42% Discount belegt, auf der Basis der ursprünglichen Koeffizientenberechnung für *useg* wären sie bei 22-33% Discount. Nach diesen Berechnungen werden relativ gering diversifizierte Unternehmen bereits mit einem höheren Discount belegt, als der Durchschnitt dies vermuten lässt. Danach nimmt er nicht so stark zu, wie vom Ursprungsmodell vorhergesagt: Bei Unternehmen mit drei bis vier Geschäftssparten steigt der Discount ceteris paribus auf 36-48%, während auf der Basis der *useg*-Schätzung der Discount auf bis zu 67% bei vier Segmenten steigen könnte. Ab fünf unverwandten Segmenten steigt der Discount allerdings wieder stärker an und liegt bei 60-70%. Die Wirkung des Diversifikationsgrads ist demnach tatsächlich nicht ganz linear.

Die Koeffizienten für den *icm* bleiben bei dieser Schätzung nahezu unverändert, die Signifikanz der Schätzwerte erhöht sich jedoch leicht. Die Modellgüte verbessert sich nochmals gegenüber dem Modell LM1. Insbesondere die Modellgüte der Wirkungsanalyse auf den EVOI steigt deutlich von einem korrigierten R^2 von 6% auf 42%. Auch der F-Test kann hochsignifikant akzeptiert werden.

Dieses Ergebnis widerlegt allerdings nicht eindeutig die Linearitätsannahme des Zusammenhangs zwischen *useg* und dem EV, da die Abweichungen von dem durch *useg* prognostizierten Wert und den jeweils die Variable *useg* ersetzenden Variablen nur relativ gering sind. Daher basieren die weiteren Interpretationen auf den Ergebnissen des ursprünglichen Modells LM1".

Erklärung des Excess Value anhand eines Gesamtmodells

Im Abschnitt 5.2 ist aufgezeigt worden, dass sich theoretische EV-Werte für fokussierte Unternehmen ermitteln lassen. Es soll nun untersucht werden, ob sich alle EV-Werte, für fokussierte und diversifizierte Unternehmen, mit Hilfe des aufgestellten Modells erklären lassen.

---

[83] Auch hier werden die Modelltests bestanden. Siehe Tab. 5.16 auf der nächsten Seite.

	LM4 (useg nichtlinear) -1-	-2-	-3-	-4-
abhängige Var.	EV	EVA	EVS	EVOI
unabhängige Var.				
icm	24.456	22.587	30.119	15.586
	(3.04)**	(2.39)*	(3.00)**	-1.66
seg2 (2 unverwandte Segmente)	-0.398	-0.296	-0.31	-0.538
	(3.59)**	(2.28)*	(2.08)*	(3.52)**
seg3 (3 oder 4 unverwandte Segmente)	-0.554	-0.451	-0.488	-0.648
	(3.78)**	(2.62)*	(2.46)*	(3.51)**
seg5 (mehr als 4 unverwandte Segmente)	-1.093	-1.175	-0.924	-1.023
	(4.07)**	(3.73)**	(2.67)*	(3.10)**
Kontrollvariablen				
lev	1.841	1.862	1.888	1.015
	(4.34)**	(3.74)**	(3.24)**	-1.76
liqu	0.81	1.015	0.705	0.289
	(6.89)**	(7.35)**	(4.15)**	-1.75
Beobachtungen	59	59	55	56
R^2	53%	53%	35%	48%
Korrigierte R^2	47%	47%	27%	42%

Absoluter Wert der t-Statistiken in Klammern;

*** signifikant auf 5%-Niveau; ** signifikant auf 1%-Niveau**

Tabelle 5.15: Übersicht über die Schätzergebnisse des Regressionsmodells LM4

Tests		LM2	LM 3	LM 4	LM 0"
Funktionale Form					
RESET-Test	Verwendung von Ramsey's Reset Test zur Kontrolle der funktionalen Form	Test bestanden (F-Wert:0,28)	Test bestanden (F-Wert:0,32)	Test bestanden (F-Wert:0,46)	**Test nicht bestanden (F-Wert:4,85)**
Grafische Analyse	Analyse der Scatterplots auf Linearität des Zusammenhangs zwischen der abhängigen und unabhängigen Variable	Test bestanden	Test bestanden	Test bestanden	Test bestanden
Multikollinearität					
Korrelationsmatrix	Prüfung der Korrelationsmatrizen nach Pearson und Spearman	Test bestanden	Test bestanden	Test bestanden	Test bestanden
VIF-Faktoren	Prüfung des Variance-Inflation-Factors	Test bestanden (VIF-Durchschnitt: 1,44)	Test bestanden (VIF-Durchschnitt: 2,13)	Test bestanden (VIF-Durchschnitt: 1,2)	Test bestanden (VIF-Durchschnitt: 1,28)
Verletzung der Grundannahmen					
(1) Erwartungswert Fehlerterm =0	Grafische Analyse des "Residual versus Fitted"-Plots	Test bestanden	Test bestanden	Test bestanden	Test bestanden
(2) Homoskedastizität					
Cook-Weisberg Test	Prüfung der Varianz der Fehlerwerte	Test bestanden (Chi^2 =1,08)	Test bestanden (Chi^2 =0,27)	Test bestanden (Chi^2 =0,06)	Test bestanden (Chi^2 =2,51)
Grafische Analyse	Grafische Analyse des "Residual versus Fitted"-Plots	Test bestanden	Test bestanden	Test bestanden	Test bestanden

* LM 4 mit Konstante

Tabelle 5.16: Übersicht über die Testergebnisse der Regressionsanalysen

Dazu wird ein dem Modell LM1 übergeordnetes Modell aufgestellt mit:

$$\mathbf{LM0}: EV_{DIV\ und\ FOK} = DIV \times \beta_0 icm + DIV \times \beta_1 useg + \beta_2 prof + \beta_3 size + \beta_4 liqu + \beta_5 lev + u_t + const + \varepsilon \quad (5.45)$$

Die dichotome Variable DIV nimmt den Wert 1 an, wenn es sich beim untersuchten Unternehmen um ein diversifiziertes handelt, andernfalls den Wert 0. Damit ist das Modell LM1" ein Untermodell von LM0" für den Spezialfall, in dem DIV=1 gesetzt wird; Mit DIV=1 lässt sich das Modell LM0 beschreiben als:

$$\mathbf{LM0}: EV_{DIV} = 1 \times \beta_0 icm + 1 \times \beta_1 useg + \beta_2 prof + \beta_3 size + \beta_4 liqu + \beta_5 lev + u_t + const + \varepsilon \quad (5.46)$$

Für DIV=1 entspricht das Modells LM0 damit dem Modell LM1. Tab. 5.17 zeigt die deskriptive Statistik der in das Modell LM0 eingehenden Variablen – getrennt nach fokussierten und diversifizierten Unternehmen. Das Vorgehen der Schätzung der Parameter anhand des Modells LM0 folgt der für das Modell LM1 gewählten Vorgehensweise der Rückwärtselimination. Im Rahmen dieses Prozesses werden die Variablen *lev* und *size* sowie die Jahresdummies eliminiert. Das resultierende zu schätzende Modell LM0" lautet somit:

$$\mathbf{LM0"}: EV_{DIV\ und\ FOK} = DIV \times \beta_0 icm + DIV \times \beta_1 useg + \beta_2 prof + \beta_4 liqu + const + \varepsilon \quad (5.47)$$

Tab. 5.18 zeigt die Ergebnisse dieser Schätzung. Die Signifikanz der Koeffizienten für *icm* und *useg* sinkt deutlich, wie auch die Erklärungsgüte R^2 des Modells. Die Überprüfungen zur Erfüllung der Modellannahmen zeigt zudem, dass die Schätzer nicht als die besten linearen Schätzer zu interpretieren sind: Das Ergebnis von Ramsey's Reset Test deutet auf eine Fehlspezifikation des Modells hin bzw. auf noch fehlende erklärende Variablen.[84]

Das Modell ist dementsprechend nicht eindeutig in der Lage, mit Hilfe der ermittelten Variablen die Höhe des Excess Value für alle Unternehmen zu erklären. Möglicherweise wirken die Kontrollvariablen anders auf den EV fokussierter Unternehmen als auf diversifizierte; auch gibt es offensichtlich unidentifizierte Variablen, die auf den EV fokussierter Unternehmen wirken, nicht aber auf den diversifizierter Unternehmen.

[84] Zu den Testergebnissen siehe Tab. 5.16 auf der vorherigen Seite.

Variable	Beschreibung	Gruppe	Beobachtungen	Arithm. Mittel	Median	Standard-abweichung	Minimum	Maximum
EVA	Excess Value (Assets): Maß für die Über- bzw. Unterbewertung eines diversifizierten Unternehmens in Relation zu einer Vergleichsgruppe aus fokussierten Unternehmen. Die Bewertung erfolgt auf Asset-Multiple Basis	Fok	1184	0,02	0,00	0,57	-1,38	1,60
		Div	161	-0,20	-0,23	0,56	-1,27	1,49
EVS	Excess Value (Sales): wie EVA, Basis für die Berechnung sind aber Sales-Multiples	Fok	1104	-0,03	0,00	0,65	-1,39	1,60
		Div	292	-0,15	-0,20	0,58	-1,36	1,58
EVOI	Excess Value (Operating Income): wie EVA, Basis für die Berechnung sind aber Operating Income-Multiples	Fok	620	0,01	0,00	0,67	-1,38	1,60
		Div	71	-0,34	-0,29	0,45	-1,41	0,71
EV	Durchschnittswert von EVA, EVS und EVOI, gebildet je Unternehmen	Fok	1225	0,05	0,00	0,55	-1,37	1,60
		Div	300	-0,18	-0,24	0,54	-1,29	1,48
lev	Finanzieller Leverage, gemessen an: Gesamtverschuldung / Aktiva	Fok	1957	0,19	0,13	0,19	0,00	1,56
		Div	371	0,25	0,24	0,17	0,00	0,92
liqu	Liquidität eines Unternehmens, gemessen an der Quick Ratio: (Barmittel + Wertpapiere + Forderungen)/kurzfristige Verbindlichkeiten	Fok	1932	1,77	0,97	4,21	0,00	101,15
		Div	370	1,10	0,84	0,89	0,14	8,66
prof	Profitabilität, gemessen am Return on invested Capital (ROIC): (Gewinn vor Fremdkapitalzinsen) / (Gesamtkapital des Vorjahres) *100	Fok	1822	-3,23	5,31	104,83	-2010,00	1345,15
		Div	369	8,20	7,99	14,75	-137,42	69,44
size	Unternehmensgröße gemessen an den Aktiva, deflationiert auf das Preisnniveau von 1998	Fok	1965	512,0	91,0	1,8	0,0	28,6
		Div	378	21,2	21,1	2,3	14,4	26,0
useg	Diversifikationsgrad, gemessen an der Anzahl unverwandter Geschäftssegmente	Div	372	2,8	3	1,3	2,0	7,0
icm	Maß für den Effizienzgrad des internen Kapitalmarktes eines diversifizierten Unternehmens	Div	68	-0,004	0,000	0,025	-0,203	0,031

Tabelle 5.17: Deskriptive Statistik der in LM0 eingehenden Variablen

	LM0"			
	-1-	-2-	-3-	-4-
abhängige Var.	EV	EVA	EVS	EVOI
unabhängige Var.				
icm*DIV	16,592	11,193	24,858	12,394
	-1,57	-1,03	-1,96	-0,94
useg*DIV	-0,136	-0,177	-0,073	-0,049
	(3,82)**	(4,78)**	-1,7	-1,02
Kontrollvariablen				
liqu	0.127	0.135	0.215	-0.086
	(2.65)**	(2.69)**	(3.47)**	(1.12)
prof	0.143	0.299	0.159	-0.212
	(3.68)**	(7.33)**	(3.33)**	(3.34)**
Konstante	-0.062	-0.222	-0.169	0.218
	(1.45)	(5.03)**	(3.25)**	(3.01)**
Beobachtungen	820	786	763	601
R^2	5%	9%	4%	5%
Korrigiertes R^2	4%	9%	4%	5%

Absoluter Wert der t-Statistiken in Klammern
* signifikant auf 5%-Niveau; ** signifikant auf 1%-Niveau

Tabelle 5.18: Übersicht über die Schätzergebnisse des Regressionsmodells LM0"

5.4.3 Robustheit der Ergebnisse

In den Abschnitten 5.2 und 5.3 ist bereits untersucht worden, wie robust die wesentlichen Kenngrößen EV und *icm* gegenüber Änderungen der Methodik sind. Nun muss zusätzlich noch gezeigt werden, dass auch die Ergebnisse der Schätzungen der Regressionsmodelle auf die tatsächliche Relation der Kenngrößen zurückzuführen sind und nicht abhängig sind von der Schätzmethodik. Variationen in den Schätzungsmodellen dürfen also keine deutlichen Änderungen in den Ergebnissen zur Folge haben. Um diese Robustheit zu testen, wird das Regressionsmodell LM1 mehrfach geschätzt, jeweils nach Zufallselimination von 10% der Datenpunkte. Verändern sich die Koeffizientenschätzungen deutlich, so zeigt dies eine Anfälligkeit des Modells auf, da einige Datenpunkte offensichtlich besonders einflussreich sind. Bleiben sie hingegen in ähnlicher Höhe, so ist dies ein Indiz für eine relative Robustheit der Schätzungen. Basis der Abweichungsberechnung ist die Differenz zwischen Minimal- und Maximalwert geteilt durch den Durchschnittswert.

Tabelle 5.19 zeigt, dass die Sensitivitätstests trotz der verhältnismäßig geringen Datendichte eine hohe Stabilität des Ergebnisses aufweisen: Die Signifikanzniveaus der Koeffizienten verändern sich wenig und die Koeffizienten für die Schätzung des EVS weichen ma-

	LM1	Zufalls-elimination von Daten	2. Zufalls-elimination von Daten	3. Zufalls-elimination von Daten	4. Zufalls-elimination von Daten
abhängige Var.	EVS	EVS	EVS	EVS	EVS
unabhängige Var.					
icm	29,711	29,871	35,095	29,434	28,213
	(2.70)**	(2.64)*	(3.56)**	(2.69)*	(2.73)**
useg	-0,214	-0,216	-0,238	-0,223	-0,217
	(2.53)*	(2.42)*	(2.97)**	(2.62)*	(2.79)**

	Durchschnitt	Minimum	Maximum	Differenz	prozentuale Differenz
icm	30,465	28,213	35,095	6,882	23%
useg	-0,222	-0,238	-0,214	0,024	-11%

Absoluter Wert der t-Statistiken in Klammern
* signifikant auf 5%-Niveau; ** signifikant auf 1%-Niveau

Tabelle 5.19: Ergebnisse des Robustheitstests

ximal um 23% bei *icm* voneinander ab und um 11% bei *useg*. Auch bei den anderen EV-Werten zeigen sich ähnliche Ergebnisse. Damit ist gezeigt, dass sowohl die Variable EV als auch die Schätzwerte der Einflussgrößen stabil gegenüber einer Änderung der Berechnungs- und Messmethodik sind.

5.5 Zusammenfassende Betrachtung der Ergebnisse

5.5.1 Ergebniszusammenfassung

Die empirische Untersuchung hat gezeigt, dass die Hypothesen H1 bis H5 und H7 bestätigt werden konnten, und zwar durch die statistisch signifikante Ablehnung der jeweiligen Gegenhypothese. Lediglich Hypothese H6, die den Effizienzgrad des internen Kapitalmarktes als Haupteinflussgröße des EV postuliert, konnte nicht bestätigt – allerdings auch nicht verworfen – werden. Abb. 5.12 zeigt diese Ergebnisse in einer Übersicht.

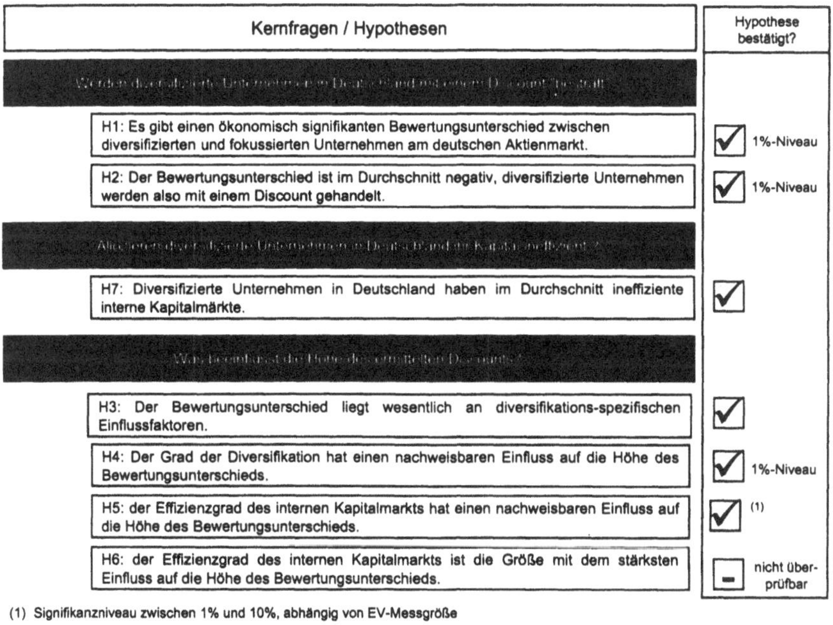

Abbildung 5.12: Ergebnisse der Hypothesenüberprüfungen

Damit lauten die wesentlichen Ergebnisse der Untersuchung und die sich daraus ergebenden Schlußfolgerungen:

1.) Diversifizierte Unternehmen werden im Untersuchungszeitraum in Deutschland an der Börse mit einem Discount von durchschnittlich 21% gehandelt, der sich von 30% im Jahr 1998 auf 15% im Jahr 2002 kontinuierlich reduziert hat. Der Discount besteht trotz der höheren Profitabilität diversifizierter Unternehmen.

2.) Der Bewertungsunterschied trifft allerdings nicht alle diversifizierten Unternehmen gleichermaßen, sondern weist eine hohe Varianz auf. So werden etwa 30% der Unternehmen mit einem Premium gehandelt, während besonders bei traditionellen Konglomeraten der Discount überdurchschnittlich hoch ist.

3.) Diversifizierte Unternehmen verteilen ihr Kapital im Durchschnitt ineffizient. So sind über 50% der internen Kapitaltransfers ineffizient. Kapital wird von ertragsstarken Segmenten in ertrags- und wachstumsschwache Segmente transferiert, anstatt ertragsstarke Segmente zu fördern oder Kapital an die Aktionäre auszuschütten.

4.) Eine Analyse der Gründe für die Ungleichbehandlung der diversifizierten Unternehmen zeigt zwei wesentliche Einflußgrößen der Höhe eines Discounts bzw. Premiums:

— Der Grad der Diversifikation in Form der Anzahl der unverwandten Segmente ist eine eindeutige Einflußgröße des Discounts: pro unverwandtem Segment erhöht sich der Discount um 11-17%. So existieren keine stark diversifizierten Unternehmen mit fünf oder mehr unverwandten Segmenten, die ein Premium erreichen; im Durchschnitt sind diese mit über 50% Discount belegt.

— Der Effizienzgrad des internen Kapitalmarkts ist die zweite nachweisbare Einflußgröße: Je ineffizienter das intern verfügbare Kapital alloziert wird, desto höher der Discount. Umgekehrt können effizient allozierende Unternehmen durchaus ein Premium erlangen. Dabei spielt nicht nur eine Rolle, ob und welcher Anteil der Investitionen ineffizient alloziert wird, sondern auch, wie groß der Opportunitätsverlust einer ineffizienten Investition ist. Die negative Wirkung des Effizienzgrads eines internen Kapitalmarkts ist dabei deutlicher nachweisbar als die positive: Zerlegt man die Variable *icm* in ihre Einzelwerte, lassen sich bei den ineffizienten Transaktionen die negativen Effekte auf den EV nachweisen, während die effizienten Transaktionen kaum nachweisbare positive Effekte aufweisen.

5.) Nicht nachweisbar ist, welche der festgestellten Einflußgrößen den stärkeren Einfluß ausübt. Der Grad der Diversifikation bewirkt zwar im Durchschnitt einen deutlicheren Discount als der Effizienzgrad des internen Kapitalmarkts; allerdings hat allein der Effizienzgrad das Potenzial, einen Discount auch in ein Premium umzukehren.

5.5.2 Vergleich mit Ergebnissen anderer Studien

Betrachtet man die geschilderten Ergebnisse im Lichte ähnlicher Untersuchungen (in Tab. 5.20 vergleichend dargestellt), so lässt sich Folgendes feststellen:[85]

— Nachweis eines Discounts in Deutschland: Nach dem Aufzeigen erster Evidenz durch SCHWETZLER/REIMUND zeigt die vorliegenden Untersuchung erstmals auf breiter Basis, dass in Deutschland ein Diversification Discount existiert.[86] Als Basis dieses durchgeführten Nachweises ist die Einführung der Pflicht zu einer Segmentberichterstattung im Jahr 1999 zu sehen; der Versuch, Berichtsjahre vor Einführung der Pflicht zu analysieren, glückte lediglich für das Jahr 1998, davor sind die Berichtsdaten zu lückenhaft. Die Auswirkungen dieser Lückenhaftigkeit zeigen sich in den noch verhältnismäßig kleinen Untersuchungsgruppen der ersten Studien von LINS/SERVAES (1999) und FAUVER/HOUSTON/NARANJO (1999). LINS/SERVAES selbst führen die zum Untersuchungszeitpunkt noch unzureichende Größe der verfügbaren Untersuchungsgesamtheit als Grund für das Mißlingen des Nachweises eines Discounts an.[87]

— Identifikation des Effizienzgrads des internen Kapitalmarkts als Einflussgröße: BERGER/OFEK (1995) identifizierten die Existenz von Quersubventionen als Ursache des Discounts. Erstmals gelang es BILLET/MAUER (2002) nachzuweisen, dass der Effizienzgrad des internen Kapitalmarkts eine echte Einflussgröße darstellt und linear die Höhe des Discounts beeinflusst, sodass dieser sogar ein Premium bedingen kann. Während BILLET/MAUER einen Einfluss dieser Größe für einzelne Komponenten dieser Variablen zeigen konnten,[88] kann die vorliegende Untersuchung über die Erweiterung des Modells zur Effizienzwertbestimmung um eine Portfoliokomponente den Nachweis des Einflusses der Variablen der Gesamteffizienz erbringen.

---

[85] Alle Studien sind bezüglich der angewandten Methodik einander ähnlich und bedienen sich des Konzepts des Excess Value.

[86] In ihrem Working Paper zeigen Schwetzler/Reimund (2003) bereits erste Evidenz für einen Discount auf, allerdings noch auf schmaler Datenbasis und mit geringer Signifikanz des Diversifikationskoeffizienten. Vgl. hierzu auch die Ausführungen auf der Seite 26.

[87] Vgl. Lins/Servaes (1999), S. 2231.

[88] Statistisch signifikanten Einfluss haben folgende Einzelkomponenten der Effizienzvariable *icm*: effiziente und ineffiziente Subventionen von Segmenten mit Finanzierungsbeschränkungen sowie ineffiziente Transfers. Vgl. Billet/Mauer (2002), S. 1187.

		Deutschland			USA	
		Lins/Servaes (1999)	Fauver/ Houston/ Naranjo (1999)	vorliegende Untersuchung (2004)	Berger/Ofek (1995)	Billet/Mauer (2002)
Datenbasis	Untersuchte Jahre	1992,1994	1991-1995	1998-2002	1986-1991	1990-1998
	Betrachtete Unternehmen	Börsennotiert nicht Fin. Services nicht Service Industry	Börsennotiert nicht Fin. Services	Börsennotiert >20 Mio. € Umsatz nicht Fin. Services	Börsennotiert >20 Mio. US$ Umsatz nicht Fin. Services	Börsennotiert nicht Fin. Services nicht Service Industry
	Anzahl Firmen im Gesamtsample	174 (1)	260	488 (2)	3.659	921
	Davon diversifiziert	64	k.A.	78	1.047 (5)	921
	in %	37% (1)	k.A.	16% (2)	29%	
	Anzahl Observationen	377	1.209	~2.300 (3)	16.181	4.204
Methodik	Klassifizierung Diversifikation 1	Mind. 2 Segmente in unterschiedlichen 2-stelligen SICs	Mind. 2 Segmente in unterschiedlichen 2-stelligen SICs	Mind. 2 unverwandte Geschäftssparten	Mind. 2 Segmente	Mind. 2 Segmente in unterschiedlichen 2-stelligen SICs
	Klassifizierung Diversifikation 2	größtes Segment mit weniger als 90% des Gesamtumsatzes	größtes Segment mit weniger als 90% des Gesamtumsatzes	größtes Segment mit weniger als 90% des Gesamtumsatzes	-	größtes Segment mit weniger als 90% des Gesamtumsatzes
	Verwendete Multiplikatoren	Umsatz	Aktiva	Aktiva, Umsatz, operatives Ergebnis	Assets, Sales, Earnings	Aktiva, Umsatz, EBIT
Ergebnisse	Durchschnittlicher Discount für diversifizierte Unternehmen	kein Nachweis	kein Nachweis	21%	13-15%	6%-10%
	Signifikanz (4)	-	-	1%-Niveau	1%-Niveau	k.A.
	Korrigiertes R^2	3-14%	3-5%	3-44%	2-11%	70%
	Effizienz des internen Kapitalmarkts					
	Maximaler Wert icm	-	-	0,003	-	0,001
	Minimaler Wert icm	-	-	-0,0014	-	-0,033
	Durchschnitt icm	-	-	-0,039	-	-0,002

(1) *Daten für 1992* (2) *Daten für 2002* (4) *Signifikanzniveau des Diversifikationskoeffizienten* (5) geschätzt
(3) *Observationen für die EV-Berechnung. Bei der Analyse der Einflussgrößen 1300 bzw. 65 Observationen*

Tabelle 5.20: Vergleichende Übersicht empirischer EV-Studien

Die Bedeutung der vorliegenden Untersuchung besteht somit einerseits in der Anwendung des Excess Value-Konzepts auf den deutschen Kapitalmarkt und andererseits in der Erweiterung eines bestehenden Modells und seiner Anwendung auf den deutschen Kapitalmarkt sowie der systematischen Analyse aller möglichen Quellen eines Bewertungsunterschieds. Keines der gewonnenen Ergebnisse stellt eine Überraschung dar, da alle Ergebnisse die auf theoretischer Basis bestehenden Wirkungszusammenhänge bestätigen.

5.5.3 Kritische Anmerkungen

Im Rahmen der Schilderung der Modelltheorie und Modellumsetzung sind mögliche Kritikpunkte identifiziert worden, mit denen sich der folgende Abschnitt kritisch auseinandersetzt. Es gilt zu beurteilen, inwieweit die Ergebnisse der Untersuchung von der Kritik betroffen sind und worin mögliche Schwächen der Untersuchung liegen. Prinzipiell kann Kritik an zwei Punkten ansetzen: an den Daten, die in das Modell einfließen, und am Modell selbst:

5.5.3.1 Kritik an der Datenbasis

Datenqualität: die Segmentberichterstattung

Schwächen der Segmentberichte: Die Verpflichtung zur Segmentberichterstattung besteht für deutsche Konzerne, die nach HGB bilanzieren, erst seit dem 31.5. 1998. Mit dem In-Kraft-Treten des 'Gesetzes zur Kontrolle und Transparenz im Unternehmensbereich' (KonTraG) an diesem Tag und der Aufnahme des Paragraphen 297 Absatz 1 in das HGB wurde ein Segmentbericht erstmals zum elementaren Bestandteil des Konzernanhangs im Jahresabschlussbericht. Zuvor bestand über Paragraph 285, Absatz 4 HGB lediglich die Verpflichtung, eine Aufgliederung der Umsatzerlöse nach Tätigkeitsbereichen oder geografischen Märkten darzulegen. Die Präzisierung der inhaltlichen Gestaltungsvorschriften der neuen Berichtspflicht erfolgte erst durch den am 20.12.1999 verabschiedeten 'DRS3 Segmentberichterstattung', der mit Veröffentlichung den de facto Status eines Grundsatzes ordnungsgemäßer Buchführung angenommen hat.[89] Diese Vorschriften orientieren sich an den internationalen Rechnungslegungsvorschriften zur Segmentberichterstattung, die über 'IAS 14' für die nach internationalen Rechnungslegungsstandards bilanzierenden und über SFAS 131 für nach US-amerikanischen Rechnungslegungsstandards bilanzierenden Unternehmen festgelegt sind. Dementsprechend kann eine Analyse diversifizierter Unternehmen in Deutschland erst seit dem Jahr 2000 auf unter einheitlichen Gestaltungsvorschriften basierende Segmentdaten zurückgreifen. Aufgrund der von vielen Unternehmen wahrgenommene Möglichkeit des HGB §292a zur Bilanzierung nach internationalen Standards und die Wahrnehmung freiwilliger Veröffentlichungen bieten auch für die Geschäftsjahre 1999 und 1998 die meisten der diversifizierten Unternehmen ausreichend Segmentinformationen an. Der Versuch, frühere Segmentdaten in die Analyse einzubeziehen, scheitert aber an der mangelnden Datenverfügbarkeit, insbesondere der Segmentdaten zum operativen Ergebnis. Auch die Segmentberichtsdaten ab dem Jahr 2000 weisen noch Schwächen für eine Analyse auf, denn selbst nach 1999 finden sich einige Verstösse gegen Segmentvorschriften. ALVAREZ/FINK stellen in ihrer Untersuchung der Segmentberichterstattung im Berichtsjahr 2000 noch „(...) teilweise erhebliche Diskrepanzen zwischen theoretischem Anspruch und praktischer Realität" fest.[90] Daher musste für die vorliegende Arbeit die Vollständigkeit und Konsistenz der Segmentdaten für jedes diversifizierte Unternehmen in jedem Berichtsjahr systematisch ge-

---

[89] Vgl. Alvarez (2004), S. 72. Zu den Standards nach DRS3 siehe Standardisierungsrat (2003).

[90] Siehe Alvarez/Fink (2003), S. 287. Kritisch zur Qualität der Segmentberichterstattung äußern sich auch Kind (2000) und Böcking/Benecke (1999), allerdings noch vor Festlegung der Detailvorschriften.

prüft werden. Nicht vollständige oder inkonsistente Daten wurden entfernt.[91] Auf diese Weise werden Schwächen in der Segmentberichterstattung zu einem erheblichen Teil neutralisiert. Es bleibt jedoch eine Anfälligkeit der Daten für die manipulative Ausnutzung von Gestaltungsfreiheiten der Segmentberichterstattung, wie beispielsweise das Zusammenfassen einzelner profitabler und unprofitabler Geschäftssegmente. Die vorliegende Untersuchung kann somit den Einfluß möglicher systematischer Datenmanipulationen durch einzelne Unternehmen nicht vollständig ausschließen.

Schwächen von Worldscope als Datenquelle: VILLALONGA zeigt, dass insbesondere bei Nutzung von Worldscope-Daten Verzerrungen zu labilen Ergebnissen führen können: Auf der Grundlage einer engen Definition des Diversifikationsbegriffs und der Segmentdaten, die sich an den tatsächlichen strategischen Geschäftseinheiten amerikanischer Unternehmen orientieren,[92] weist VILLALONGA ein Corporate Premium für ein Sample nach, für das ohne Änderungen der Diversifikationsdefinition und der Segmentzuweisungen zuvor ein Discount gezeigt wurde.[93] Um dem von VILLALONGA identifizierten Problem zu entgehen, hat die vorliegende Untersuchung die drei identifizierten Quellen für Datenverzerrungen eliminiert:[94] Eine falsche Klassifizierung von Unternehmen wurde eliminiert durch eine striktere Definition des Diversifikationsbegriffs, der sich nicht ausschliesslich an den SIC-Codes orientiert; die falsche Zuweisung der SIC-Codes durch Worldscope wurde durch manuelle Korrekturen der von Worldscope zugeordneten SIC Codes berichtigt; eine Verzerrung in den Multiplikatoren durch die nicht-korrekte Klassifizierung diversifizierter Unternehmen wurde ebenfalls durch die korrigierte Definition ausgeschaltet.

Umfang der betrachteten Daten

Eine Untersuchung zum Diversification Discount am deutschen Markt muss mit einem Bruchteil der Daten auskommen, die für eine Untersuchung am amerikanischen Markt zur Verfügung stünden: Maximal 500 Unternehmen können in ein Sample aufgenommen werden gegenüber 4.000 in den USA. Eine größere Datenbasis ist insbesondere bei der Bildung der Durchschnittswerte der Multiplikatoren relevant: je größer die Datenbasis, desto präziser lassen sich vergleichbare Unternehmen finden. Da jedoch die Bildung der Multiplikatoren mit

---

91 Siehe hierzu auch die Ausführungen zu Datenbereinigung auf der Seite 85.

92 Villalonga bezieht sich auf die neue Datenbank Business Information Tracking Series (BITS), die es zur Zeit nur für US-amerikanische Unternehmen gibt. Vgl. Villalonga (2004a).

93 Vgl. Villalonga (2004a).

94 Vgl. hierzu Villalonga (2004a), S. 483f.

ausreichend Unternehmen und in ausreichender Granularität durchgeführt werden konnte, stellt dieser Schwachpunkt allenfalls eine leichte Einschränkung der Ergebnisqualität dar. Die hohe Robustheit der Ergebnisse beim Excess Value zeigt, dass zumindest für den EV der Datenumfang ausreichend ist, um ein stabiles und aussagekräftiges Ergebnis zu erhalten.

Bei der Analyse der internen Kapitalmärkte allerdings wirkt sich die zum Teil mangelnde Datenqualität in der Segmentberichterstattung deutlicher aus: So konnten von den ursprünglich 78 diversifizierten Unternehmen nur 30 untersucht werden und das nicht über alle Jahre, so daß lediglich 65 Datenpunkte zur Verfügung stehen. Alle anderen mußten wegen mangelhafter Daten unberücksichtigt bleiben. Somit ist bei der Analyse des IKM sowohl in zeitlicher Dimension (maximal 4 Jahre) als auch in Dimension der Unternehmensanzahl (maximal 30) die Datenbasis relativ klein. Um so überraschender ist die relative Robustheit der Ergebnisse, die wenig anfällig für Änderungen der Regressionsfunktion sind. Dennoch muss das Ergebnis des Zusammenhangs zwischen dem EV und der Effizienz des internen Kapitalmarkts wegen der geringen Datenmenge vorsichtig beurteilt werden.

5.5.3.2 Kritik am Modell

Kennzahl: ROA als Effizienzmaßstab

Der ROA dient als zentraler Bewertungsmaßstab für die Effizienz der Verteilung freier Kapitalressourcen; als reine buchhalterische Kennzahl ist der ROA allerdings in der Praxis wenig geeignet, als Basis für Investitionsentscheidungen zu dienen.[95] Sowohl die Gewinnkomponente im Zähler, der Gewinn vor Steuern, als auch die Bezugsgröße der Aktiva im Nenner sind Gegenstand der Kritik: Der ausgewiesene Gewinn vor Steuern ist beeinflußbar durch Wahlrechte in bezug auf Ansatz- und Bewertungsmethoden, ebenso die Aktiva, die stark von der Wahl der Abschreibungsmethode abhängen. Eine fehlende Berücksichtigung des Risikos und die reine Vergangenheitsorientierung sind dieser Kenngröße als Basis für Investitionsentscheidungen ebenfalls anzulasten; dieser Kritikpunkt und die Vermeidung des Problems durch Einführung des Wachstumsindex ist bereits auf der Seite 124 erläutert worden. Dennoch wäre die Ersetzung dieser buchhalterischen Kennzahl durch eine dynamische Kennzahl wie den 'Economic Value Added' wünschenswert, allerdings wegen nicht ausreichender Datenlage aus externer Sichtweise nicht praktikabel.

---

[95] Zur Kritik von buchhalterisch basierten Kennzahlen siehe Fechtel (2001), S. 50f und Plaschke (2003), S. 114 ff.

Subjektivität des ICM-Konstrukts

Der Effizienzgrad eines internen Kapitalmarkts kann - insbesondere auf der Basis extern verfügbarer Daten - nur als ein approximativer Wert gesehen werden. Eine Beurteilung des Effizienzgrads der internen Kapitalallokation kann auf vielfältige Weise erfolgen, was gegebenenfalls die Ergebnisse der Untersuchung verändern könnte. So kann die durchaus wertschaffende mögliche Vermeidung von Informationsasymmetrien bei internen Kapitalmärkten nicht erfasst und beurteilt werden. Im Fokus ist allein die Umverteilungsmöglichkeit des internen Kapitalmarkts. Dabei existiert durchaus ein Modell, das auch diesen Aspekt mit einbezieht und die Existenz externer Finanzierungsbeschränkungen in die Bewertung integriert; dieses Modell ist allerdings mangels ausreichender Daten in Deutschland nicht durchführbar. Einen Anhaltspunkt für die Anfälligkeit der Aussagen für Änderungen des Effizienzmaßstabs gibt der Ersatz der ICM-Kennzahl durch die vereinfachte Größe *cap*; zieht man den prozentualen Anteil ineffizient allozierten Kapitals als Beurteilungsmaßstab heran, lässt sich der Einfluß auf den EV nicht mehr nachweisen. Unter den bei einer externen Betrachtung gegebenen Datenbeschränkungen stellt die Maßzahl *icm* jedoch die optimalste Annäherung an die theoretischen Modelle dar.

Zusammenfassend lässt sich somit sagen, dass durchaus berechtigte Kritikpunkte an der vorgelegten Untersuchung bestehen, die sich jedoch aus den Imperfektionen der deutschen Segmentberichterstattung ergeben und somit nicht vermeidbar sind. Durch umfangreiche Robustheitstests ist jedoch nachgewiesen, dass die vorgelegten Ergebnisse kein Zufallsprodukt sind, sondern stabile Ergebnisse darstellen.

6 Praktische Implikationen

„Eine Aktie ohne Analysten ist eine tote Aktie."
NIKOLAUS SCHWEICKART, Vorstandsvorsitzender Altana AG[1]

Dieses Zitat zeigt pointiert die große Abhängigkeit von Analysten, in der sich viele Unternehmen sehen. Der Diversification Discount wird so oftmals als eine von Analysten oktroyierte grundlose Bestrafung angesehen, der nicht zu entkommen sei.[2] Träfe diese Ansicht zu, wären Unternehmen außer Stande, etwas gegen einen Diversification Discount zu unternehmen. Die Identifikation von mit Premium bewerteten Unternehmen und eindeutigen Einflussgrößen spricht indes gegen die Behandlung des Discounts als 'Schicksalsschlag'. Dieses Spannungsfeld zwischen der Vermutung vieler Führungskräfte und den Ergebnissen der empirischen Untersuchung soll im Folgenden genauer beleuchtet und Ansätze zu Maßnahmen abgeleitet werden, mit deren Hilfe ein Discount für Unternehmen möglicherweise zu senken ist.

[1] „Der getriebene Chef" in: Die Zeit 20/2001.

[2] Die wiedergegebenen Ansichten gehen auf eine Diskussion von Führungskräften zum Diversification Discount auf dem '1. Poensgen Executive Forum' am 11.2.2004 in Königswinter zurück.

6.1 Erklärungsmuster eines Bewertungsunterschieds aus praktischer Sicht

Die in Kapitel 4 systematisch herausgearbeiteten Erklärungsansätze lassen sich mit Blick auf die Praxis thesenhaft in drei gebündelten Erklärungsmustern darstellen:

1.) Der Bewertungsunterschied basiert im Wesentlichen auf einer Differenz zwischen Fundamental- und Marktwert diversifizierter Unternehmen, die verursacht ist durch die pauschale Abwertung diversifizierter Unternehmen und gegenüber diversifizierten Unternehmen grundlegend skeptischen Investoren. Dieses Erklärungsmuster wird als These häufig von Managern diversifizierter Unternehmen vertreten, die Investoren und Analysten beschuldigen, nicht den wahren Wert ihres Unternehmens zu sehen.[3] Nach diesem Erklärungsmuster fällt den Analysten, die diversifizierte Unternehmen pauschal abwerten, die Urheberschaft für einen Bewertungsunterschied zu und zum Teil auch den Investoren, die sich von diesen Empfehlungen beeinflussen lassen.

2.) Der Bewertungsunterschied basiert im Wesentlichen auf einer Differenz zwischen Fundamental- und Marktwert diversifizierter Unternehmen, die verursacht ist durch nicht ausreichend informierte Investoren. Eine schlechtere Qualität der Ertragsprognosen von Analysten für diversifizierte Unternehmen und höhere Informationskosten für die Investoren führen zu einem Bewertungsabschlag. Als Urheber eines Bewertungsunterschieds stehen auf den ersten Blick Analysten und Investoren da. Da das Verhalten der Investoren und Analysten jedoch eine auf rationalem Verhalten beruhende Reaktion auf höhere Informationskosten darstellt,[4] sind letztlich die Unternehmen Urheber eines Bewertungsunterschieds.

3.) Der Bewertungsunterschied basiert im Wesentlichen auf einem Überwiegen der Nachteile diversifizierter Unternehmen gegenüber den Vorteilen; dieses führt zu einer geringeren Profitabilität und schlechteren Zukunftsaussichten mit entsprechend negativen Auswirkungen auf den fundamentalen Wert des Unternehmens und so möglicherweise auch auf den Marktwert. Dieses Erklärungsmuster wird in der wissenschaftlichen

---

[3] Vgl. hierzu Young/Sutcliffe (1990), S. 20.

[4] Vgl. Abschnitt 4.1.3.1.

Diskussion überwiegend vertreten und weist die Urheberschaft eines Bewertungsunterschieds den diversifizierten Unternehmen zu.

Die Erklärungsmuster werden im Folgenden im Lichte der bisherigen Forschung, kombiniert mit den Ergebnissen der vorliegenden Untersuchung, auf ihr tatsächliches Erklärungspotenzial für die Praxis beurteilt:

Ad 1

Zugunsten der o.g. These spricht das Ergebnis der empirischen Untersuchung des Bewertungsverhaltens europäischer Analysten, die von KAMES durchgeführt wurde. Sie zeigt, dass 38% der Analysten einen pauschalen Wertabschlag von 20% auf breit diversifizierte Unternehmen vornehmen. Finanzanalysten, so KAMES, „(...) beurteilen diversifizierte Unternehmen mit großer Skepsis und vermuten dort (...) eine immanente Wertvernichtung."[5] Dass solchermaßen verringerte Werteinschätzungen Investoren beeinflussen und damit auf den tatsächlichen Marktwert wirken, zeigen BARBER ET ALII und WOMACK. Sie belegen in ihren Untersuchungen den Einfluss von Analystenempfehlungen auf Aktienkurse.[6]

Gegen die These sprechen allerdings die Ergebnisse der vorliegenden Untersuchung. Die Tatsache, dass immerhin 30% der diversifizierten Unternehmen mit einem Premium notieren und der Discount stark variiert, verdeutlicht, dass eine Pauschalabwertung diversifizierter Unternehmen nicht stattfindet. Diversifikation wird nicht per se bestraft, sondern von den Marktteilnehmern durchaus differenziert bewertet, wie die identifizierten Einflussgrößen zeigen.

Dieses Erklärungsmuster besitzt mithin keine maßgebliche Bedeutung für den Discount. Eine pauschale Abwertung durch Analysten mag einen Einfluss haben, der jedoch im Lichte der empirischen Evidenz als relativ klein zu erachten ist.

Ad 2

Diese These lässt sich auf breiter Basis stützen, zum einen über bereits erfolgte Untersuchungen, zum anderen über die Ergebnisse der vorliegenden Untersuchung. Unter anderem zeigen FERRIS/SARIN, dass diversifizierte Unternehmen von weniger Analysten abgedeckt werden als fokussierte. Die geringere Abdeckung eines diversifizierten Unterneh-

---

[5] Siehe Kames (2000), S. 142.

[6] Vgl. Womack (1996), S. 164 und Barber et alii (2001), S. 561.

mens durch Analysten führt, wie im Abschnitt 4.1.3.1 gezeigt, unter anderem zu einer geringeren Verfügbarkeit von Informationen über diversifizierte Unternehmen,[7] einer höheren Varianz und größeren Fehlern der Ertragsprognosen durch Analysten.[8] Das verstärkt die ohnehin schon größere Intransparenz diversifizierter Unternehmen[9] und führt so zu höheren Informationskosten bzw. einem höhe-ren Investitionsrisiko für Investoren. FERRIS/SARIN und BENS/MONAHAN zeigen, dass sich dies negativ auf die Bewertung diversifizierter Unternehmen auswirkt.[10] Sowohl Analysten als auch Marktteilnehmer verhalten sich dabei rational.[11]

Die vorliegende Untersuchung stützt mit ihrem Nachweis, dass der Bewertungsunterschied maßgeblich vom Grad der Diversifikation beeinflusst wird, diese Ergebnisse nachhaltig. FERRIS/SARIN und DUNN/NATHAN haben bereits gezeigt, dass der Grad der Diversifikation (insbesondere unverwandte Diversifikation) hauptsächlicher Treiber der auf der geringeren Analystenabdeckung basierenden Probleme ist, so dass die Schlussfolgerung des Einflusses einer geringeren Abdeckung diversifizierter Unternehmen durch die Analysten auf den Bewertungsunterschied legitim ist.[12] Die empirische Evidenz der vorliegenden Untersuchung spricht für eine hohe Bedeutung dieses Erklärungsmusters für den Discount.

Ad 3

Auch diese These lässt sich auf breiter Basis stützen. So haben bereits zahlreiche Untersuchungen nachgewiesen, dass interne Kapitalmärkte in diversifizierten Unternehmen überwiegend ineffizienter Natur sind und so ihre theoretischen Vorteile nicht ausspielen,[13] und dass Komplexitätskosten mögliche Synergien überwiegen.[14] Dies bestätigen auch die Ergebnisse

---

[7] Vgl. Ferris/Sarin (2000), S. 104.

[8] Vgl. Gilson et alii (2001), S. 567.

[9] Vgl. Bens/Monahan (2002), S. 1.

[10] Vgl. Bens/Monahan (2002), S. 20ff. und Ferris/Sarin (2000), S. 122.

[11] Gilson et alii (2001) beweisen die Rationalität einer geringeren Abdeckung diversifizierter Unternehmen durch Analysten, da diversifizierte Unternehmen höhere Recherchekosten verursachen und gleichzeitig weniger Nachfrage nach Rechercheleistung besteht (durch eine geringere Liquidität der Aktien) als bei einem vergleichbaren Portfolio an fokussierten Unternehmen. Die Rationalität der Investoren, für höhere Informationskosten eine Kompensation in Form eines Discounts auf die Unternehmensanteile zu verlangen, erläutern Leuz/Verrecchia (2000), S. 1.

[12] Vgl. Ferris/Sarin (2000), S. 121 und Dunn/Nathan (1998), S. 28.

[13] Beispiele für solche Untersuchungen sind: Lamont (1997), Shin/Stulz (1998), Scharfstein (1998) und Rajan/Servaes/Zingales (2000).

[14] Vgl. zum Beispiel Markides (1995), S. 27 ff.

der vorliegenden Untersuchung, die zunächst gezeigt hat, dass unter allen potenziellen Vor- und Nachteilen diversifizierter Unternehmen der Effizienzgrad des internen Kapitalmarkts und der Grad der Diversifikation (als Treiber der Komplexitätskosten) die für einen Bewertungsunterschied relevanten Faktoren darstellen,[15] und die anschließend den Einfluss beider Faktoren mit Hilfe der empirischen Untersuchung nachgewiesen hat.[16]

Somit spricht die empirische Evidenz für eine hohe Bedeutung auch dieses Erklärungsmusters des Diversification Discounts.

Es gibt folglich keinen Grund für ein Unternehmen, einen Bewertungsunterschied als 'Schicksalsschlag' hinzunehmen. Das Unternehmen ist alleiniger Verantwortlicher für die Höhe eines Bewertungsunterschieds. Zwar mag eine pauschale Abwertung durch Analysten einen negativen Effekt auf den Marktwert haben; die auf empirischer Grundlage nachgewiesenen wesentlichen Erklärungsansätze zeigen jedoch, dass der Bewertungsunterschied überwiegend auf rationalem Verhalten der Marktteilnehmer basiert[17] und somit über das Unternehmen selbst beeinflussbar ist. Da die Höhe eines Diversification Discounts vom Unternehmen beeinflussbar ist, ergeben sich konkrete Ansatzpunkte für eine Senkung des Discounts, die im Folgenden herausgearbeitet werden.

6.2 Ansatzpunkte für Handlungsempfehlungen

Aus der Sicht wertorientierter Unternehmensführung ist es Ziel eines Unternehmens, den Wert desselben für die Eigentümer (Aktionäre) zu steigern.[18] Die vorangegangene Untersuchung hat aufgezeigt, dass diversifizierte Unternehmen zum Teil erhebliche Bewertungsdifferenzen gegenüber einem Portfolio aus ähnlichen Einzelunternehmen aufweisen. Diese Bewertungsdifferenzen, sofern sie negativ ausfallen, zu eliminieren, muss daher Ziel eines Unternehmens sein.[19] Sollten sie positiv ausfallen und ein solches Premium nicht auf fun-

---

[15] Siehe Abschnitt 4.2.

[16] Siehe Abschnitt 5.4.2.

[17] Eine Ausnahme scheint die pauschale Abwertung durch Analysten darzustellen. Auch diese, so wird gegen Ende dieses Kapitels erläutert, basiert letztlich auf rationalem Verhalten der Analysten.

[18] Vgl. Stienemann (2003), S. 7f.

[19] Vgl. Fischer (2003), S. 16.

damentalen Bewertungsdifferenzen zu fokussierten Unternehmen, sondern rein auf einem Unterschied zwischen den Marktwerten beruhen, kann es auch sinnvoll sein, positive Bewertungsdifferenzen zu adressieren, da „(...) allgemein angenommen wird, dass sich (...)[positive Bewertungsdifferenzen] langfristig nicht halten lassen und die dann unvermeidlichen Kurskorrekturen für die Unternehmen mit hohen Kosten verbunden sein können."[20] Insofern kann es theoretisch ebenfalls ratsam sein, auch ein Premium, falls nicht fundamentalwertbedingt, zu mindern. Dennoch erscheint die Korrektur negativer Bewertungsdifferenzen wesentlicher und steht daher im Fokus der Identifikation von Ansatzpunkten für Handlungsempfehlungen.

Grundlage für die Ansatzpunkte bilden die identifizierten Einflussgrößen des Diversification Discounts: der Effizienzgrad des internen Kapitalmarkts und der Grad der Diversifikation. Den Wirkungsrelationen folgend, führt eine Steigerung der Effizienz der internen Kapitalallokation – ebenso wie eine Verringerung des Diversifikationsgrads – zu einem geringeren Discount. Da der Diversifikationsgrad lediglich eine approximierende Variable für Komplexitätskosten und eine auf geringerer Transparenz beruhende geringere Abdeckung durch Analysten ist, ergeben sich aus dieser Variablen zwei Ansatzpunkte: eine Senkung der Komplexität (zum Beispiel durch Fokussierung) und eine Erhöhung der Transparenz. Abbildung 6.1 zeigt die Ansatzpunkte grafisch auf: Der Effizienzgrad der internen Kapitalallokation und eine Fokussierung bzw. Strukturierung beeinflussen zum einen über eine Steigerung des Fundamentalwertes indirekt den Marktwert und zum anderen möglicherweise auch direkt über eine positive Reaktion des Marktes auf Verbesserungen ohne tatsächliche Auswirkung auf den Fundamentalwert. Eine Transparenzerhöhung beeinflusst hingegen direkt den Marktwert eines Unternehmens.

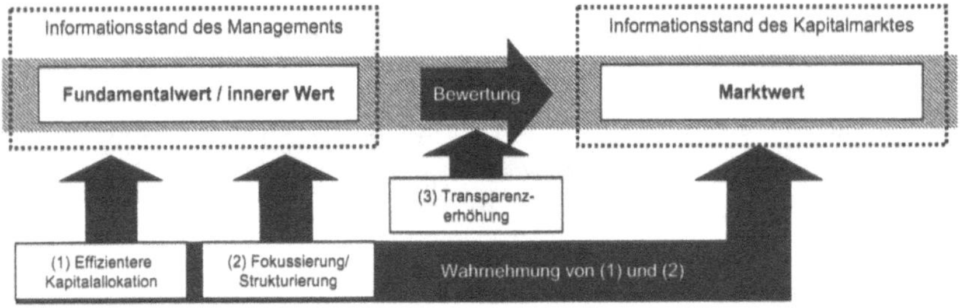

Abbildung 6.1: Ansatzpunkte zur Senkung eines Diversification Discounts

[20] Siehe Fischer (2003), S. 16.

6.2.1 Effiziente Allokation des internen Kapitals

Bedeutung des Ansatzpunktes

Abb. 6.2 zeigt, dass Unternehmen mit effizienter interner Kapitalallokation wesentlich häufiger ein Premium aufweisen als Unternehmen mit ineffizienter Allokation.[21] Diese Erkenntnis unterstreicht das Ergebnis der linearen Schätzmodelle, das den Effizienzgrad der internen Kapitalallokation als eine eindeutige Einflussgröße des Bewertungsunterschieds identifiziert hat. Setzt man die berechneten Minimal- und Maximalwerte für die Effizienz des internen Kapitalmarkts in die errechneten optimalen Schätzer für die Koeffizienten ein, so zeigt sich, dass der Effizienzgrad des internen Kapitalmarkts sowohl Discounts über 90% als auch Premia von bis zu 90% erklären kann.

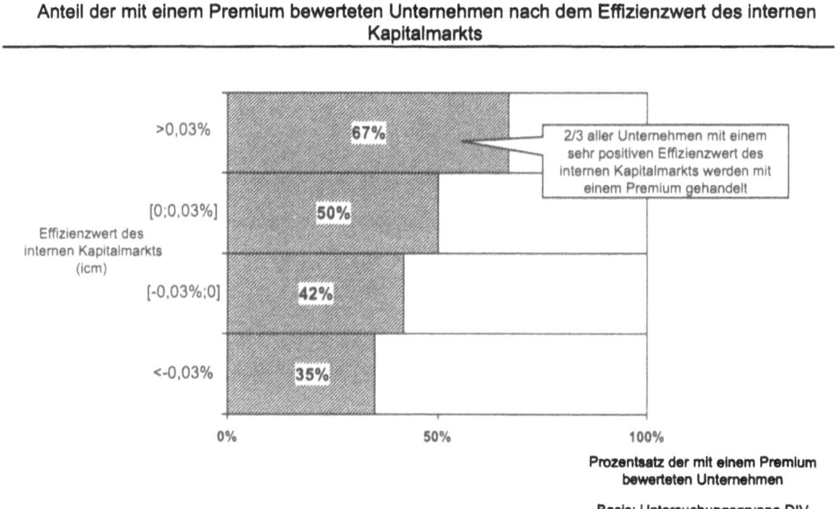

Abbildung 6.2: Der Effizienzgrad des internen Kapitalmarkts als Treiber des Discounts

Abbildung 6.3 auf der nächsten Seite zeigt die fünf Unternehmen mit dem über die Jahre 1998 bis 2002 höchsten Premium. Von diesen fünf weisen drei, Altana, Beiersdorf und die

[21] Zudem weisen die Unternehmen mit positivem *icm*-Wert im Durchschnitt ein Premium auf, während die Unternehmen mit negativem *icm*-Wert im Durchschnitt mit einem Discount notieren. Die Mittelwerte unterscheiden sich dabei statistisch signifikant auf dem 10%-Niveau.

Indus Holding, einen überdurchschnittlich guten Effizienzwert des internen Kapitalmarkts auf und nur ein Unternehmen, Masterflex, ist trotz ineffizienter Kapitalverteilung mit einem Premium bewertet. Für Friatec liess sich aufgrund fehlender Segmentdaten kein Wert berechnen. Am Beispiel BASF lässt sich die direkte Wirkung eines internen Kapitalmarkts auch im Einzelfall aufzeigen: Während in den Jahren 1998,1999 und 2002 nur ein relativ geringer Anteil der Investitionen in wertmindernde ineffiziente Quersubventionen floss, führten Quersubventionierungen der schlecht performenden Bereiche Farbmittel und Veredelungsprodukte sowie des Bereichs der Herbizide im Jahr 2000 zu einem stark negativen Effizienzwert des IKM von BASF. Im gleichen Jahr stieg auch der Diversification Discount erheblich von 1% auf 25% an und erholte sich erst 2002 wieder mit verbesserten Effizenzwerten des IKM.

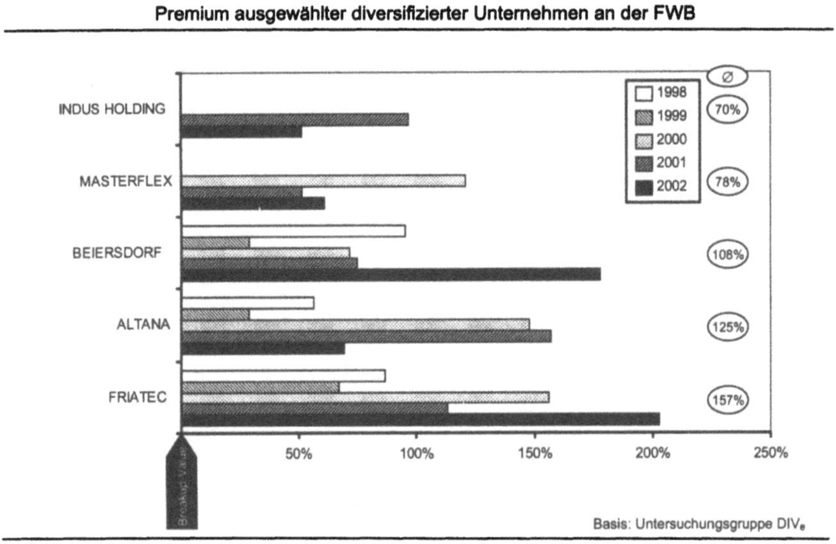

Abbildung 6.3: Excess Value ausgewählter Unternehmen: Positivbeispiele

Ansatzpunkte für eine Effizienzsteigerung

Da sich die internen Kapitalmärkte im Durchschnitt als ineffizient erweisen, müssen Ansatzpunkte zur Effizienzsteigerung gesucht werden. In der Theorie schaffen interne Kapitalmärkte besonders dann Wert, wenn sie Projekte von Geschäftsbereichen optimal finanzieren, freie Finanzressourcen zu den Geschäftssegmenten mit den besten Ertragsaussichten alloziert werden und Finanzressourcen aus Bereichen mit schlechten Ertragsaussichten abgezogen und erfolgreicheren Bereichen zugeteilt werden. Verhindert wird dies der Theorie nach über folgende Umstände:

— Agency-Probleme zwischen Unternehmenseignern (Aktionären) und der Unternehmensleitung: Die Unternehmensleitung versucht, ihren Machtbereich zu vergrößern und ihre eigene Position zu sichern und hat dadurch hohe Anreize, zuviel Kapital im Unternehmen zu halten und auf die Geschäftsbereiche zu verteilen, anstatt es auszuschütten (Problem des 'overinvestment').

— Agency-Probleme zwischen der Unternehmensleitung und den Bereichsmanagern: Bereichsmanager versuchen ebenfalls über die Maximierung der Ressourcenzuteilung ihren jeweiligen Einflussbereich zu vergrößern. Da ihr Verhalten durch die Unternehmensleitung nur begrenzt beobachtbar ist und Bereichsmanager bewusst Geschäftsbereichsinformationen kontrollieren und selektiv an die Unternehmensleitung weitergeben können, kann die Unternehmensleitung das Übermaß der Ressourcenzuteilung oftmals nicht beurteilen. In der Reaktion tendieren sie zu 'sozialistischer' Allokation von Ressourcen und subventionieren ertragsschwache Bereiche (Problem der 'cross-subsidizations').

Das zweite Problem ist als das gravierendere Problem identifiziert worden;[22] zudem hat die empirische Analyse gezeigt, dass die Hälfte aller internen Kapitaltransfers diesem wertvernichtenden Subventionsmuster folgen. In der Tat verhindern in der Praxis die hierarchischen Prozesse der Kapitalbudgetierung eine optimale Kapitalallokation. Statt einer streng wertbasierten Allokation vermischt sich der Prozess häufig mit anderen Methoden, wie zum Beispiel einer rationierten Kapitalzuteilung nach Maßgabe der Geschäftsfeldgröße oder bisheriger Budgets.[23] Die zentralen Probleme sind folglich eine schlechte Informationslage und mangelnde Kontrollmöglichkeiten, die die oben genannten Probleme verstärken.

Verbesserungen der Allokationseffizienz müssen dementsprechend an einer Verringerung dieses überwiegend auf Informationsasymmetrien basierenden opportunistischen Verhaltens der Bereichsmanager ansetzen:

Je genauer die Kenntnisse der Unternehmensleitung bezüglich der Geschäftsmodelle und der Geschäftslage der einzelnen Bereiche ist, desto besser können sie die durch die Bereichs-

---

[22] Siehe Abschnitt 4.2.2.

[23] Vgl. hierzu Stein (2003),S.. 143.

manager zur Verfügung gestellten Informationen beurteilen. Ein besserer Informationsstand der Unternehmensleitung führt somit zu besseren Allokationsentscheidungen.[24] Angesichts des begrenzten Zeitbudgets der Unternehmensleitung ist es in der Praxis allerdings zumeist unmöglich, tief genug alle Details der Geschäftsbereiche zu durchdringen.[25] Ein praktikablerer Ansatz besteht in der Reduzierung des opportunistischen Machtausdehnungsverhaltens der Bereichsmanager. Durch einen regelmäßigen Transfer der Manager zwischen den Geschäftsbereichen kann der Schaffung unternehmensinterner Imperien entgegengewirkt sowie die Wahrscheinlichkeit erhöht werden, dass wertsteigernde Allokationsentscheidungen getroffen werden.[26] General Electric (GE) verfolgt eine solche Rotationspolitik und tauscht Manager von Geschäftsbereichen regelmäßig untereinander aus. GE erzielt auf diese Weise zwei Effekte: Erstens werden die Anreize zu Lobby-Arbeit für zusätzliches, ökonomisch nicht notwendiges Kapital verringert, da die Manager wissen, dass sie nicht langfristig in dem Bereich bleiben – die Tendenz zum 'Empire-building' wird so minimiert. Zweitens verhindert es die Bildung einer zu starken Hausmacht in einem Bereich des Unternehmens, die die Verhandlungsposition des Managers gegenüber der Unternehmensleitung stärkt und so ineffiziente Allokation fördert.[27]

Eine weitere Möglichkeit, das Informationsproblem anzugehen, besteht im Aufbau einer Allokationsautorität für spezifische Investitionen, also einer internen Spezialisierung der Kapitalallokation. So hat Xerox vor einigen Jahren Xerox Technology Venture (XTV) gegründet, eine Art internen Venture-Capital-Fond. Veranlasst durch das Misslingen, effizient in Computertechnologien zu investieren, hat Xerox XTV eingesetzt, um Kapital an vielversprechende Projekte in diesem Technologiebereich zu investieren. Infolge des zunehmend spezialisierten Wissens konnte XTV bald bessere Kapitalallokationen vornehmen, als dies durch die Konzernzentrale möglich gewesen wäre.[28] Auch der Einsatz von Inzentivierungsinstrumenten zur Milderung opportunistischen Verhaltens von Bereichsmanagern kann hilfreich sein. Die Koppelung von Vergütungen an die Unternehmensperformance ist eine Möglichkeit, die Bereichsmanager zu einem ökonomisch stärker auf das Wohl des gesamten

24 Vgl. Stein (2003), S. 152.

25 Vgl. Malone (2004), S. 35.

26 Vgl. hierzu Völker (2004), S. 34f.

27 Zu diesen Ausführungen zur Rotationspolitik von GE vergleiche Stein (2003), S. 142. Ein solches Rotationsprinzip unterliegt allerdings dem Nachteil, dass Manager sich nach dem Wechsel in ein anderes Geschäftsfeld zunächst einarbeiten müssen, was Zeit- und Effizienzverluste bedeuten kann.

28 Zu den Ausführungen zu XTV vgl. Liebeskind (2004), S. 66.

Unternehmens ausgerichteten Handeln zu bewegen.[29]

Diese Maßnahmen können jedoch das grundlegende Problem des durchaus rationalen opportunistischen Verhaltens infolge von Informationsasymmetrien nur mildern, nicht aber verhindern. Es stellt sich daher die Frage, ob der hierarchisch gesteuerte Budgetierungsprozess durch einen marktbasierten Ansatz ersetzt werden kann, einen 'echten' internen Kapitalmarkt, auf dem Kapitalnachfrage und Kapitalangebot ausgeglichen werden. Als Kapitalnachfrager treten dabei die Unternehmensbereiche auf, die für die Finanzierung ihrer Projekte Kapital aufnehmen wollen; Anbieter ist die Unternehmenszentrale. Über einen festgelegten Prozess werden die Informationen zu den einzelnen Projekten einheitlich erfasst. Auf diese Weise wird Kapital z.B. auf der Basis der erwarteten Projektrenditen verauktioniert.

Zumindest theoretisch bieten marktliche Koordinationsformen deutlich Vorteile gegenüber hierarchischen. So hat sich in den letzten Jahren ein Forschungsgebiet entwickelt, das sich mit der dezentralen Steuerung innerbetrieblicher Ressourcenallokation über interne Märkte beschäftigt.[30] Erste Erkenntnisse aus dieser Forschung zeigen das Potenzial interner Märkte auf:

1.) Über interne Märkte lässt sich opportunistisches Verhalten reduzieren. Auf einem internen, elektronisch koordinierten Markt werden Teilnehmer motiviert, sich an ihrer eigenen Einschätzung zu orientieren und weniger an dem, was sie anderen suggerieren wollen.[31]

2.) Über interne Märkte lässt sich die Qualität an vorhandenen Informationen steigern. Zentrale Planer können nicht über alle Informationen verfügen, die die Zusammenführung sämtlicher vorhandener und unverfälschter Informationen über ein internes Marktsystem generieren kann.[32]

3.) Über interne Märkte lassen sich Koordinations- und Informationskosten verringern.[33]

Auch interne Märkte können versagen und sind kein Garant für eine effiziente Ressourcenverteilung.[34] Dennoch bieten sie ein Potenzial für Effizienzverbesserungen gegenüber

---

29 Vgl. Völker (2004), S. 36.

30 Vgl. Völker (2004), S. 37.

31 Vgl. Malone (2004), S. 30.

32 Vgl. Malone (2004), S. 30.

33 Vgl. Völker (2004), S. 38.

34 Vgl. Välikangas/Hamel (2001), S. 5.

bisherigen Budgetierungsprozessen. Die Forschung zur Ausgestaltung echter interner Kapitalmärkte ist allerdings noch jung, und in der Praxis finden sich wenig Umsetzungen. Erste Ansätze interner Kapitalmärkte finden sich bei einigen Banken, die Eigenkapital über einen Marktmechanismus allozieren. Wie die Etablierung von Marktmechanismen bei der Kapitalallokation über interne Märkte umzusetzen und auszugestalten ist, muss daher Ziel weiterer Forschung sein.

6.2.2 Fokussierung/Strukturierung

Bedeutung des Ansatzpunktes

Das lineare Regressionsmodell hat den Grad der Diversifikation als eindeutige Einflussgröße des Bewertungsunterschieds identifiziert. Setzt man die berechneten Minimal- und Maximalwerte für den Diversifikationsgrad in die errechneten optimalen Schätzer für die Koeffizienten ein, so zeigt sich, dass der Diversifikationsgrad – ceteris paribus – Discounts zwischen 15% und 70% erklären kann. Auch diese Wirkungsrelation lässt sich mit einer einfachen Grafik unterstützen: Gruppiert man die diversifizierten Unternehmen nach der Anzahl ihrer unverwandten Geschäftssegmente und ermittelt für jede Gruppe den Anteil der Unternehmen, die mit einem Premium gehandelt werden, so zeigt sich ein eindeutiges Bild: Abbildung 6.4 illustriert, dass es kein mit einem Premium bewertetes diversifiziertes Unternehmen mit mehr als fünf unverwandten Geschäftsbereichen gibt, während der Anteil der mit einem Premium bewerteten diversifizierten Unternehmen mit zwei unverwandten Geschäftsfelder immerhin bei 43% liegt. Mit jedem zusätzlichen Geschäftsfeld verringert sich die Anzahl der mit einem Premium bewerteten Unternehmen.[35] Eine Analyse der Unternehmen mit den höchsten Discounts stützt diese Erkenntnis zusätzlich: Abb. 6.5 zeigt die durchschnittlichen Discounts von fünf klassischen Konglomeraten, also besonders breit diversifizierten Unternehmen. Die traditionellen Industrie-Konglomerate, wie TUI (ehemals Preussag), EON, RWE, MAN und MG Technologies (ehemals Metallgesellschaft) sind mit hohen Abschlägen von 30% und mehr belegt; alle weisen damit überdurchschnittlich hohe Discounts auf.

[35] Die jeweiligen durchschnittlichen Excess Values der in Abb. 6.4 aufgezeigten Gruppen sinken statistisch signifikant mit steigendem Diversifikationsgrad.

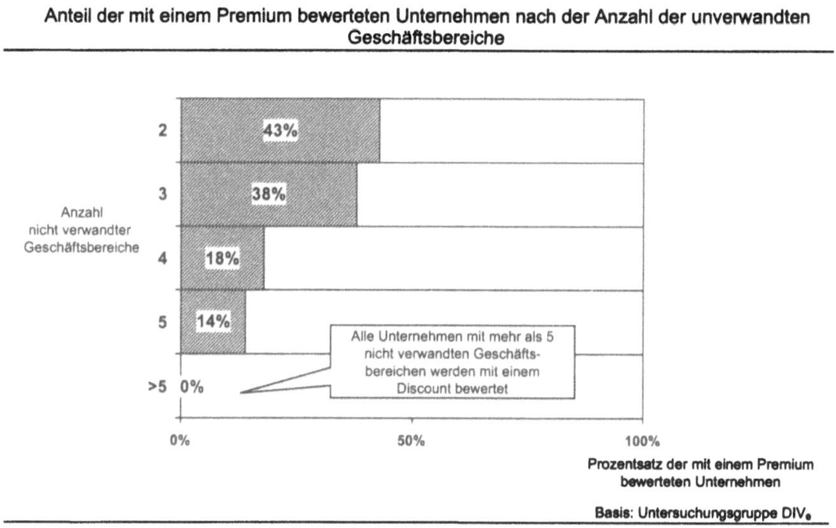

Abbildung 6.4: Die Anzahl der Segmente als Treiber des Discounts

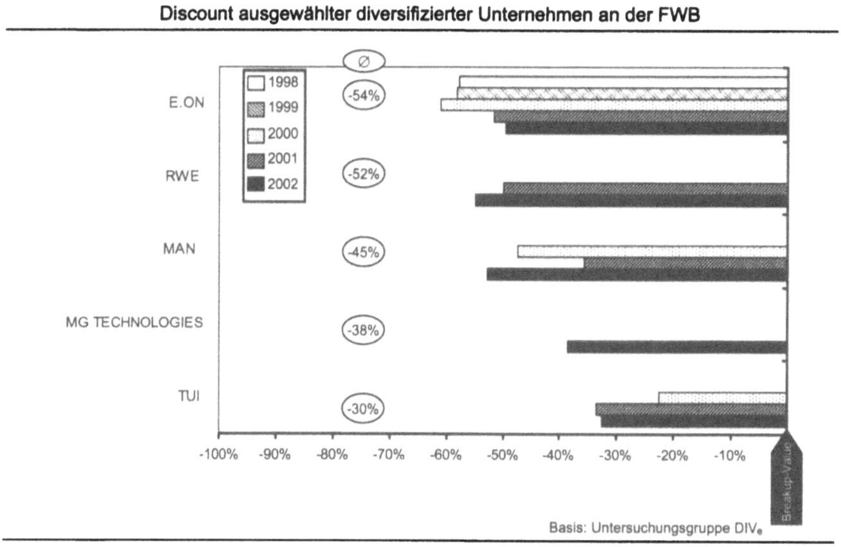

Abbildung 6.5: Excess Value ausgewählter Unternehmen: Negativbeispiele

Ansatzpunkte für eine Effizienzsteigerung

Die Variable des Diversifikationsgrads ist so als eindeutige Einflussgröße des Discounts identifiziert. Da sie jedoch genau genommen zwei Einflussfaktoren repräsentiert – steigende Komplexitätskosten und eine Sonderbehandlung durch Analysten – müssen für die Identifikation des richtigen Ansatzpunktes die Ursachen für die mit dem Diversifikationsgrad steigenden Komplexitätskosten analysiert werden. Der Einflussfaktor der Sonderbehandlung wird im folgenden Abschnitt getrennt analysiert.

In Kapitel 4 ist gezeigt worden, dass mit zunehmender Größe eines Unternehmens und mit steigendem Grad der Diversifikation die Kosten der internen Koordination zunehmen.[36] So erläutert SCHMITZ: „Das aufgrund der hohen Komplexität in der Unternehmung sehr breit gestreute Wissen kann nur unter hohen Informationskosten so gebündelt werden, dass die Unternehmensspitze in die Lage versetzt wird, adäquate Entscheidungen zu treffen."[37] Die durch die weite Verstreuung von Informationen und Wissen entstehenden Informationsasymmetrien tragen zusätzlich zu erhöhten Kontrollkosten bei. Zudem wiegen mit zunehmendem Grad unverwandter Diversifikation die synergiebedingten Zusatzkosten mögliche Synergien auf.[38] Als direkten Ansatzpunkt bietet sich damit die Reduzierung des Diversifikationsgrads an, also eine Fokussierung des Unternehmens. Aus der Transaktionskostentheorie, aus der sich die geschilderten Probleme ableiten, ergibt sich noch ein weiterer Ansatzpunkt: Neben der Unternehmensgröße und dem Diversifikationsgrad nimmt die Organisationsform des Unternehmens Einfluss auf die Höhe der Komplexitätskosten.[39] Die sich nach Maßgabe der Organisationsform eines Unternehmens unterscheidenden Koordinationsmechanismen haben jeweils unterschiedliche Kostenkonsequenzen. Dementsprechend könnte eine Änderung der Organisationsform einen weiteren Ansatzpunkt darstellen.

Ansatzpunkt 1: Fokussierung Eine Fokussierungsstrategie zur Senkung des Diversifikationsgrads kann nach den Ergebnissen des linearen Regressionsmodells im vorangegangenen Kapitel einen deutlichen Effekt auf den Discount haben: So sollte jede Verringerung der Anzahl der Geschäftssegmente um ein Segment eine Reduktion des Discounts um etwa 17% bewirken – ceteris paribus. Lässt sich dieser Effekt auch bei den drei Unternehmen des

---

36 Vgl. hierzu auch Albach/Redenius (2000), S. 60.

37 Siehe Schmitz (1988), S. 241.

38 Siehe hierzu Abschnitt 4.1.2.2.

39 Vgl. Schmitz (1988),S.. 228.

DAX 30 beobachten, die in den letzten Jahren die deutlichste Fokussierungsstrategie verfolgt haben? Die Abbildungen 6.6 bis 6.8 auf der nächsten Seite stellen die Verläufe von Excess Value und Diversifikationsgrad grafisch dar. Es zeigt sich, dass der Effekt der Fokussierung nur am Beispiel von EON ansatzweise nachvollziehbar ist. Die bereits im Jahr der Fusion von Veba und Viag (2000) begonnene Fokussierungsstrategie geht einher mit einer Senkung des durchschnittlichen Discounts von ca. 10% im ersten Jahr nach der Fokussierung (2001). Die 2001 abgestoßenen Geschäftsfelder Öl, Telekommunikation, Logistik und Stahl schlagen sich erst 2002 auf eine geringere Anzahl unverwandter Segmente nieder; der Discount sinkt weiter um einige Prozentpunkte. Ceteris paribus hätte das Modell als Reaktion auf diese Fokussierung allerdings eine deutlichere Senkung erwarten lassen. Bei RWE und TUI zeigt sich das Gegenteil des zu erwartenden Effekts: In den letzten Jahren erfolgte keine Verbesserung des EV, eher ein leicht negativer Trend, wobei die EV-Werte der Jahre vor Beginn der Fokussierungsstrategie fehlen. RWE's Fokussierungsstrategie scheint zumindest inzwischen zum Erfolg geführt zu haben. So berichtet die Financial Times Online im August 2004: „Even on charitable sum of parts calculations, RWE has closed its conglomerate discount."[40] Der Effekt einer Fokussierungsstrategie erscheint in diesem Fall 'träge', da sich die Auswirkungen zum Teil erst nach Jahren zeigen. Den positiven Effekt einer auf Desinvestitionen aufgebauten Fokussierungsstrategie dokumentiert auch STIENEMANN: Zum einen zeigt er durchschnittlich positive abnormale Renditen für die 199 Desinvestitionen deutscher Unternehmen in den Jahren 1994 bis 2002, zum anderen verdeutlicht er die positiven Effekte einer Fokussierungsstrategie am Beispiel der ehemaligen Hoechst AG.[41]

Eine Deutung der Wirkung von Fokussierungsstrategien auf der Grundlage der Ergebnisse der vorliegenden Untersuchungen ist unter Vernachlässigung der anderen Einflussparameter nur eingeschränkt möglich. Trotz eindeutig nachgewiesener negativer Wirkung des Diversifikationsgrads führt eine Fokussierungsstrategie nicht zwingend zu einer Senkung des Diversification Discounts.

Ansatzpunkt 2: Struktur und Organisation Es ist aufgezeigt worden, dass unterschiedliche Organisationsformen sich auf die Höhe der Komplexitätskosten auswirken. Die Organisationsform böte einen Ansatzpunkt zur Senkung eines Discounts, wenn sich zeigen ließe, dass eine bestimmte Organisationsform bei diversifizierten Unternehmen zu geringeren Komplexitätskosten führt als andere Organisationsformen. Genau dies zeigen ALBACH/

---

[40] „LEX: RWE", Financial Times Online, 11.8.2004.

[41] Siehe Stienemann (2003).

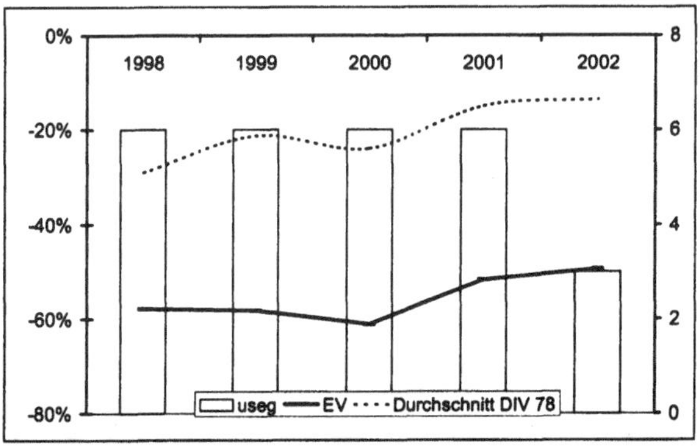

Abbildung 6.6: Discount und Anzahl unverwandter Geschäftsbereiche von EON

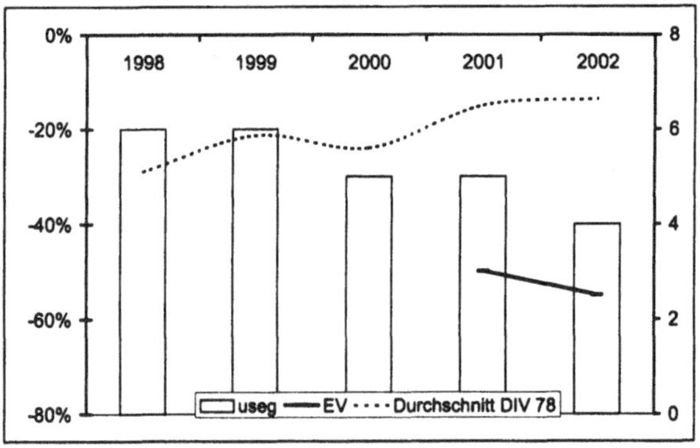

Abbildung 6.7: Discount und Anzahl unverwandter Geschäftsbereiche von RWE

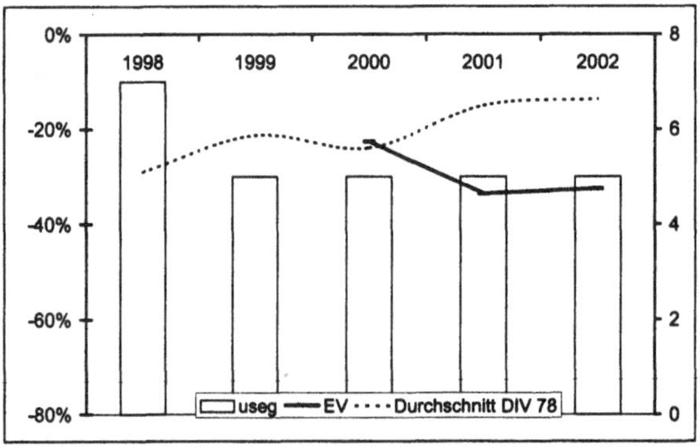

Abbildung 6.8: Discount und Anzahl unverwandter Geschäftsbereiche von TUI

REDENIUS auf empirisch belegter Basis: Die Unternehmensform der Management-Holding, in der die einzelnen Geschäftssegmente rechtlich eigenständige Einheiten bilden, ist aufgrund ihrer Ergebnisse mit wachsendem Diversifikationsgrad anderen Unternehmensformen überlegen und begünstigt über geringere Komplexitätskosten höhere Unternehmensrenditen.[42] ALBACH/REDENIUS erklären diese Erkenntnis dadurch, dass durch die Verselbständigung operativer Einheiten auf Kernkompetenzen ausgerichtete Gebilde entstehen.[43]

Eine Bestätigung dieser Erkenntnis lässt sich jedoch nicht anhand der vorliegenden Untersuchungsergebnisse zeigen: Zwar finden sich unter den Unternehmen mit hohen Premia viele mittelständische Unternehmen, wie etwa Duerr, Ehlebracht, Indus Holding oder Carl Schenck (inzwischen zu Duerr gehörend) mit einer klaren Holding-Struktur, insgesamt aber weisen in einer Holding-Struktur organisierte diversifizierte Unternehmen keinen signifikant niedrigeren Discount auf als multidivisional organisierte.

Damit lässt sich auf der Basis der vorliegenden Untersuchung nicht belegen, dass die Änderung der Unternehmensform zu einer Senkung des Discounts führt. Es besteht aber die Möglichkeit, dass eine Organisationsform, die dem Unternehmen nach außen eine klarere Struktur verleiht, sich über eine Erhöhung der Transparenz positiv auf eine Verringerung des Discounts auswirkt.

6.2.3 Erhöhung der Transparenz

Bedeutung des Ansatzpunktes

Die Durchführung der empirischen Untersuchung hat gezeigt, dass die öffentlich verfügbaren Informationen zu den einzelnen Geschäftssegmenten diversifizierter Unternehmen noch immer nicht ausreichend detailliert sind. Insbesondere die Ermittlung der Effizienz interner Kapitalallokationen war nur bei maximal der Hälfte der Unternehmen möglich, zumeist fehlten Daten zu segmentspezifischen Abschreibungen oder es waren Erträge in zu hohem Anteil nicht auf die operativen Segmente aufgeschlüsselt. Diese auch in anderen Untersuchungen[44] identifizierten Unzulänglichkeiten zeigen, dass die Informationslage über diversifizierte Unternehmen erheblich schlechter ist, als dies bei einem Portfolio vergleichbarer Unternehmen

[42] Untersucht wurden 295 deutsche Unternehmen aus der 'Bonner Datenbank' in den Jahren 1960-1994. Vgl. Albach/Redenius (2000), S. 67.

[43] Vgl. Albach/Redenius (2000), S. 63.

[44] Vgl. z.B. Alvarez/Fink (2003) oder die Ausführungen zur Segmentberichterstattung in Wagner (2001).

in den entsprechenden Branchen der Fall ist. Die Investoren müssen sich so eventuell bei der Prognose zukünftiger Gewinne auf die Durchschnittszahlen des Gesamtkonzerns stützen – eine Vereinfachung, die zu Fehleinschätzungen führen kann.[45] Über die Einflussgröße des Diversifikationsgrads, der ein maßgeblicher Treiber dieser Intransparenz ist, sind die negativen Wertauswirkungen fehlender Transparenz aufgezeigt worden. Diese Erkenntnisse stützt auch die Untersuchung deutscher Unternehmen von LEUZ/VERRECCHIA, die einen Zusammenhang zwischen Transparenz und ökonomischen Vorteilen (wie einer höheren Liquidität der Unternehmensanteile) nachweist. Die Autoren argumentieren, dass die Publizitätsanforderungen unter US-GAAP und IAS den deutschen Rechnungslegungsstandards nach HGB so deutlich hinsichtlich der geforderten Transparenz überlegen sind, dass die Wahl des Standards ein Indikator der Transparenz eines Unternehmens ist: „(...) a switch from German GAAP to either IAS or US-GAAP is thought to represent a substantial increase in a firm's commitment to greater disclosure."[46] Folgt man dieser Argumentation und ermittelt die Excess Values der Untersuchungsgruppe nach zugrunde liegendem Rechnungslegungsstandard, so zeigt sich auch hier Evidenz für die Wirkung höherer Transparenz. Abb. 6.9 zeigt, dass über die Hälfte der nach internationalen Standards bilanzierenden Unternehmen mit einem Premium gehandelt werden, während von den nach HGB bilanzierenden diversifizierten Unternehmen weniger als 30% mit einem Premium notieren. Der durchschnittliche Discount bei diesen Unternehmen fällt mit 26% deutlich höher aus als bei nach US-GAAP oder IAS bilanzierenden Unternehmen mit einem durchschnittlichen Premium von 2% bzw. einem Discount von 2%.[47] Damit ist der in der empirischen Untersuchung bereits aufgezeigte Zusammenhang zwischen der Transparenz eines Unternehmens und einem Discount zusätzlich gestützt.

Ansatzpunkte für eine Effizienzsteigerung

Um die konkreten Ansatzpunkte zu identifizieren, gilt es die Mechanismen zu lokalisieren, die eine Senkung des Discounts bei geringerer Transparenz bewirken. Die beiden (bereits im Abschnitt 4.1.3.1 ausführlich erläuterten und empirisch belegten) wesentlichen Mechanis-

---

[45] Dies belegen Young/Sutcliffe; sie zeigen, dass je größer der Unterschied in der Profitabilität der einzelnen Geschäftssegmente ist, desto größer der Fehler in der prognostizierten Marktbewertung ausfällt. Siehe Young/Sutcliffe (1990), S. 25.

[46] Vgl. Leuz/Verrecchia (2000), S. 2.

[47] Die Unterschiede zwischen den durchschnittlichen Excess Values nach Rechnungslegungsstandard sind statistisch signifikant (der Unterschied HGB-IAS auf dem 1%-Niveau, HGB-USGAAP auf dem 5% Niveau).

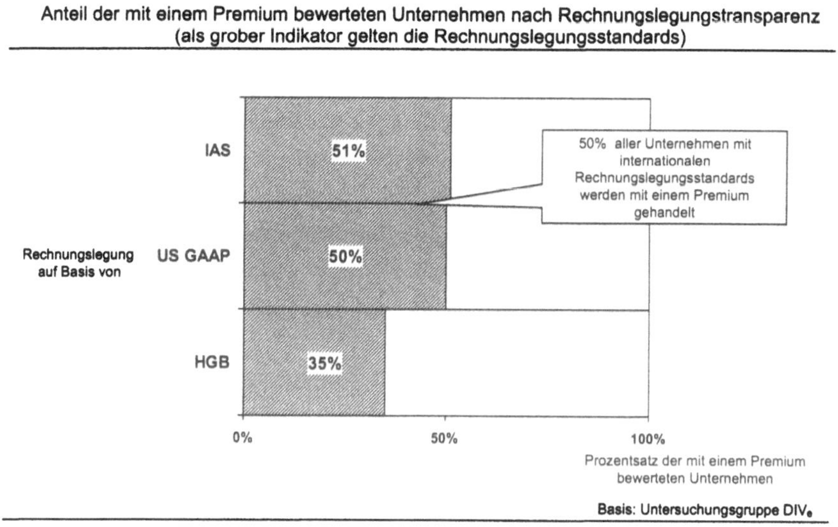

Abbildung 6.9: Die Methodik der Rechnungslegung als Treiber des Discounts

men basieren auf einer logischen Verkettung, deren Verknüpfungen eindeutig nachweisbar sind:

— Mit steigendem Diversifikationsgrad nehmen die Informationskosten für Investoren zu. So muss ein Investor sich von Wachstums- und Ertragschancen in verschiedenen Geschäftsfeldern ein Bild machen – und das auf der Basis einer geringeren Informationsdichte als bei Einzelunternehmen, da weniger Informationen zu den einzelnen Geschäftsfeldern verfügbar sind als bei fokussierten Unternehmen. Dem Investor bleibt die Wahl, mehr Zeit mit dem Verarbeiten von Informationen zu verbringen (höhere Informationskosten) oder gröbere Schätzungen anzustellen (höheres Investitionsrisiko). Beide Fälle führen zu einer geringeren Zahlungsbereitschaft, da der Investor für seine gegenüber einem vergleichbaren fokussierten Unternehmen höheren Informationskosten bzw. für das höhere Investitionsrisiko Kompensation sucht. Dies kann einen Discount erklären.

— Mit steigendem Diversifikationsgrad sinkt die Abdeckungsdichte eines Unternehmens durch Analysten, gemessen an der Anzahl der Analysten, die sich um ein Unternehmen kümmern, und der Zeit, die diese mit der Analyse eines Unternehmens verbringen. Grund dafür sind die mit wachsendem Diversifikationsgrad steigenden Kosten der Abdeckung eines Unternehmens bei gleichzeitig verhältnismäßig geringeren Ertragschancen, da die Analysten wie die Investoren mit höheren Informationskosten konfrontiert werden.[48] Zudem müssen Experten aus verschiedenen Branchen zur Beurteilung hinzugezogen werden. Der geringere Abdeckungsgrad führt ex post gemessen zu einer höheren Varianz der Ertragsprognosen unter den Analysten und einem höheren Prognosefehler der Ertragsprognosen einzelner Analysten.[49] Für den Investor bedeutet dies eine weitere Erhöhung des Investitionsrisikos gegenüber fokussierten Unternehmen, zu denen eindeutigere und weniger fehleranfällige Prognosen vorliegen, was wiederum mit einem Discount beim Kauf von Unternehmensanteilen kompensiert werden muss.

Als Ansatzpunkt lässt sich folglich eine Beeinflussung der Informationskosten identifizieren, da über diese beide Wirkungsmechanismen genutzt werden. Eine Senkung der Informationskosten würde sowohl das Investitionsrisiko der Investoren senken als auch direkt und indirekt über eine verbesserte Abdeckung durch Analysten die Informationskosten senken. Erreicht werden kann eine Senkung über eine Verringerung der Unternehmenskomplexität durch Fokussierung oder eine transparentere Struktur. Alternativ kann bei gleich bleibender Komplexität auch das Informationsangebot verbessert werden, was einen unmittelbar zu adressierenden Hebel darstellt.[50] Im Fokus sollte dabei die Verbesserung der Segmentberichtsinformationen stehen. Ziel eines Unternehmens muss es sein, die gleiche Qualität an Informationen zu jedem einzelnen Geschäftsfeld zu liefern, wie entsprechende fokussierte Unternehmen. Eine verbesserte Informationspolitik muss sich gleichermaßen an die Investoren wie die Analysten richten, um beide Wirkungsmechanismen zu adressieren. Einen möglichen Schritt zur Verbesserung des Informationsangebots stellt ein Wechsel zu einer Rechnungslegung nach internationalen Standards dar. Konkrete Handlungsempfehlungen zu diesem Ansatzpunkt leitet FISCHER ab und weist gleichzeitig für deutsche Unternehmen eine positive Wirkung der zu 'Shareholder Value Reporting' optimierten Investor Relations auf den Marktwert eines Unternehmens nach.[51]

---

[48] Das Ertragspotenzial für Analysten bestimmt sich (da i.d.R. Analystenleistung nicht direkt bezahlt wird) über die Nachfrage der Investoren nach Aktien des untersuchten Unternehmens und der Nachfrage des analysierten Unternehmens nach externem Kapital. Beide Faktoren sinken tendenziell mit steigendem Diversifikationsgrad bzw. bleiben unverändert. Vgl. zu dieser Argumentation Gilson et alii (2001), S. 568.

[49] Dies belegen Gilson et alii (2001), und Ferris/Sarin (2000).

[50] So zeigen Barth/Clinch/Shibano (1999), dass durch die Veröffentlichung zusätzlicher Unternehmensinformationen die Kosten der Informationsbeschaffung für die Investoren sinken.

[51] Siehe Fischer (2003).

Eine Erhöhung der Informationsdichte und -qualität kann zudem zusätzlich den von manchen Analysten vergebenen pauschalen Discount verringern. Da dieser auf einem „grundsätzlichen Misstrauen der Analysten gegenüber diversifizierten Unternehmen beruht (...)“[52], kann er auch als eine Art Risikoabschlag interpretiert werden, den Analysten vergeben, weil sie sich nicht ausreichend intensiv mit einem diversifizierten Unternehmen beschäftigen können. Für vermutete Restrisiken, wie nicht-analysierte kleinere Geschäftsfelder oder vermutete interne Subventionen, vergeben sie diesen Risikoabschlag. Eine stärkere Transparenz könnte demnach auch diesen Risikoabschlag verringern, so er existiert.

6.3 Fazit

Die genauere Betrachtung der Einflussgrößen hat gezeigt, dass ein diversifiziertes Unternehmen durchaus über Möglichkeiten verfügt, einen negativen Bewertungsunterschied zu verringern. Als Ansatzmöglichkeiten bieten sich zusammengefasst an:

1.) Steigerung des Effizienzgrads des internen Kapitalmarkts durch eine Reduktion opportunistischen Machtverhaltens der Bereichsmanager, z.B. durch

- die Schaffung von Anreizstrukturen, die unternehmenswertminderndes opportunistisches Verhalten reduzieren;
- die Einrichtung von spezialisierten Kapitalallokationsautoritäten;
- die Ersetzung einer hierarchischen Kapitalbudgetierung durch einen echten internen Markt für Kapital, der den hierarchisch dominierten Budgetierungsprozess durch einen Marktmechanismus ersetzt.

2.) Verringerung der Komplexitätskosten durch Fokussierung oder Umstrukturierung des Unternehmens.

3.) Erhöhung der Unternehmenstransparenz durch

- eine Erhöhung der Informationsdichte;
- eine Erhöhung der Informationsqualität;

[52] Siehe Kames (2000), S. 110.

— eine Erhöhung der Unternehmenstransparenz durch eine klarere nach außen kommunizierte Unternehmensstruktur.

Verbesserungen nur an einem dieser Ansatzpunkte führen allerdings nicht zwingend zum Erfolg, vielmehr scheint erst das Zusammenspiel von an verschiedenen Ansatzpunkten greifenden Maßnahmen zum Erfolg zu führen. Dabei kommt der Verbesserung der Transparenz eine Art Katalysatorfunktion zu, da oftmals erst durch sie Steigerungen des Fundamentalwertes auch zu einer Steigerung des Marktwertes führen.[53] Nur wenn Transparenz bezüglich der Strategien, tatsächlichen Investitionsprojekte und Ertragschancen besteht, kann die bestehende Unsicherheit unter Investoren bezüglich der Verwendung finanzieller Ressourcen und vermuteter Ineffizienzen beseitigt werden.[54] In welcher Kombination Maßnahmen an diesen Ansatzpunkten am besten wirken und wie diese Maßnahmen konkret auszugestalten sind, ist in zukünftigen Forschungsprojekten zu ermitteln. Tatsache ist, dass diversifizierte Unternehmen über das Zusammenspiel richtiger Maßnahmen und das Harmonieren von Geschäftsfeldern unter einem Konzerndach durchaus berechtigt ein Premium gegenüber fokussierten Unternehmen rechtfertigen können.

---

[53] Diese Funktion dokumentiert Fischer als Schließung der 'Wahrnehmungslücke' zwischen Fundamental- und Marktwert. Siehe Fischer (2003), S. 14f.

[54] Vgl. Funk (1999), S. 770

7 Zusammenfassung und Ausblick

Dieses Kapitel fasst die wesentlichen Erkenntnisse der Arbeit zusammen und nennt Geltungsgrenzen der Arbeit. Zudem werden Ansatzpunkte aufgezeigt für die weitere Forschung im Themengebiet des Diversification Discounts.

7.1 Zusammenfassung

Diversifizierte Unternehmen sind seit Jahren besonderer Kritik von Presse, Analysten und Investoren ausgesetzt. Das Zusammenfassen unverwandter Geschäftsbereiche unter einem Konzerndach verringert, so die gängige Meinung, den Shareholder Value, und so notieren diversifizierte Unternehmen mit einem Diversification Discount. Die zugrunde liegende Annahme lautet: Spaltet man diversifizierte Unternehmen in die Geschäftsbereiche auf und verkauft diese einzeln, lässt sich ein höherer Gesamterlös erzielen als der aktuelle Wert des nicht aufgespaltenen Unternehmens. Dem verbindenden Konzerndach wird somit wertmindernde Wirkung unterstellt. Als Gründe dafür werden die Intransparenz diversifizierter Unternehmen, Angst vor Quersubventionen und Zweifel an der Leistungsfähigkeit der komplexen Gebilde angeführt.

Unter diesem Druck beschreiten viele Unternehmen den Weg einer Fokussierung, in der Hoffnung auf eine Steigerung des Marktwerts ihres Unternehmens und damit des Shareholder-Value.

Die weitverbreitete Behauptung der Existenz eines pauschalen Discounts ist allerdings – zumindest für den deutschen Markt – bislang nicht belegt worden. Die im Rahmen dieser Arbeit durchgeführte Analyse der wissenschaftlichen Untersuchungen zum Thema des Diversification Discounts hat zudem gezeigt, dass ein Discount in anderen Ländern zwar exi-

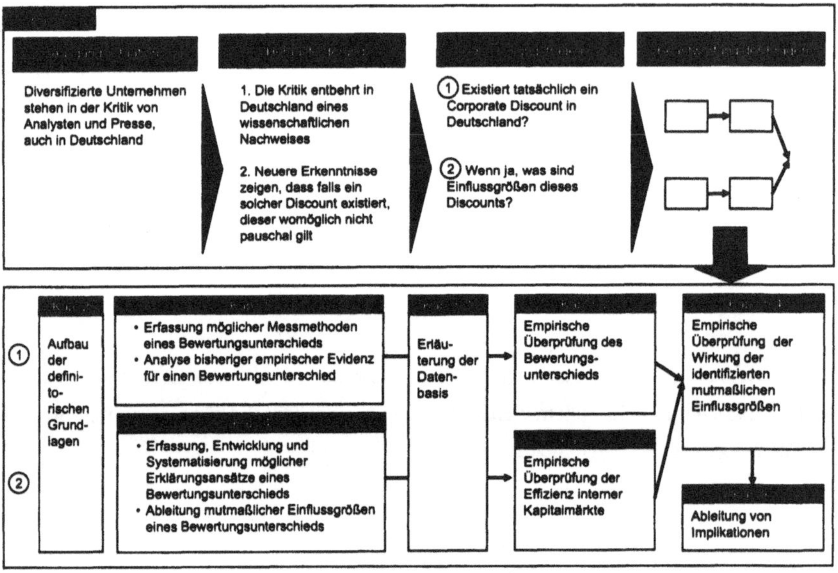

Abbildung 7.1: Übersicht über die Problemstellung und den Lösungsprozess

stiert, dieser aber nicht alle diversifizierten Unternehmen gleichermaßen betrifft. Aus diesen Erkenntnissen hat die vorliegende Arbeit zwei zentrale Forschungsfragen abgeleitet:

Forschungsfrage 1: Existiert tatsächlich ein auf wissenschaftlicher Basis nachweisbarer Bewertungsunterschied zwischen fokussierten und diversifizierten Unternehmen in Deutschland?

Forschungsfrage 2: Wenn ein solcher Bewertungsunterschied wissenschaftlich nachweisbar existiert, welches sind seine wesentlichen Einflussgrößen?

Die Antworten zu diesen Forschungsfragen erlauben die Trennung spekulativer Annahmen und pauschaler Behauptungen von nachweisbaren Fakten. Der Prozess der Beantwortung dieser Forschungsfragen ist in Abbildung 7.1 dargestellt. Für die Beantwortung der Forschungsfragen wurden drei empirische Untersuchungen durchgeführt, eine zur Klärung der ersten Forschungsfrage und zwei zur Klärung der zweiten.

Existiert in Deutschland ein Diversification Discount?

In Vorbereitung auf die empirische Untersuchung dieser Frage wurden in Kapitel 3 die theoretischen Grundlagen zu dieser Fragestellung erarbeitet und bestehende empirische Untersuchungen systematisch analysiert. Im Gegensatz zum amerikanischen Kapitalmarkt ist für den deutschen Kapitalmarkt zuvor kein eindeutiger Nachweis der Existenz eines Corporate Discounts erbracht worden. Ursache für das bisherige Misslingen eines solchen Nachweises ist die Unzulänglichkeit der Segmentberichterstattungsvorschriften vor dem Jahr 1998. Die *erste empirische Untersuchung* der vorliegenden Arbeit hat die sich mit Einführung verbindlicher Vorschriften zur Segmentberichterstattung bietende Möglichkeit genutzt und den Bewertungsunterschied zwischen fokussierten und diversifizierten Unternehmen auf dem deutschen Markt für 301 fokussierte und 72 diversifizierte Unternehmen (und damit nahezu alle an der Frankfurter Börse notierten Unternehmen)[1] über einen Zeitraum von fünf Jahren analysiert. Wesentliche Ergebnisse dieser Untersuchung sind:

— Diversifizierte Unternehmen werden in Deutschland an der Börse mit einem Discount von durchschnittlich 21% gehandelt, der sich von 30% im Jahr 1998 auf 15% im Jahr 2002 kontinuierlich reduziert. Der Discount besteht trotz einer höheren Profitabilität diversifizierter Unternehmen. Damit bestätigt sich die Annahme der Existenz eines Discounts.

— Der Bewertungsunterschied trifft allerdings nicht alle diversifizierten Unternehmen gleichermaßen, sondern weist eine hohe Varianz auf. So werden etwa 30% der Unternehmen mit einem Premium gehandelt, während besonders bei traditionellen Konglomeraten der Discount überdurchschnittlich hoch ist. Diese Erkenntnis widerlegt die Behauptung der Pauschalität eines Discounts.

Die zur Untersuchung der ersten Forschungsfrage aufgestellten ökonomischen Hypothesen konnten durch die statistisch signifikante Verwerfung der entsprechenden Nullhypothesen bestätigt werden.

Welche Einflussgrößen wirken auf den Diversification Discount?

Zur Beantwortung dieser Frage sind in Kapitel 4 zunächst einmal alle in der Theorie bekannten möglichen Erklärungsansätze gesammelt und systematisiert worden. Die über die Erklärungsansätze ermittelten theoretischen Wertquellen sind daraufhin anhand bisheriger empirischer Ergebnisse auf drei mutmaßlich wesentliche Einflussgrößen verdichtet worden:

[1] Systematisch ausgeschlossen wurden lediglich die Unternehmen der 'Financial Services' Branche. Der Prozess der Untersuchungsgruppengewinnung ist im Abschnitt 5.1.2 im Detail erläutert worden.

den Effizienzgrad des internen Kapitalmarkts, die Höhe operativer Mehrkosten sowie die geringere Abdeckung diversifizierter Unternehmen durch Analysten.

Auf der Basis der Herleitung der wesentlichen Einflussgrößen erfolgte die *zweite empirische Untersuchung*. Diese hat ein bestehendes Modell zur Operationalisierung des Effizienzgrads des internen Kapitalmarkts erweitert und auf der Grundlage dieses Modells nachgewiesen, dass diversifizierte Unternehmen ihr Kapital im Durchschnitt ineffizient verteilen: Über 50% der internen Kapitaltransfers können als ineffizient bewertet werden. Kapital wird von ertragsstarken Segmenten in ertrags- und wachstumsschwache Segmente transferiert, anstatt ertragsstarke Segmente zu fördern oder Kapital an die Aktionäre auszuschütten.

Die *dritte empirische Untersuchung* der vorliegenden Arbeit hat im Anschluss die Wirkung der Einflussgrößen auf den Bewertungsunterschied analysiert; aus dieser Untersuchung ließen sich die folgenden Erkenntnisse gewinnen:

— Der Grad der Diversifikation in Form der Anzahl der unverwandten Segmente ist eine Einflussgröße des Discounts: pro unverwandtem Segment erhöht sich der Discount um 11-17%. Kein diversifiziertes Unternehmen mit fünf oder mehr unverwandten Segmenten weist ein Premium auf; im Durchschnitt sind diese mit über 50% Discount belegt. Der Grad der Diversifikation repräsentiert zwei Einflussgrößen: die Einflussgröße der steigenden Komplexitätskosten und die einer von fokussierenden Unternehmen abweichenden Behandlung diversifizierter Unternehmen durch Analysten.

— Der Effizienzgrad des internen Kapitalmarkts ist die dritte nachweisbare Einflussgröße: je ineffizienter das intern verfügbare Kapital alloziert wird, desto höher der Discount. Umgekehrt können effizient allozierende Unternehmen durchaus ein Premium erlangen. Dabei spielt nicht nur eine Rolle, ob und welcher Anteil der Investitionen ineffizient alloziert wird, sondern auch, wie groß der Opportunitätsverlust einer ineffizienten Investition ausfällt.

Die zur Untersuchung der zweiten Forschungsfrage aufgestellten ökonomischen Hypothesen konnten ebenfalls über Verwerfungen der entsprechenden Nullhypothesen bestätigt werden – mit Ausnahme der letzten Hypothese, die den Effizienzgrad des internen Kapitalmarkts als die Einflussgröße mit dem größten Effekt auf den Diversification Discount postuliert hat und weder bestätigt noch verworfen werden konnte.

Schlussfolgerungen aus den Erkenntnissen

Die Ergebnisse der empirischen Untersuchungen haben gezeigt, dass die Annahme, diversifizierte Unternehmen würden pauschal mit einem Discount belegt, falsch ist. Ebenso falsch ist die Annahme, der Diversification Discount sei ein unvermeidbarer 'Schicksalsschlag', ausgelöst durch gegenüber diversifizierten Unternehmen grundlegend misstrauisch gestimmte Analysten und Investoren. Die auf empirischer Basis nachgewiesenen Einflussgrößen zeigen, dass der Bewertungsunterschied auf rationalem Verhalten der Marktteilnehmer basiert und somit durch ein diversifiziertes Unternehmen beeinflussbar ist. Zwar lassen sich aus den Ergebnissen noch keine konkreten Maßnahmen ableiten; die Ansatzpunkte für Maßnahmen sind jedoch klar identifizierbar:

Erstens ist am Effizienzgrad der internen Kapitalallokation anzusetzen. Eine Verbesserung kann über eine Steigerung der durchschnittlichen Profitabilität den Fundamentalwert eines Unternehmens erhöhen. Zudem wird den Investoren signalisiert, dass Kapital tatsächlich nicht für ineffiziente Subventionierungen verwendet wird. *Zweitens* kann die Fokussierung eines Unternehmens zu einer Senkung des Discounts führen, ebenso wie eine klarere Strukturierung eines diversifizierten Unternehmens. Den *dritten* Ansatzpunkt bietet die Verbesserung der Transparenz eines diversifizierten Unternehmens. Durch eine Senkung der Informationskosten für Investoren und Analysten kann dem vollkommen rationalen Verhalten der Investoren begegnet werden, höhere Informationskosten über einen Discount zu kompensieren. Verbesserungen an einem dieser Ansatzpunkte führen allerdings nicht zwingend zum Erfolg, wie das vorangegangene Kapitel anhand einiger Beispiele gezeigt hat. Möglicherweise führt erst das gemeinsame Wirken von Maßnahmen an verschiedenen Ansatzpunkten zu einer Senkung des Discounts. Der Verbesserung der Transparenz kommt eine besondere Bedeutung zu, da oftmals erst so Steigerungen des Fundamentalwertes auch zu einer Steigerung des Marktwertes führen.

Diversifikation ist, und das ist *die wesentlichste Erkenntnis der vorliegenden Arbeit*, nicht grundsätzlich negativ zu beurteilen: es besteht durchaus das Potenzial, die besonderen Vorteile diversifizierter Unternehmen zu nutzen und so ein Premium gegenüber fokussierten Unternehmen zu rechtfertigen. Das beweisen die diversifizierten Unternehmen, die bereits mit einem Premium gehandelt werden. Eine Fokussierungsstrategie ist daher nicht per se ein richtiger Schritt zur Steigerung des Shareholder Value. Genauso wenig ist allerdings ein tatenloses Verharren auf dem Status quo unter Berufung auf das scheinbare 'Unvermögen' des Marktes, den wahren Wert eines Unternehmens zu erkennen, die richtige strategische Antwort auf einen Diversification Discount.

7.2 Geltungsgrenzen der Ergebnisse

Die vorliegende Arbeit ist der erste Versuch, eine erst mit Einführung verbindlicher Vorschriften zur Segmentberichterstattung möglich gewordene Untersuchung des Diversification Discounts und seiner Einflussgrößen am deutschen Kapitalmarkt durchzuführen. Sie ist dabei zu eindeutigen Antworten gelangt, die allerdings folgenden Einschränkungen mit der Folge möglicher Geltungsgrenzen unterliegen:

Für die Beantwortung der Forschungsfragen wurde auf bestehende und in der Wissenschaft akzeptierte Modelle zurückgegriffen. Während das Modell zur Berechnung des Excess Value in der wissenschaftlichen Diskussion weitgehend unumstritten ist, ist das von BILLET/MAUER (2002) entworfene und vom Autor erweiterte Modell zur Berechnung des internen Kapitalmarkts noch neu. Wie bei allen Modellen weist es natürliche Grenzen auf, die durch zu treffende einschränkende Annahmen entstehen; naturgemäß ist es als neues Modell noch nicht auf breiter Ebene diskutiert und bietet so möglicherweise mehr Verbesserungsmöglichkeiten als beispielsweise das Excess Value Modell. Zwei theoretische Verbesserungsansätze sind im Rahmen der Modellvorstellung bereits erläutert worden.[2] Im Hinblick auf eine praktische Umsetzung jedoch hätten sie die Einführung weiterer einschränkender Annahmen nötig gemacht; sie sind daher vom Autor als suboptimale Alternative nicht berücksichtigt worden.

Eine weitere Einschränkung der Reichweite der Ergebnisse ergibt sich aus der verhältnismäßig kleinen Datenbasis, die zur Ermittlung des *icm*-Wertes zur Verfügung stand. Konnte ein Excess Value noch für 90% der Unternehmen berechnet werden, so war eine Berechnung des *icm*-Wertes nur für maximal 40% der Unternehmen möglich. Zwar ergaben die Berechnungen des *icm*-Wertes und die Zusammenhangsanalyse ähnlich robuste Ergebnisse wie die Berechnung des EV; dennoch sind angesichts der schmalen Datenbasis die Ergebnisse zum Effizienzgrad des internen Kapitalmarkts und seiner Wirkung auf den EV vorsichtig als erste Evidenz zu werten, die es in weiterer Forschung zu erhärten gilt.

---

[2] Siehe Abschnitt 5.3.3.

7.3 Ausblick und Ansatzpunkte für weiterführende Untersuchungen

Die vorliegende Arbeit hat die ihr zugrunde liegenden Forschungsfragen beantwortet; ihre Beantwortung hat jedoch neue Fragen aufgeworfen. Aus diesen neuen Fragen ergeben sich folgende Ansätze für zukünftige Forschungsprojekte:[3]

Erstens könnte das entworfene Modell zur Berechnung des Effizienzgrads des internen Kapitalmarkts weiterentwickelt werden. Untersuchenswert ist die umsetzbare Modellierung möglicher Finanzierungsbeschränkungen einzelner Geschäftsbereiche, in deren Fall ein interner Kapitalmarkt ein besonderes Wertschaffungspotenzial aufweist. Desgleichen verdient der Aspekt des Gesamtrisikos eines Unternehmens bei der Analyse der Kapitalströme Aufmerksamkeit. Es ist denkbar, dass einige scheinbar ineffiziente Kapitalallokationen eine für die Gesamtrisikoposition des Unternehmens sinnvolle Allokation darstellen.

Zweitens sollte an der weiteren Entschlüsselung der Einflussgrößen des Discounts gearbeitet werden. Eine Möglichkeit hierzu böten Längsschnittstudien, in denen die Entwicklung eines Discounts über einen längeren Zeitpunkt beobachtet wird. Da die Segmentdaten deutscher Unternehmen allerdings erst eine fundierte Beobachtung ab dem Jahr 1998 bzw. 1999 erlauben, können Längsschnittstudien erst in einigen Jahren durchgeführt werden. Bis dahin können konkrete Fallstudien diversifizierter Unternehmen mit hohem Discount oder Premium wertvolle Aufschlüsse geben, wie über die identifizierten Ansatzpunkte ein Discount zu beeinflussen ist. Mit Hilfe interner Unternehmensdaten ließe sich zudem die von außen beobachtbare Effizienz interner Kapitalallokation mit der tatsächlich existierenden Effizienz vergleichen, um so Rückschlüsse zu ziehen, ob die von Investoren wahrgenommene Effizienz der internen Kapitalverteilung oder die tatsächliche Effizienz Einfluss auf den Discount ausübt.

Drittens sollte die in dieser Arbeit eingenommene deutsche Perspektive auf andere europäische Länder ausgeweitet werden; der großen Zahl an Untersuchungen zum amerikanischen Markt stehen kaum Untersuchungen auf europäischen Märkten gegenüber. Länderspezifische Besonderheiten, wie das Rechtssystem und der Perfektionsgrad des externen Kapi-

---

[3] Ein Teil dieser Ansatzpunkte ist bereits mit Forschungsarbeiten am Lehrstuhl für Unternehmensführung der Universität Dortmund unter Betreuung durch Prof. Dr. Welge und unter Beratung durch den Verfasser angegangen worden.

talmarkts, können eine Wirkung auf den Discount haben, sodass länderübergreifende Vergleiche weitere Rückschlüsse auf Einflussgrößen des Discounts ermöglichen würden.

Viertens könnten zu jedem der identifizierten Ansatzpunkte zur Verringerung eines Diversification Discounts vertiefende Untersuchungen durchgeführt werden, aus denen sich konkrete Maßnahmen ableiten lassen. Beispiele hierzu sind die Modellierung echter interner Kapitalmärkte und die Erarbeitung eines Umsetzungskonzepts oder die Anwendung von bestehenden Modellen zu 'Investor Relations' auf die spezielle Situation diversifizierter Unternehmen.

Angesichts der herausgestellten Bedeutung des Themas des Diversification Discounts wäre es wünschenswert, dass der vorgelegte Versuch einer systematischen Erfassung und Untersuchung von Erklärungsansätzen des Discounts Anstoß gibt für eine vertiefende Forschung in den aufgezeigten Themenfeldern.

Anhang

A.1 Unternehmen der Untersuchungsgruppe DIV

Diversifizierte Unternehmen (Untersuchungsgruppe DIV)

ID	Name	Branche 1	Branche 2	weitere Branchen	enthalten in DIV e	enthalten in DIV icm
DIV01	ADIDAS-SALOMON	Schuhe	Kleidung	Sport-Equipment	x	
DIV02	ALTANA	Pharma	Chemikalien		x	x
DIV03	BASF	Chemikalien	Erdöl		x	x
DIV04	BAYER	Health Care	Kunststoffe		x	x
DIV05	BABCOCK BORSIG	elektrische Maschinen	Transporteinrichtungen			
DIV06	BEIERSDORF	Kosmetik	Medical	Klebstoffe (Tesa)	x	x
DIV07	BAY.MOTOREN WERKE	Automobile	Financial Services		x	x
DIV08	BUDERUS	Heizungsprod.	Stahlerzeugnisse		x	x
DIV09	BAYWA	Agrar	Bau		x	
DIV10	CONTINENTAL	Reifen	Auto-Komponenten		x	x
DIV11	SCHENCK, CARL	Spezielle Instr.	Maschinen	Dienstleistungen	x	x
DIV12	DAIMLERCHRYSLER	Automobile	Financial Services		x	x
DIV13	DOUGLAS HOLDING	Handel versch.	Handel Bekleidung		x	
DIV14	DEUTSCHE POST	Postdienste	Financial Services		x	
DIV15	DRAEGERWERK	Medizintechnik	Handel	Transporttechnik	x	
DIV16	DT. STEINZEUG	Ton-/Keramikprodukte	Spezielle Instr.		x	
DIV17	DEUTSCHE TELEKOM	Telekommunikation	Komm. Dienstleistungen		x	
DIV18	DUERR	Maschinenherstellung	Transporteinrichtungen		x	x
DIV19	DYCKERHOFF	Stein- Glas-Ton- Betonprod.	Chemikalien		x	x
DIV20	ENERGIE BADEN WÜRTTEMB.	Elektrizitätswerke	Komm. Dienstleistungen		x	
DIV21	EHLEBRACHT	Gummi-/Plastikprod.	Möbel	Maschinen	x	x
DIV22	HANS EINHELL	Maschinenherstellung	Großhandel		x	
DIV23	E.ON	Elektrizitätswerke	Chemikalien	Immobilien	x	
DIV24	EPCOS	Maschinen	Stein,-Keramik, Betonprodukte			x
DIV25	EM.TV & MERCHANDISING	Vergnügungsstätten	Film-Kinoanlagen		x	
DIV26	EUROMICRON	Maschinen	Metallverarbeitung		x	x
DIV27	FAG-KUGELFISCHER	Maschinenherstellung	Transporteinrichtungen	Dienstleistungen	x	x
DIV28	FRAPORT FFM.AIRPORT	Lufttransport	Immobilien		x	x
DIV29	FRESENIUS	Spezielle Instrumente	Pharma	Mgmt. Services	x	x
DIV30	FRIATEC	Gummi-/Plastikprod.	Maschinen	Stein-, Keramik- und Betonprodukte	x	
DIV31	GEA	Maschinen	elektrische Maschinen		x	x
DIV32	GESCO	Maschinenherstellung	Fahrzeugbau			
DIV33	HARPEN	Elektrizitätswerke	Immobilien	Wassertransport, KFZ-Services	x	
DIV34	HENKEL	Chemikalien	Industrieklebstoffe		x	x
DIV35	HOCHTIEF	Allg. Bauunternehmen	Hoch-Tiefbau	Lufttransport	x	
DIV36	HOEFT & WESSEL	Maschinenherstellung	elektrische Maschinen		x	
DIV37	INDUS HOLDING	Maschinenherstellung	Transporteinrichtungen	GroßhandelGummi-/Plastikprod.	x	x

Diversifizierte Unternehmen (Untersuchungsgruppe DIV)

ID	Name	Branche 1	Branche 2	weitere Branchen	ent-halten in DIV e	ent-halten in DIV icm
DIV38	IWKA	Maschinenherstellung	Spezielle Instr.		x	
DIV39	JENOPTIK	Maschinenherstellung	Stein- Glas-Ton- Betonprod.	Immobilien	x	
DIV40	KLOECKNER-WERKE	Maschinenherstellung	Papier		x	
DIV41	KNURR MECHANIK	Metallwaren	Großhandel		x	
DIV42	KOLBENSCHMIDT PIERB.	Transporteinrichtungen	Maschinenherstellung	Spezielle Instr., KFZ-Services	x	x
DIV43	LEONI	Maschinenherstellung	Papier	Metallwaren	x	x
DIV44	LUFTHANSA	Lufttransport	Catering/Rest.	Kommerz. Dienstleist.	x	
DIV45	LINOS	Spezielle Instrumente	Maschinenherstellung		x	
DIV46	LINDE	Chemikalien	Maschinenherst.		x	x
DIV47	MAN	Transporteinrichtg.	Maschinenherst.	Großhandel, Kreditanstalten	x	x
DIV48	4MBO INTL	elektrische Masch.	Telekom.		x	
DIV49	MEDION	Großhandel	elektrische Maschinen		x	
DIV50	METRO	Großhandel Verbrauchsgüter	Einzelhandel Waren	Einzelhandel Lebensmittel	x	
DIV51	MG TECHNOLOGIES	Maschinenherstellung	Großhandel Chemieprodukte	Hoch- Tiefbau, Metallwaren, Chemikalien	x	
DIV52	MERCK KGAA	Chemikalien	Großhandel dauerhafte Güter		x	
DIV53	MÜHLBAUER	Maschinenherstellung	elektrische Maschinen		x	
DIV54	MAX HOLDING	Maschinenherstellung	Gummi-/Plastikprod.	Bauunternehmen	x	
DIV55	MASTERFLEX	Gummi-/Plastikprod.	Maschinenherstellung	Chemikalien	x	x
DIV56	PFEIFFER VACUUM TECH.	Maschinenherstellung	Spezielle Instr.	Bauunternehmen	x	
DIV57	PHOENIX	Transporteinrichtungen	Gummi-/Plastikprod.	Maschinenher-stellung	x	
DIV58	PLETTAC	Metallwaren	Bauunternehmen	elektrische Maschinen		
DIV59	QUANTE	elektrische Maschinen	Telekommunikation		x	
DIV60	RHEINMETALL	Maschinenherstellung	Transporteinrichtungen	elektrische Maschinen	x	
DIV61	R. STAHL	Maschinenherstellung	elektrische Maschinen		x	
DIV62	RÜTGERSWERKE	Chemikalien	Gummi-/Plastikprod.		x	
DIV63	RWE	Elektrizitätswerke	Hoch-Tiefbau	Erdöl/Gas, Maschinenher-stellung	x	x
DIV64	SAUER INC	Maschinenherstellung	Metallwaren		x	x
DIV65	K+S	Minen/Steinbrüche	Chemikalien	Bahn-/Strassentransporte,	x	
DIV66	ALCATEL SEL	Maschinenherstellung	elektrische Maschinen		x	
DIV67	SIEMENS	elektrische Maschinen	Spezielle Instr.	Elektrizitätswerke, Transportein-richtungen, Immobilien	x	
DIV68	STINNES	Straßentransporte	Großhandel Chemieprodukte	Metallverarbeitendes Gewerbe	x	x
DIV69	STRABAG BAU	Hoch-Tiefbau	Allg. Bauunternehmen		x	
DIV70	STO	Zement-/Betonprodukte	Dämmsysteme		x	

Diversifizierte Unternehmen (Untersuchungsgruppe DIV)

ID	Name	Branche 1	Branche 2	weitere Branchen	ent-halten in DIV e	ent-halten in DIV lcm
DIV71	THYSSENKRUPP	Metallverarbeitendes Gewerbe	Großhandel dauerhafte Güter	Transporteinrich-tungen, Immobilien, Dienstleistungen		x
DIV72	TUI	Transportdienste	Transporteinrichtungen	Großhandel dauerhafte Güter, Öl-und Gasgewinnung, Hoch-Tiefbau	x	
DIV73	TA TRIUMPH-ADLER	Maschinenherstellung	Versch. Herstellungsbetriebe		x	
DIV74	VOLKSWAGEN	Automobile	Leasing		x	
DIV75	WELLA	Chemikalien	Großhandel Verbrauchsgüter		x	x
DIV76	WANDERER WERKE	Papier	Transporteinrichtungen	Maschinenher-stellung, Möbel	x	
DIV77	WINDHOFF	Transporteinrichtungen	Maschinenherstellung			
DIV78	WMF	Großhandel dauerhafte Güter	Stein- Glas-Ton- Betonprod.		x	

A.2 Unternehmen der Untersuchungsgruppe FOK

Fokussierte Unternehmen (Untersuchungsgruppe FOK)

ID	Name	Branche*	enthalten in FOKe
FOK001	AMADEUS	Kommerzielle Dienstleistungen	
FOK002	ARTICON	Kommerzielle Dienstleistungen	x
FOK003	ADOLF AHLERS	Stoffprodukte	
FOK004	AUGUSTA TECH	Maschinen, elektrisch	x
FOK005	ALLBECON AG	Kommerzielle Dienstleistungen	x
FOK006	ACG	Kommerzielle Dienstleistungen	x
FOK007	AC SERVICE AG	Kommerzielle Dienstleistungen	x
FOK008	AS CREATION TAPE	Papier	x
FOK009	ADVA OPTICAL	Dauerhafte Güter	x
FOK010	CARL ZEISS MEDI	Spezielle Instrumente	
FOK011	AIGNER	Leder und Lederprodukte	x
FOK012	AIXTRON	Dauerhafte Güter	x
FOK013	ANALYTIK JENA	Spezielle Instrumente	
FOK014	IPC ARCHTEC	Dauerhafte Güter	x
FOK015	ALNO AG	Maschinenherstellung allgemein	x
FOK016	ANDREA NORIS ZAHN	Verbrauchsgüter	
FOK017	ANZAG	Verbrauchsgüter	
FOK018	ATOSS	Dauerhafte Güter	x
FOK019	APCOA PARKING AG	KFZ-Reparaturen, Leasing etc.	x
FOK020	ARXES	Möbel, Wohnungseinrichtungen, Ausstattung	
FOK021	ALPHAFORM	Metallwaren, ohne Maschinen und Transp.	
FOK022	AVA AG	Lebensmittelgeschäfte	x
FOK023	AWD HOLDING AG	Verschiedene Dienstleistungen	x
FOK024	ALLWEILER	Maschinen, elektrisch	x
FOK025	ADS SYSTEM	Dauerhafte Güter	x
FOK026	BALDA AG	Gummi- und Plastikprodukte	x
FOK027	BRAU UND BRUNNEN AG	Lebensmittel- und verwandte Produkte	x
FOK028	BECHTLE AG	Kommerzielle Dienstleistungen	x
FOK029	BRUDER MANNESMAN	Dauerhafte Güter	x
FOK030	BERTRANDT AG	Gemeinnützige Vereinigungen	
FOK031	BAEURER	Kommerzielle Dienstleistungen	x
FOK032	BERENTZEN GRP	Lebensmittel- und verwandte Produkte	x
FOK033	BIEN-HAUS	Allg. Bauunternehmen	x
FOK034	BIJOU BRIGITTE	Verschiedene Herstellungsbetriebe	x
FOK035	RADERBERGER GRUPPE AG	Lebensmittel- und verwandte Produkte	x
FOK036	BIOTEST	Chemikalien	x
FOK037	BIODATA	Kommerzielle Dienstleistungen	x
FOK038	BEWAG AG	Elektrizitätswerke	
FOK039	BKN	Film- und Kinoanlagen	
FOK040	BBS KRAFTFZG	Transporteinrichtungen	x
FOK041	BRAIN INTNL	Kommerzielle Dienstleistungen	x
FOK042	BINTEC	Kommerzielle Dienstleistungen	x
FOK043	HUGO BOSS AG	Stoffprodukte	x
FOK044	BARMAG AG	Maschinenherstellung allgemein	x
FOK045	BROKAT AG	Kommerzielle Dienstleistungen	
FOK046	BASLER	Maschinen, elektrisch	x
FOK047	BETA SYSTEMS	Kommerzielle Dienstleistungen	x
FOK048	BOWE SYSTEC AG	Verbrauchsgüter	x
FOK049	BURGBAD	Stein-, Ton-, Glas- und Betonprodukte	x
FOK050	B.U.S.	k.A.	
FOK051	BOV AG	Kommerzielle Dienstleistungen	x
FOK052	BREMER WOLLE	Textilindustrie	x
FOK053	BERU AG	Maschinen, elektrisch	
FOK054	CAATOOSEE	Kommerzielle Dienstleistungen	
FOK055	CONDOMI	Gummi- und Plastikprodukte	

Fokussierte Unternehmen (Untersuchungsgruppe FOK)

ID	Name	Branche*	enthalten in FOKe
FOK056	CEAG	Maschinen, elektrisch	x
FOK057	CEYONIQ	Kommerzielle Dienstleistungen	x
FOK058	CENTROTEC	Gummi- und Plastikprodukte	x
FOK059	CE CONSUMER	Kommerzielle Dienstleistungen	x
FOK060	CONSTANTIN	Film- und Kinoanlagen	x
FOK061	INNOTEC TSS AG	Metallwaren, ohne Maschinen und Transp.	x
FOK062	CINEMEDIA	Film- und Kinoanlagen	x
FOK063	CARRIER1	Telekom	
FOK064	COMPUTEC	Druckereien und Verlage	
FOK065	CONCORDIA BAU & BODEN AG	Immobilien	x
FOK066	COR AG Insurance	Kommerzielle Dienstleistungen	x
FOK067	CORDIER, ROBERT	Papier	
FOK068	CANCOM IT SYSTEM	Kommerzielle Dienstleistungen	x
FOK069	COMPUTERLINKS	Kommerzielle Dienstleistungen	x
FOK070	CREATON	Stein-, Ton-, Glas- und Betonprodukte	x
FOK071	CENIT AG	Kommerzielle Dienstleistungen	x
FOK072	COMTRADE	Dauerhafte Güter	x
FOK073	CEWE COLOR	Verschiedene Waren	x
FOK074	CELANESE AG	Chemikalien	x
FOK075	DATA MODUL	Maschinen, elektrisch	x
FOK076	DEBITEL AG	Fernmeldeeinrichtungen	x
FOK077	CONTIGAS DT ENER	Elektrizitäts-, Gas-, Wasserwerke etc.	x
FOK078	DIS DEUT.IND.SERV.	Kommerzielle Dienstleistungen	x
FOK079	RWE-DEA	Verbrauchsgüter	
FOK080	DINO	Druckereien und Verlage	x
FOK081	DEUTZ AG	Maschinenherstellung allgemein	x
FOK082	DEGUSSA AG	Erdölindustrie	
FOK083	DIDIER-WERKE	Stein-, Ton-, Glas- und Betonprodukte	x
FOK084	DIALOG SEMICOND	Maschinen, elektrisch	x
FOK085	ARMSTRONG DLW AG	Verschiedene Herstellungsbetriebe	x
FOK086	DRILLISCH AG	Fernmeldeeinrichtungen	x
FOK087	D+S ONLINE	Kommerzielle Dienstleistungen	x
FOK088	DATASAVE AG	Kommerzielle Dienstleistungen	
FOK089	STEAG	Maschinen, elektrisch	x
FOK090	DAS WERK	Film- und Kinoanlagen	x
FOK091	LUDWIG BECK AG	Waren aller Art	x
FOK092	EDDING	Verschiedene Herstellungsbetriebe	x
FOK093	EDSCHA AG	Transporteinrichtungen	
FOK094	ELEXIS	Maschinenherstellung allgemein	x
FOK095	UNITED INTERNET	Kommerzielle Dienstleistungen	x
FOK096	EIFEL KLINIK	Soziale Dienste	x
FOK097	ENERGIEKONTOR	Maschinenherstellung allgemein	x
FOK098	ELMOS SEMICONDUCTOR AG	Maschinen, elektrisch	x
FOK099	ELSA AG	Maschinen, elektrisch	x
FOK100	EMPRISE MNGMNT	Kommerzielle Dienstleistungen	x
FOK101	DEUTSCHE ENTERTAINMENT	Vergnügungs- und Erholungsstätten	x
FOK102	ESCADA AG	Stoffprodukte	
FOK103	EASY SOFTWARE	Kommerzielle Dienstleistungen	x
FOK104	EUROBIKE	Autohändler, Tankstellen	
FOK105	ECKERT&ZIEGLER	Chemikalien	x
FOK106	CTS	Vergnügungs- und Erholungsstätten	x
FOK107	EVOTEC	Gemeinnützige Vereinigungen	x
FOK108	FARMATIC	Maschinenherstellung allgemein	x
FOK109	FLACHGLAS	Stein-, Ton-, Glas- und Betonprodukte	
FOK110	EFF-EFF KGAA	Kommerzielle Dienstleistungen	x

Fokussierte Unternehmen (Untersuchungsgruppe FOK)

ID	Name	Branche*	enthalten in FOKe
FOK111	FELTEN & GUILLEAUM ENERGY	Maschinen, elektrisch	
FOK112	FORTEC	Dauerhafte Güter	
FOK113	FUNKWERK	Fernmeldeeinrichtungen	x
FOK114	FIELMANN	Verschiedene Waren	x
FOK115	FJA AG	Software	
FOK116	FRESEN.MED.CARE AG	Gesundheitsdienste	x
FOK117	FUCHS PETROL	Erdölindustrie	x
FOK118	FREENET	Kommerzielle Dienstleistungen	x
FOK119	FROHLICH	Gemeinnützige Vereinigungen	
FOK120	FORIS	Kommerzielle Dienstleistungen	x
FOK121	SOFTM	Kommerzielle Dienstleistungen	x
FOK122	FRANK. UBERLANDWERK	Elektrizitäts-, Gas-, Wasserwerke etc.	x
FOK123	FORD WERKE AG	Automobile	
FOK124	GARDENA HLDG	Maschinenherstellung allgemein	
FOK125	GARANT-SCHUH	Verbrauchsgüter	x
FOK126	BILFINGER BERGER AG	Hoch- und Tiefbau	x
FOK127	GEHE AG	Großhandel Verbrauchsgüter	x
FOK128	GERRESHEIMER	Glas	
FOK129	GFK AG	Gemeinnützige Vereinigungen	x
FOK130	GFN	Schulen und Studienanstalten	x
FOK131	GFT TECHNOLOGIES	Kommerzielle Dienstleistungen	x
FOK132	GILDEMEISTER AG	Maschinenherstellung allgemein	x
FOK133	GIRINDUS	Chemikalien	x
FOK134	GRAPHIT	Metallbearbeitendes Gewerbe	x
FOK135	GRENKE LEASING AG	Kommerzielle Dienstleistungen	x
FOK136	GLUNZ	Holzwaren	x
FOK137	GRAMMER AG	Transporteinrichtungen	x
FOK138	GOLDSCHMIDT	Chemikalien	x
FOK139	GPC BIOTECH	Gemeinnützige Vereinigungen	x
FOK140	GRAPHISOFT NV	Kommerzielle Dienstleistungen	x
FOK141	GAUSS	Kommerzielle Dienstleistungen	x
FOK142	GERRY WEBER INTERNAT.	Stoffprodukte	
FOK143	HACH	Verschiedene Herstellungsbetriebe	
FOK144	HAITEC	Kommerzielle Dienstleistungen	x
FOK145	HAWESKO HOLDING	Verbrauchsgüter	x
FOK146	HORNBACH	Baumaterial, Eisenwaren, Wohnmobile	
FOK147	HUCKE AG	Stoffprodukte	
FOK148	HEIDELBERG.DRUCKMA.	Maschinenherstellung allgemein	
FOK149	HELKON	Film- und Kinoanlagen	
FOK150	KENN HERTEL	Maschinenherstellung allgemein	
FOK151	HEIDELBERGCEMENT ST	Stein-, Ton-, Glas- und Betonprodukte	x
FOK152	HERLITZ INTL TRA	Verbrauchsgüter	x
FOK153	HEW / Vattenfall	Energie	x
FOK154	HEYDE AG	Kommerzielle Dienstleistungen	x
FOK155	HERLITZ	Papier	x
FOK156	ARTSTOR	Dauerhafte Güter	x
FOK157	HIRSCH AG	Stoffprodukte	
FOK158	HEINKEL	Maschinenherstellung allgemein	x
FOK159	MATERNUS-KLINIK	Health Care	x
FOK160	HENNINGER	Verbrauchsgüter	
FOK161	HOECHST AG	Chemikalien	x
FOK162	HORNBACH-BAUM.	Baumaterial, Eisenwaren, Wohnmobile	
FOK163	HOLZMANN, P.	Allg. Bauunternehmen	x
FOK164	HOLSTEN-BRAUEREI	Lebensmittel- und verwandte Produkte	x
FOK165	BHS TABLETOP AG	Stein-, Ton-, Glas- und Betonprodukte	x

Fokussierte Unternehmen (Untersuchungsgruppe FOK)

ID	Name	Branche*	enthalten in FOKe
FOK166	HUNZINGER	Gemeinnützige Vereinigungen	x
FOK167	HYMER AG	Transporteinrichtungen	
FOK168	IBS AG	Kommerzielle Dienstleistungen	x
FOK169	ID MEDIA	Kommerzielle Dienstleistungen	x
FOK170	IDS SCHEER AG	Kommerzielle Dienstleistungen	x
FOK171	IM INTL MEDIA	Film- und Kinoanlagen	x
FOK172	IFA HOTEL & TOUR	Hotels, Pensionen	x
FOK173	INFOMATEC	Kommerzielle Dienstleistungen	x
FOK174	INFOR BUSINESS	Kommerzielle Dienstleistungen	x
FOK175	INFINEON TECH.AG NA	Maschinen, elektrisch	
FOK176	ITELLIGENCE	Kommerzielle Dienstleistungen	x
FOK177	ISION	Kommerzielle Dienstleistungen	x
FOK178	E.ON BAYERN AG	Elektrizitäts-, Gas-, Wasserwerke etc.	x
FOK179	INTERSHOP COMM.	Kommerzielle Dienstleistungen	x
FOK180	ISRA VISION	Maschinen, elektrisch	
FOK181	INTERSEROH AG	Dauerhafte Güter	x
FOK182	IVU TRAFFIC TECH	Kommerzielle Dienstleistungen	x
FOK183	INIT AG	Maschinenherstellung allgemein	x
FOK184	JAGENBERG	Maschinenherstellung allgemein	x
FOK185	JOBPILOT	Kommerzielle Dienstleistungen	
FOK186	JUNGHEINRICH AG	Dauerhafte Güter	x
FOK187	JACK WHITE	Vergnügungs- und Erholungsstätten	x
FOK188	KAESSBOHRER	Transporteinrichtungen	
FOK189	KAMPS AG	Lebensmittel- und verwandte Produkte	x
FOK190	KARSTADT QUELLE AG	Waren aller Art	x
FOK191	KONTRON AG	Maschinenherstellung allgemein	x
FOK192	KERAMAG AG	Stein-, Ton-, Glas- und Betonprodukte	x
FOK193	KAUFRING	Dauerhafte Güter	x
FOK194	KOGEL	Transporteinrichtungen	x
FOK195	LEWAG	Maschinenherstellung allgemein	x
FOK196	KLEINDIENST	Kommerzielle Dienstleistungen	x
FOK197	K & M MOEBEL AG	Möbel	x
FOK198	KINOWELT	Film- und Kinoanlagen	x
FOK199	KAMPA-HAUS	Allg. Bauunternehmen	x
FOK200	KRAFT RHEINFELDEN	Energie	
FOK201	KRONES AG	Maschinenherstellung allgemein	x
FOK202	KSB	Maschinenherstellung allgemein	x
FOK203	KUNERT	Textilindustrie	x
FOK204	KWS SAAT AG	Landwirtschaftlicher Anbau	
FOK205	LEICA CAMERA AG	Dauerhafte Güter	
FOK206	LYCOS EUROPE N.V	Kommerzielle Dienstleistungen	
FOK207	LECH ELEKTR	Elektrizitäts-, Gas-, Wasserwerke etc.	
FOK208	LEHNKERING MONTAN TRANSP.	Transportdienste	
FOK209	LEIFHEIT	Maschinen, elektrisch	x
FOK210	LINTEC	Maschinenherstellung allgemein	x
FOK211	LION BIOSCIENCE	Gemeinnützige Vereinigungen	
FOK212	ADLINK	Kommerzielle Dienstleistungen	x
FOK213	LINDNER HOLDING	Bauunternehmen	
FOK214	LOEWE AG	Maschinen, elektrisch	x
FOK215	D.LOGISTICS	Kommerzielle Dienstleistungen	x
FOK216	LPKF	Kommerzielle Dienstleistungen	x
FOK217	LAMBDA PHYSIK	Maschinen, elektrisch	
FOK218	MANAGE DATA	Möbel, Wohnungseinrichtungen, Ausstattun	x
FOK219	MB SOFTWARE	Kommerzielle Dienstleistungen	
FOK220	MARBERT AG	Handel versch.	x

Fokussierte Unternehmen (Untersuchungsgruppe FOK)

ID	Name	Branche*	enthalten in FOKe
FOK221	METABOX	Maschinenherstellung allgemein	x
FOK222	MODULAR COMPUTER	Kommerzielle Dienstleistungen	x
FOK223	MEDICLIN	Gesundheitsdienste	x
FOK224	MIS	Gemeinnützige Vereinigungen	x
FOK225	MEDIA!	Maschinen, elektrisch	
FOK226	MICROLOG LOGISTICS AG	Transportdienste	x
FOK227	MARSEILLE-KLINIK	Gesundheitsdienste	
FOK228	MUELLER	Gemeinnützige Vereinigungen	x
FOK229	MANIA	Maschinen, elektrisch	x
FOK230	MOBILCOM AG	Fernmeldeeinrichtungen	x
FOK231	MOKSEL AG	Lebensmittel- und verwandte Produkte	x
FOK232	MOUNT10 HOLDING	Kommerzielle Dienstleistungen	x
FOK233	MUEHL AG	Baumaterial, Eisenwaren, Wohnmobile	x
FOK234	MENSCH &MASCHINE	Kommerzielle Dienstleistungen	x
FOK235	M+S	Kommerzielle Dienstleistungen	
FOK236	MVV ENERGIE AG	Elektrizitäts-, Gas-, Wasserwerke etc.	
FOK237	MOBEL WALTHER	Möbel, Wohnungseinrichtungen, Ausstattung	x
FOK238	MAXDATA	Maschinenherstellung allgemein	x
FOK239	CINEMAXX	Film- und Kinoanlagen	
FOK240	MSH INTL SERVICE AG	k.A.	
FOK241	NORCOM	Kommerzielle Dienstleistungen	x
FOK242	NORDDT.AFFINERIE	Metallbearbeitendes Gewerbe	
FOK243	NORDEX	Maschinenherstellung allgemein	
FOK244	NEMETSCHEK	Kommerzielle Dienstleistungen	x
FOK245	NET AG	Kommerzielle Dienstleistungen	
FOK246	NECKARWERKE ELEKTR	Energie	
FOK247	NEUE SENTIMENTAL	Kommerzielle Dienstleistungen	x
FOK248	FROSTA AG	Lebensmittel- und verwandte Produkte	x
FOK249	NOVASOFT	Kommerzielle Dienstleistungen	x
FOK250	NESCHEN	Gummi- und Plastikprodukte	x
FOK251	NORDDEUTSCHE STE	Stein-, Ton-, Glas- und Betonprodukte	x
FOK252	NSE	Kommerzielle Dienstleistungen	x
FOK253	MWG BIOTECH	Gesundheitsdienste	x
FOK254	ORBIS	Gemeinnützige Vereinigungen	x
FOK255	ODEON	Film- und Kinoanlagen	x
FOK256	CDV SOFTWARE	Kommerzielle Dienstleistungen	x
FOK257	OHB TELEDATA	Verschiedene Dienstleistungen	x
FOK258	ORAD	Kommerzielle Dienstleistungen	x
FOK259	ORENSTEIN & KOPPEL	Maschinenherstellung allgemein	
FOK260	SAINT-GOBAIN OBERLAND AG	Stein-, Ton-, Glas- und Betonprodukte	x
FOK261	OPPERMANN	Verschiedene Waren	
FOK262	PARSYTEC	Kommerzielle Dienstleistungen	
FOK263	JEAN PASCALE AG	Bekleidung, Access., Kurzwaren	x
FOK264	PGAM	Maschinenherstellung allgemein	x
FOK265	PRIMACOM	Kommerzielle Dienstleistungen	x
FOK266	PC-WARE	Kommerzielle Dienstleistungen	
FOK267	PANDATEL	Maschinen, elektrisch	x
FOK268	PARAGON	Maschinen, elektrisch	x
FOK269	PITTLER MASCHINE	Maschinenherstellung allgemein	
FOK270	PLENUM AG	Kommerzielle Dienstleistungen	x
FOK271	PLASMASELECT	Spezielle Instrumente	
FOK272	PROCON	Vergnügungs- und Erholungsstätten	x
FOK273	PLAMBECK	Elektrizitäts-, Gas-, Wasserwerke etc.	x
FOK274	POPNET	Kommerzielle Dienstleistungen	x
FOK275	PORSCHE AG	Automobile	

Fokussierte Unternehmen (Untersuchungsgruppe FOK)

ID	Name	Branche*	enthalten in FOKe
FOK276	PROUT	Maschinenherstellung allgemein	
FOK277	PSI AG	Kommerzielle Dienstleistungen	x
FOK278	PSB	Kommerzielle Dienstleistungen	x
FOK279	PROSIEBENSAT1	Vergnügungs- und Erholungsstätten	x
FOK280	P & T TECHNOLOGY	Maschinenherstellung allgemein	x
FOK281	PERSONAL & INFOR	Kommerzielle Dienstleistungen	
FOK282	PUMA AG	Gummi- und Plastikprodukte	x
FOK283	PLAUT	Gemeinnützige Vereinigungen	x
FOK284	PWA PAPIERWERKE WALDHOF	Papier	x
FOK285	PIXELPARK	Kommerzielle Dienstleistungen	
FOK286	PIXELNET	Dauerhafte Güter	x
FOK287	QSC	Fernmeldeeinrichtungen	x
FOK288	RATIONAL AG	Maschinenherstellung allgemein	x
FOK289	RHEIN BIOTECH	Chemikalien	x
FOK290	ARBO	Kommerzielle Dienstleistungen	x
FOK291	COMROAD	Kommerzielle Dienstleistungen	x
FOK292	REICHELT, OTTO	Großhandel Verbrauchsgüter	x
FOK293	RHOEN-KLINIKUM	Gesundheitsdienste	x
FOK294	RSE GRUNDBESITZ UND...	Immobilien	x
FOK295	RINOL AG	Chemikalien	x
FOK296	MAN-ROLAND DRUCK	Maschinenherstellung allgemein	
FOK297	ROSENTHAL	Stein-, Ton-, Glas- und Betonprodukte	x
FOK298	REPOWER SYSTEMS	Maschinenherstellung allgemein	x
FOK299	REALTECH	Kommerzielle Dienstleistungen	x
FOK300	RTV	Film- und Kinoanlagen	x
FOK301	VIZRT	Kommerzielle Dienstleistungen	x
FOK302	RUECKER	Gemeinnützige Vereinigungen	x
FOK303	ROHWEDDER	Maschinenherstellung allgemein	x
FOK304	ROEDER	Kommerzielle Dienstleistungen	x
FOK305	SANDERS, JIL	Verbrauchsgüter	x
FOK306	SAI AUTOMOTIVE AG	Stoffprodukte	x
FOK307	SAP	Kommerzielle Dienstleistungen	x
FOK308	SALTUS	Metallwaren, ohne Maschinen und Transp.	
FOK309	STADA ARZNEIMITT.VNA	Chemikalien	x
FOK310	STRATEC BIO	Spezielle Instrumente	x
FOK311	SCHWEIZER	Maschinen, elektrisch	x
FOK312	SCHERING AG	Chemikalien	x
FOK313	SCHUMAG	Maschinenherstellung allgemein	
FOK314	SCHULER	Maschinenherstellung allgemein	
FOK315	SER SYSTEME AG	Kommerzielle Dienstleistungen	x
FOK316	SOFTLINE	Kommerzielle Dienstleistungen	
FOK317	SGL CARBON AG	Maschinen, elektrisch	x
FOK318	SCHLOTT	Druckereien und Verlage	
FOK319	SHS	Kommerzielle Dienstleistungen	x
FOK320	SIMONA AG	Verbrauchsgüter	x
FOK321	SIXT AG ST	KFZ-Reparaturen, Leasing etc.	x
FOK322	KOENIG + BAUER AG ST	Maschinenherstellung allgemein	x
FOK323	SCHLEICHER & CO	Maschinenherstellung allgemein	
FOK324	SCHALTBAU AG	Dauerhafte Güter	x
FOK325	SUESS	Maschinenherstellung allgemein	x
FOK326	SCHMALBACH-LUBECA	Verpackungen	
FOK327	SENATOR	Entertainment	x
FOK328	SANACORP PHAR	Verbrauchsgüter	
FOK329	SINGULUS TECHNOLOGIES	Maschinenherstellung allgemein	x
FOK330	SOFTWARE AG	Kommerzielle Dienstleistungen	x

Fokussierte Unternehmen (Untersuchungsgruppe FOK)

ID	Name	Branche*	enthalten in FOKe
FOK331	SPAR HANDELS	Lebensmittelgeschäfte	x
FOK332	SPRINGER	Druckereien und Verlage	x
FOK333	SCHNEIDER RUNDFUNK	Maschinen, elektrisch	x
FOK334	SACHSENRING	Maschinen, elektrisch	x
FOK335	SERO	Maschinenherstellung allgemein	
FOK336	SARTORIUS	Maschinenherstellung allgemein	x
FOK337	SCHWARZ PHARMA AG	Chemikalien	x
FOK338	SAP SYSTEMS INTEGRATION	Kommerzielle Dienstleistungen	x
FOK339	STOLLWERCK	Lebensmittel- und verwandte Produkte	x
FOK340	STOEHR	Textilindustrie	x
FOK341	SUD CHEMIE	Stein-, Ton-, Glas- und Betonprodukte	x
FOK342	SURTECO	Holzwaren	x
FOK343	SOLARWORLD	Maschinenherstellung allgemein	x
FOK344	SUNWAYS	Maschinen, elektrisch	x
FOK345	SYSKOPLAN	Gemeinnützige Vereinigungen	x
FOK346	SALZGITTER AG	Metallbearbeitendes Gewerbe	
FOK347	SZ TESTSYSTEME	Spezielle Instrumente	
FOK348	SUEDZUCKER MA./OCHS.	Lebensmittel- und verwandte Produkte	
FOK349	TELE ATLAS	Kommerzielle Dienstleistungen	x
FOK350	TARKETT SOMMER AG	Gummi- und Plastikprodukte	x
FOK351	TDS	Kommerzielle Dienstleistungen	x
FOK352	TELDAFAX	Fernmeldeeinrichtungen	x
FOK353	THUGA	Elektrizitäts-, Gas-, Wasserwerke etc.	x
FOK354	THIEL LOGISTIK AG	Kommerzielle Dienstleistungen	x
FOK355	TELEGATE	Kommerzielle Dienstleistungen	x
FOK356	TIPTEL AG	Maschinen, elektrisch	x
FOK357	TELES	Kommerzielle Dienstleistungen	x
FOK358	TELESENS	Kommerzielle Dienstleistungen	x
FOK359	TECHEM	Kommerzielle Dienstleistungen	
FOK360	T-ONLINE INTERNATIONAL AG	Kommerzielle Dienstleistungen	x
FOK361	TOPCALL INTL	Maschinen, elektrisch	x
FOK362	TEPLA	Maschinenherstellung allgemein	x
FOK363	TELEPLAN INTERNATIONAL	Kommerzielle Dienstleistungen	x
FOK364	TRIPLAN	Gemeinnützige Vereinigungen	x
FOK365	TRIA	Kommerzielle Dienstleistungen	x
FOK366	TRANSTEC	Kommerzielle Dienstleistungen	x
FOK367	TAKKT	Verschiedene Waren	x
FOK368	TECHNOTRANS AG	Maschinenherstellung allgemein	x
FOK369	TURBON INTL	Chemikalien	x
FOK370	TRAVEL24	Transportdienste	x
FOK371	TV-LOONLAND	Film- und Kinoanlagen	x
FOK372	UNITED LABELS	Dauerhafte Güter	x
FOK373	UMS	Dauerhafte Güter	x
FOK374	UMWELTKONTOR	Elektrizitäts-, Gas-, Wasserwerke etc.	x
FOK375	UTIMACO	Kommerzielle Dienstleistungen	
FOK376	BEATE UHSE AG	Verschiedene Waren	x
FOK377	USU SOFTWARE	Kommerzielle Dienstleistungen	
FOK378	3U TELEKOM	Fernmeldeeinrichtungen	x
FOK379	UZIN UTZ	Chemikalien	x
FOK380	VARTA	Maschinen, elektrisch	x
FOK381	VBH	Dauerhafte Güter	x
FOK382	VECTRON	Kommerzielle Dienstleistungen	x
FOK383	VCL FILM	Film- und Kinoanlagen	
FOK384	VILLEROY & BOCH	Stein-, Ton-, Glas- und Betonprodukte	x
FOK385	VOGT ELECTRON	Maschinen, elektrisch	

Fokussierte Unternehmen (Untersuchungsgruppe FOK)

ID	Name	Branche*	enthalten in FOKe
FOK386	VOSSLOH AG	Dauerhafte Güter	x
FOK387	VARETIS	Kommerzielle Dienstleistungen	x
FOK388	VIVANCO	Maschinen, elektrisch	x
FOK389	VIVA MEDIA	Fernmeldeeinrichtungen	x
FOK390	WALTER AG	Maschinenherstellung allgemein	x
FOK391	WINKLER & DUENNE	Maschinenherstellung allgemein	x
FOK392	WEDECO AG	Maschinenherstellung allgemein	x
FOK393	WEB.DE	Kommerzielle Dienstleistungen	x
FOK394	W.E.T. AUTOMOTIVE SYSTEMS	Stoffprodukte	
FOK395	WURZBURGER HOFBR	Verbrauchsgüter	
FOK396	SINN LEFFERS AG	Verbrauchsgüter	x
FOK397	WINTER	Kommerzielle Dienstleistungen	x
FOK398	WAVELIGHT	Spezielle Instrumente	
FOK399	WEINIG	Maschinenherstellung allgemein	
FOK400	W.O.M.	Spezielle Instrumente	x
FOK401	WERU	Gummi- und Plastikprodukte	x
FOK402	WASHTEC	Maschinenherstellung allgemein	x
FOK403	WALTER BAU	Allg. Bauunternehmen	x
FOK404	WESTAG & GETALIT	Holzwaren	x
FOK405	WUENSCHE AG	Verbrauchsgüter	x
FOK406	GELSENWASSER	Elektrizitäts-, Gas-, Wasserwerke etc.	x
FOK407	WIZCOM	Maschinen, elektrisch	x
FOK408	IXOS SOFTWARE AG	Kommerzielle Dienstleistungen	
FOK409	SECUNET	Kommerzielle Dienstleistungen	x
FOK410	ZAPF CREATION AG	Verschiedene Herstellungsbetriebe	x

* Branche bezieht sich auf zweistelligen SIC Code (Wirtschaftszweig); Angaben nach Worldscope

A.3 Erläuterungen zu den SIC Codes

Beschreibung

Der 'Standard Industrial Classification Code' (SIC Code) ist ein vierstelliger Zahlencode, der jedes Unternehmen entsprechend seiner Tätigkeit einer bestimmten Branche zuordnet. Diese international weit verbreitete Kategorisierung aller Branchen nach ihrem Verwandtheitsgrad wurde eingeführt vom 'United States Census Bureau', um Unternehmen oder einzelne Geschäftssparten auf der Basis ihrer Aktivitäten zu klassifizieren. Mit Hilfe des SIC Codes lässt sich jedes Unternehmen entsprechend seiner Tätigkeit einer bestimmten Branche und diese wiederum einem übergeordneten Wirtschaftsbereich zuordnen. Jeder Wirtschaftsbereich ist wiederum einem Wirtschaftszweig zugeordnet, der einem Hauptwirtschaftszweig angehört. Die erste Ziffer des vierstelligen Codes bestimmt den Hauptwirtschaftszweig, die zweite Ziffer spezifiziert den Wirtschaftszweig, die dritte den Wirtschaftsbereich und die letzte Ziffer die Branche. In unterschiedlichen Wirtschaftszweigen angesiedelte Branchen gelten als unverwandt. Folgendes Beispiel verdeutlicht die Zuordnungslogik.

SIC TYP	Bezeichnung	Beispiel	
1xxx	Hauptwirtschaftszweig	5xxx	Hauptwirtschaftszweig Handel
11xx	Wirtschaftszweig	51xx	Wirtschaftszweig Großhandel-Verbrauchsgüter
111x	Wirtschaftsbereich	511x	Wirtschaftsbereich Papier und Papierprodukte
1111	Branche	5111	Branche Druck und Schreibpapier

Übersicht

01 - 09 Land- und Forstwirtschaft
01 Landwirtschaftlicher Anbau
02 Landwirtschaft und Viehzucht
07 Landwirtschaftliche Dienstleistungen
08 Forstwirtschaft
09 Jagd und Fischerei

10 – 14 Bergbau und Energiegewinnung
10 Metallbergbau
11 Anthrazitbergbau
12 Steinkohlebergbau
13 Öl- und Gasgewinnung
14 Minen und Steinbrüche

15 - 17 Baugewerbe
15 Allg. Bauunternehmen
16 Hoch- und Tiefbau
17 Bauunternehmen

20 – 29 Hersteller von Konsumgütern
20 Lebensmittel- und verwandte Produkte
21 Tabakindustrie
22 Textilindustrie
23 Stoffprodukte
24 Holzwaren
25 Möbel
26 Papier
27 Druckereien und Verlage
28 Chemikalien
29 Erdölindustrie

30 - 39 Hersteller von Investitionsgütern
30 Gummi- und Plastikprodukte
31 Leder und Lederprodukte
32 Stein-, Ton-, Glas- und Betonprodukte
33 Metallbearbeitendes Gewerbe
34 Metallwaren, ohne Maschinen und Transp.
35 Maschinenherstellung allgemein
36 Maschinen, elektrisch
37 Transporteinrichtungen
38 Spezielle Instrumente
39 Verschiedene Herstellungsbetriebe

40 – 49 Transport und Logistik
40 Bahntransporte
41 Bahn- und Straßenpassagiertransporte
42 Straßentransporte und Lagerung
43 Postdienste
44 Wassertransport
45 Lufttransport
46 Pipelines, ohne Erdgas
47 Transportdienste
48 Fernmeldeeinrichtungen
49 Elektrizitäts-, Gas-, Wasserwerke etc.

50 – 51 Großhandel
50 Dauerhafte Güter
51 Verbrauchsgüter

52 – 59 Einzelhandel
52 Baumaterial, Eisenwaren, Wohnmobile
53 Waren aller Art
54 Lebensmittelgeschäfte
55 Autohändler, Tankstellen
56 Bekleidung, Accessoires, Kurzwaren
57 Möbel, Wohnungseinrichtungen, Ausstattung
58 Restaurants und Weinstuben
59 Verschiedene Waren

– nicht in die Untersuchung einbezogene Wirtschaftszweige –

60 - 67 Banken, Finanzinstitute und Versicherungen
60 Finanzinstitute
61 Öffentl.-rechtl. Grundkreditanstalten
62 Wertpapier- u. Warenmakler, Börsen
63 Versicherungen
64 Versicherungsagenturen
65 Immobilien
66 Immobilien + Versicherungen (Kombination)
67 Holding- + andere Investitionsgesellschhaften

70 – 79 Dienstleistung
70 Hotels, Pensionen
72 Persönliche Dienstleistungen
73 Kommerzielle Dienstleistungen
75 KFZ-Reparaturen, Leasing etc.
76 Verschiedene Reparaturdienste
78 Film- und Kinoanlagen
79 Vergnügungs- und Erholungsstätten

80 - 99 Ämter, Behörden und Verbände
80 Gesundheitsdienste
81 Juristische Dienstleistungen
82 Schulen und Studienanstalten
83 Soziale Dienste
84 Museen und Galerien
86 Gemeinnützige Vereinigungen
88 Private Haushalte
89 Verschiedene Dienstleistungen

Quelle der deutschen Übersetzung: Dun&Bradstreet, abrufbar unter: www.genios.de (18.7.2003)

Literaturverzeichnis

Aeschbacher, Simon (**2003**), Unternehmensbewertung mittels Multiplikatoren, Lizentiatsarbeit, Universität Bern.

Aggarwal, Rajesh und Andrew A. **Samwick** (**2003**), Why do Managers Diversify Their Firms? Agency Reconsidered, in: The Journal of Finance, 58. Jg., Nr. 1, S. 71–118.

Albach, Horst und Jens **Redenius** (**2000**), Die Management Holding, in: H. H. Hinterhuber, S. A. Friedrich, K. Matzler und H. Pechlaner (Hrsg.), Die Zukunft der diversifizierten Unternehmung, München: Franz Vahlen, S. 56–72.

Alchian, A. Armen (**1969**), Corporate Management and Property Rights, in: H. Manne (Hrsg.), Economic Policy and the Regulation of Corporate Securities, Washington, D.C.: American Enterprise Institute, S. 337–360.

Alvarez, Manuel (**2004**), Segmentberichterstattung und Segmentanalyse, Gabler Edition Wissenschaft, Wiesbaden: Deutscher Universitäts-Verlag.

Alvarez, Manuel und Christian **Fink** (**2003**), Qualität der Segmentberichterstattung in Deutschland - Eine empirische Analyse der Untermnehmen des DAX100 und NEMAX50, in: Zeitschrift für kapitalmarktorientierte Rechnungslegung [KoR], Nr.6, S. 275 – 288.

Amihud, Y. und B. **Lev** (**1981**), Risk Reduction as a Managerial Motive for Conglomerate Mergers, in: Bell Journal of Economics, 12. Jg., S. 605–617.

Amit, R. und J. **Livnat** (**1988**), Diversification Strategies, Business Cycles and Economic Performance, in: Strategic Management Journal, 9. Jg., S. 99–110.

Ansoff, H.Igor (**1965**), Coporate Strategy: An Analytic Approach to Business Policy for Growth and Expansion, New York: McGraw Hill.

Asch, S.E. (**1953**), Effects of Group Pressure upon the Modification and Distortion of Judgement, in: H. Guetzkow (Hrsg.), Groups, leadership and men, Pittsburgh: Carnegie Press.

Atkins, Ralph (**1998**), Jurassic Germany, in: Finanical Times, 14.1.1998, S. 13.

Attiyeh, Robert S. (**1969**), Where Next for Conglomerates?, in: Business Horizons, 12 Jg., Nr. 6, S. 39–44.

Bain, J. (**1968**), Industrial Organization, New York: John Wiley and Sons.

Ballwieser, Wolfgang **(1991)**, Unternehmensbewertung mit Hilfe von Multiplikatoren, in: D. Rückle (Hrsg.), Aktuelle Fragen der Finanzwirtschaft und der Unternehmensbesteuerung; Festschrift für Erich Loitlsberger zum 70. Geburtstag, Wien: Linde, S. 47–66.

Bamberg, Günter und Franz **Baur (2001)**, Statistik, 11. Aufl., München: R. Oldenbourg.

Barber, Brad, Reuven **Lehavy**, Maureen **McNichols** und Brett **Trueman (2001)**, Can Investors Profit from the Prophets? Security Analyst Recommendations and Stock Returns, in: The Journal of Finance, 56. Jg., Nr. 2, S. 531 – 563.

Barth, M.E., G. **Clinch** und T. **Shibano (1999)**, International accounting harmonization and global equity markets, in: Journal of Accounting and Economics, 26. Jg., S. 201–235.

Beckmann, Philip **(2004)**, Are diversified companies traded at a discount in Germany? In search of evidence for a general discount of diversified companies on the German stock market, Dortmunder Beiträge zur Unternehmensführung, Nr. 38, Januar 2004.

Bens, Daniel A. und Steven J. **Monahan (2002)**, Disclosure Quality and the Excess Value of Diversification, Working Paper, University of Chicago.

Berger, P.G. und E. **Ofek (1995)**, Diversification's Effect on Firm Value, in: Journal of Financial Economics, 37. Jg., Nr. 1, S. 39–65.

Berry, Charles H **(1971)**, Corporate Growth and Diversification, in: Journal of Law And Economics, 14. Jg., Nr. 2, S. 371–384.

Best, Ronald W., Charles W. **Hodges** und Bing-Xuan **Lin (2004)**, Does Information Asymmetry Explain the Diversification Discount?, in: Journal of Financial Research, 27. Jg., Nr. 2, S. 235–249.

Bhushan, Ravi **(1989)**, Firm characteristics and analyst following, in: Journal of Accounting and Economics, 11. Jg., Nr. 2-3, S. 255–274.

Billet, Matthew T. und David C. **Mauer (1998)**, Diversification and the Value of Internal Capital Markets: The Case of Tracking Stock, Working Paper, University of Iowa.

Billet, Matthew T. und David C. **Mauer (2002)**, Cross-Subsidies, External Financing Constraints and the Contribution of the Internal Capital Market to Firm Value, in: Working Paper, University of Iowa; auch veröffentlicht in: Review of Financial Studies, 16. Jg. (2003), Nr.4, S.1167-1201.

Böcking, Hans-Joachim und Birka **Benecke (1999)**, Der Entwurf des DRSC zur Segmentberichterstattung E-DRS 3 - Eine Orientierung an dem Standard SFAS 131 des FASB und/oder an dem Standard IAS 14 revised des IASC?, in: Die Wirtschaftsprüfung, 52. Jg., Nr. 21, S. 839 – 845.

Bohne, Fabian **(1998)**, Komplexitätskostenmanagement in der Automobilindustrie, Wiesbaden: Deutscher Universitäts-Verlag.

Böhnke, Rolf **(1976)**, Diversifizierte Unternehmen - Eine Untersuchung über wettbewerbliche Wirkungen und Ausmaß der Diversifizierung, Berlin: Duncker & Humblot.

Brealey, Richard A. und Stewart C. **Myers (2003)**, Principles of Corporate Finance, 7. Aufl., Boston: Wiley.

Brennan, M. und P. **Hughes** (**1991**), Stock Prices and the Supply of Information, in: The Journal of Finance, 46. Jg., Nr. 5, S. 1665–1691.

Briglauer, Wolfgang (**2000**), Motives for Firm Diversification: A Survey on Theory and Empirical Evidence, Wifo Working Papers Nr. 126.

Bühner, Rolf (**1993**), Strategie und Organisation, 2. Aufl., Wiesbaden: Gabler.

Burch, Timothy R. und Vikram K. **Nanda** (**2003**), Divisional Diversity and the Conglomerate Discount: The Evidence from Spinoffs, in: Journal of Financial Economics, 70. Jg., Nr. 1, S. 69–98.

Campa, José Manuel und Simi **Kedia** (**2002**), Explaining the Diversification Discount, in: The Journal of Finance, 57. Jg., Nr. 4, S. 1731–1762.

Chandler, A.D. (**1962**), Strategy and structure: chapters in the history of the industrial enterprise, Cambridge: MIT Press.

Chung, K.H. und H. **Jo** (**1996**), The Impact of Security Analysts' Monitoring and Marketing Functions on the Market Value of Firms, in: Journal of Financial and Quantitative Analysis, 31. Jg., December, S. 493–512.

Coase, R. H. (**1937**), The Nature of the Firm, in: Economica, 4. Jg., S. 386–405.

Coenenberg, Adolf G. und Wolfgang **Schultze** (**2002**), Das Multiplikator-Verfahren in der Unternehmensbewertung: Konzeption und Kritik, in: Finanzbetrieb, 4. Jg., Nr. 12, S. 697–703.

Comment, Robert und Gregg A. **Jarrell** (**1995**), Corporate focus and stock returns, in: Journal of Financial Economics, 37. Jg., Nr. 1, S. 67–87.

Cordes, Jürgen (**1992**), Der Erfolg von Mischkonzernen aus theoretischer und empirischer Sicht, Bergisch Gladbach: Joseph Eul.

Denis, David J., Diane **Denis** und Atulya **Sarin** (**1997**), Agency Problems, Equity Ownership and Corporate Diversification, in: The Journal of Finance, 52. Jg., Nr. 1, S. 135 –160.

Denis, David J., Diane **Denis** und Keven **Yost** (**2002**), Global Diversification, Industrial Diversification and Firm Value, in: The Journal of Finance, 57. Jg., Nr. 5, S. 1951–1971.

Doukas, John A., Chansog **Kim** und Christos **Pantzalis** (**2000**), Security Analysis, Agency Costs, and Company Characteristics, in: Finanical Analysts Journal, 56. Jg., Nr. 6, S. 54–63.

Drucker, Peter (**1955**), The Practice of Management, New York: Harper & Row.

Dunn, Kimberly A. und Siva **Nathan** (**1998**), The Effect of Industry Diversification on Consensus and Individual Analysts' Earnings Forecasts, Working Paper, Georgia State University.

Fama, E. (**1970**), Efficient Capital Markets: A Review of Theory and Empirical Work, in: The Journal of Finance, 25. Jg., Nr. 2, S. 383–417.

Fauver, Larry, Joel **Houston** und Andy **Naranjo** (**1999**), Capital Market Development, Legal Systems and the Value of Corporate Diversification: A Cross-Country Analysis. CIBER Working Paper 02-10, University of Florida.

Fazzari, Steven M.; Glenn R. Hubbard und Bruce C. **Petersen (2000)**, Financing Constraints and Corporate Investment: Response to Kaplan, NBER Working Paper Nr. 5462.

Fechtel, Achim (**2001**), Wertorientiertes strategisches Management von Mehrgeschäfts-Unternehmungen, Gabler Edition Wissenschaft, Wiesbaden: Deutscher Universitäts-Verlag.

Ferris, S.P. und A. **Sarin (2000)**, Security Analysis and Corporate Diversification, in: Advances in Financial Economics, 5. Jg., S. 105–137.

Fischer, Andreas (**2003**), Shareholder Value Reporting mittels jahresabschluss-ergänzenden Angaben, Bern: Haupt.

Fraassen, Bas van (**1980**), The Scientific Image, Oxford: Oxford University Press.

Franke, Günther und Herbert **Hax (1995)**, Finanzwirtschaft des Unternehmens und Kapitalmarkt, 3. Aufl., Berlin: Springer.

Friedrich, Stephan A. und Hans H. **Hinterhuber** (**2000**), Mehrwert durch Diversifikation, in: H. H. Hinterhuber, S. A. Friedrich, Kurt und H. Pechlaner (Hrsg.), Die Zukunft der diversifizierten Unternehmung, München: Franz Vahlen, S. 3–30.

Funk, Joachim (**1999**), Wie schaffen diversifizierte Unternehmen Wert?, Schmalenbachs Zeitschrift für betriebswirtschaftliche Forschung (zfbf), Nr. 7/8.

Gertner, Robert H.; David S. Scharfstein und Jeremy C. **Stein (1994)**, Internal versus External Capital Markets, NBER Working Paper Nr. 4776.

Gilson, S.C., P.M. **Healy**, C.F. **Noe** und G. **Palepu (2001)**, Analyst Specialization and Conglomerate Stock Breakups, in: Journal of Accounting Research, 39. Jg., Nr. 3, S. 565–582.

Givoly, D., C. **Hayn** und J. **D'Souza (1993)**, The Quality and Information Content of Segment Reporting, Working Paper, Northwestern University, Evanston.

Gomez, P. (**1993**), Wertmanagement. Vernetzte Strategien für Unternehmen im Wandel, Düsseldorf: ECON.

Goold, M. und K. **Luchs (1993)**, Why Diversify? Four Decades of Management Thinking, in: Academy of Management Executive, 7. Jg., Nr. 3, S. 7–25.

Gort, Michael (**1962**), Diversification and Integration in American Industry, Princeton, NJ: Greenwood Press.

Graham, John, Michael **Lemmon** und Jack **Wolf (2002)**, Does Corporate Diversification Destroy Value?, in: The Journal of Finance, 57. Jg., Nr. 2, S. 695–720.

Günther, Thomas (**1997**), Unternehmenswertorientiertes Controlling, München: Vahlen.

Hadlock, Charles J., Michael D. **Ryngaert** und Shawn E. **Thomas (2001)**, Corporate Structure and Equity Offerings: Are there Benefits to Diversification?, in: Journal of Business, 74. Jg., Nr. 4, S. 613–635.

Harris, M., C. **Kriebel** und A. **Raviv (1982)**, Asymmetric information, incentives and intrafirm resource allocation, in: Management Science, 28. Jg., Nr. 6, S. 604–620.

Herrmann, Volker (**2002**), Marktpreisschätzung mit kontrollierten Multiplikatoren, Bd. 13. der Reihe Finanzierung, Kapitalmarkt und Banken, Lohmar: Josef Eul.

Hubbard, R. Glenn und Darius **Palia** (**1998**), A Re-Examination of the Conglomerate Merger Wave in the 1960s: An Internal Capital Markets View, NBER Working Paper Nr. 6539.

Hutzschenreuter, Th. und A. Sonntag (**1998**), Erklärungsansätze für die Diversifikation von Unternehmen, HHL Arbeitspapier Nr.13 , Handelshochschule Leipzig.

Hyland, David C. und J. David **Diltz** (**2001**), The Diversification Discount: A Pre- and Post-Diversification Analysis, Working Paper, University of Texas at Arlington.

Hyland, David C. und J. David **Diltz** (**2002**), Why Firms Diversify: An Empirical Examination, in: Financial Management, 31. Jg., Nr. 1, S. 51–81.

Jensen, M. C. (**1986**), Agency Costs of Free Cash Flow, Corporate Finance, and Takeovers, in: American Economic Review, 76. Jg., S. 323–329.

Jensen, M. C. (**1993**), The Modern Industrial Revolution, Exit, and the Failure of Internal Control Systems, in: The Journal of Finance, 48. Jg., Nr. 3.

Jensen, M. C. und W.H. **Meckling** (**1976**), Theory of the firm: managerial behavior, agency costs and ownership structure, in: Journal of Financial Economics, 3. Jg., S. 305–360.

Jost, P.-J. (**2001**), Der Transaktionskostenansatz in der Betriebswirtschaftslehre, Stuttgart: Schäffer-Poeschel.

Kames, Christian (**2000**), Unternehmensbewertung durch Finanzanalysten als Ausgangspunkt eines Value Based Measurement, Europäische Hochschulschriften, Reihe 5, Frankfurt am Main: Peter Lang.

Kanter, R. M. (**1998**), Seeking and Achieving Synergies, in: A. Campbell und K. Luchs (Hrsg.), Strategic Synergy, 2. Aufl., London: International Thomson Business Press.

Kennedy, Peter (**1998**), A Guide to Econometrics, 4. Aufl., Malden, Massachusetts: Blackwell Publishers.

Khanna, Naveen und Sheri **Tice** (**2000**), The Bright Side of Internal Capital Markets, Working Paper, Michigan State University.

Kieser, Alfred, und Herbert Kubicek (**1992**), Organisation, 3. Aufl., Berlin: de Gruyter.

Kim, Chansog und Christos **Pantzalis** (**2000**), Analyst Herding Behavior and Firm Diversification: Evidence from Panel Data, Working Paper, City University of New York.

Kind, Alexander (**2000**), Segment-Rechnung und -Bewertung, 1. Aufl., Bern: Paul Haupt.

Kitching, John (**1967**), Why do Mergers Miscarry?, in: Harvard Business Review, 45. Jg., Nr. 6, S. 84–101.

Klein, Peter G. (**2000**), Were the Acquisitive Conglomerates Ineffficient?, Working Paper, University of Georgia.

Kohler, Ulrich und Frauke **Kreuter** (**2001**), Datenanalyse mit Stata : allgemeine Konzepte der Datenanalyse und ihre praktische Anwendung, 1. Aufl., München: R. Oldenbourg.

Krämer, Walter und Harald **Sonnberger** (**1986**), The Linear Regression Model under Test, Bd. 1., Heidelberg: Physica-Verlag.

Kucher, Andreas B. (**2000**), Conglomerate Valuation, Bd. 2588. der Reihe Europäische Hochschulschriften, Frankfurt a.M.: Peter Lang.

Lamont, Owen (**1997**), Cash Flow and Investment: Evidence from Internal Capital Markets, in: The Journal of Finance, 52. Jg., Nr. 1, S. 83–109.

Lamont, Owen und Christopher **Polk** (**2000**), Does Diversification Destroy Value? Evidence from Industry Shocks, in: Center for Reseach in Security Prices Working Paper, Nr. 521.

Lang, Larry H.P. und René M. **Stulz** (**1994**), Tobin's q, Corporate Diversification and Firm Performance, in: Journal of Political Economy, 102. Jg., Nr. 6, S. 1248–1280.

Lee, Charles MC, James **Myers** und Bhaskaran **Swaminathan** (**1999**), What is the Intrinsic Value of the Dow?, in: The Journal of Finance, 54. Jg., Nr. 5, S. 1693–1742.

Leuz, Christian und Robert E **Verrecchia** (**2000**), The Economic Consequences of Increased Disclosure, in: Working Paper, Universität Frankfurt; auch erschienen in: Journal of Accounting Research 38. Jg. (2000), S. 91-124.

Levy, H. und M. **Sarnat** (**1970**), Diversification, Portfolio Analysis and the Uneasy Case for Conglomerate Mergers, in: The Journal of Finance, 25. Jg., Nr. 4, S. 795–802.

Lewellen, W. G. (**1971**), A Pure Financial Rationale for Conglomerate Merger, in: The Journal of Finance, 26. Jg., Nr. 2, S. 521–537.

Lie, Erik und Heidi J. **Lie** (**2002**), Multiples Used to Estimate Corporate Value, in: Financial Analysts Journal, 58. Jg., Nr. 2, März/April, S. 44–54.

Liebeskind, Julia Porter (**2004**), Internal Capital Markets: Benefits, Costs, and Organizational Arrangements, in: Organization Science, 11. Jg., Nr. 1, S. 58–76.

Lins, Karl und Henri **Servaes** (**1999**), International evidence on the value of corporate diversification, in: The Journal of Finance, 54. Jg., Nr. 6, S. 2215–2239.

Loderer, Claudio, Petra **Jörg**, Karl **Pichler** und Pius **Zgraggen** (**2002**), Handbuch der Bewertung, 2., erweiterte Aufl., Zürich: NZZ-Verlag.

Loderer, Claudio und Lukas **Roth** (**2003**), The pricing discount for limited liquidity: Evidence from SWX Swiss Exchange and the Nasdaq, in: Working Paper; Institut für Finanzmanagement, Universität Bern.

Löhnert, P. und U. **Böckmann** (**2001a**), Multiplikatorverfahren in der Unternehmensbewertung, in: V. H. Peemöller (Hrsg.), Praxishandbuch der Unternehmensbewertung, Berlin: Verlag Neue Wirtschafts-Briefe, Kapitel 3: Bewertungsverfahren, Teil E, S. 401–424.

Löhnert, Peter G. und Ulrich J. **Böckmann** (**2001b**), Multiplikatorverfahren in der Unternehmensbewertung, in: V. H. Peemöller (Hrsg.), Praxishandbuch der Unternehmensbewertung, Herne: Verlag Neue Wirtschafts-Briefe, Kapitel 3.

Malone, Thomas W. (**2004**), Den Markt ins Unternehmen holen, in: Harvard Business Manager, 7/2004 Jg., S. 26–37.

Mansi, Sattar A. und David M. **Reeb** (**2002**), Corporate Diversification: What gets discounted?, in: The Journal of Finance, 57. Jg., Nr. 5, S. 2167–2183.

Markides, C. C. (**1995**), Diversification, Refocusing and Economic Performance, Cambridge: MIT Press.

Markowitz, H. (**1952**), Portfolio Selection, in: The Journal of Finance, 7. Jg., Nr. 1, S. 77–91.

Marris, R. (**1964**), The Economic Theory of Managerial Capitalism, London: Macmillan.

Martin, John D. und Akin **Sayrak** (**2003**), Corporate diversification and shareholder value: a survey of recent literature, in: Journal of Corporate Finance, 9. Jg., Nr. 1, S. 37–57.

Maug, Ernst (**2001**), Konzerne im Kontext der Kapitalmärkte, Manuskript der Antrittsvorlesung in der Humboldt-Universität zu Berlin, 10. Mai 2001; http://dochost.rz.hu-berlin.de/humboldt-vl/maug-ernst-2001-05-10/PDF/Maug.pdf (17.1.2005).

Meyer, Margaret A., Paul **Milgrom** und Donald John **Roberts** (**1992**), Organizational Prospects, Influence Costs, and Ownership Changes, in: Journal of Economics and Management Strategy, 1. Jg., S. 9–35.

Möller, Hans Peter (**1983**), Probleme und Ergebnisse kapitalmarktorientierter empirischer Bilanzforschung in Deutschland, in: Betriebswirtschaftliche Forschung und Praxis, 35. Jg., S. 285–302.

Montgomery, C.A (**1994**), Corporate Diversification, in: Journal of Economic Perspectives, 8. Jg., Nr. 3, S. 165–178.

Montgomery, Cynthia A. (**1982**), The Measurement of Firm Diversification: Some New Empirical Evidence, in: Academy of Management Journal, 25. Jg., S. 299–307.

Montgomery, C. A. (**1985**), Product-Market Diversification and Market Power, in: Academy of Management Journal, 28. Jg., S. 789–798.

Müller, Dennis C. (**1987**), The Corporation: Growth, Diversification and Mergers, Chur: Harwood Academic Publishers.

Myers, S. und N. **Majluf** (**1984**), Corporate Financing and Investment Decisions when Firms have Information that Investors do not have, in: Journal of Financial Economics, 13. Jg., S. 187–221.

Olbrich, M. (**2000**), Zur Bedeutung des Börsenkurses für die Bewertung von Unternehmungen und Unternehmungsanteilen, in: Betriebswirtschaftliche Forschung und Praxis, 52. Jg., Nr. 5, S. 454–465.

Palepu, Krishna (**1985**), Diversification Strategy, Profit Performance and the Entropy Measure., in: Strategic Management Journal, 6. Jg., Nr. 3, S. 239–255.

Penrose, E. T. (**1959**), The Theory of the Growth of the Firm, New York: John Wiley.

Plaschke, Frank J. (**2003**), Die Gestaltung wertorientierter Management-Incentivesysteme auf Basis interner Wertkennzahlen, Gabler-Edition Wissenschaft, Wiesbaden: Deutscher Universitäts-Verlag.

Popper, Karl (**1994**), Logik der Forschung, 10. Aufl., Tübingen: Verlag L. Mohr.

Porter, M. E. (**1980**), Competitive Strategy: Techniques for Analyzing Industries and Competitors, New York: Free Press.

Porter, M. E. (**1985**), Competitive Advantage: Creating and Sustaining Superior Performance, New York: Free Press.

Porter, M. E. (**1987**), From Competitive Advantage to Corporate Strategy, in: Harvard Business Review, 65. Jg., Nr. 3, S. 43–59.

Pratt, Shannon P. (**1981**), Valuing a Business : The Analysis and Appraisal of Closely Held Companies, Homewood, Ill.: Dow Jones-Irwin.

Rajan, Raghuram G., Henri **Servaes** und Luigi **Zingales** (**2000**), The Cost of Diversity: The Diversification Discount and Inefficient Investment, in: The Journal of Finance, 55. Jg., Nr. 1, S. 35–80.

Ramanujam, V. und P. **Varadarajan** (**1989**), Research on Corporate Diversification: A Synthesis, in: Strategic Management Journal, 10 Jg., Nr. 6, S. 523–551.

Ravenscraft, David J. und F.M. **Scherer** (**1987**), Mergers, Sell-Offs, and Economic Efficiency, Washington D.C.: The Brookings Institution.

Rumelt, Richard P. (**1974**), Strategy, Structure, and Economic Performance, Cambridge, Massachussets: Harvard University Press.

Scharfstein, D.S. und J.C **Stein** (**1997**), The Dark Side of Internal Capital Markets: Divisional Rent-Seeking and Inefficient Investment, in: The Journal of Finance, 55. Jg., Nr. 6, S. 2537 – 2564.

Scharfstein, David S. (**1998**), The Dark Side of Internal Capital Markets II: Evidence from Diversified Conglomerates, in: NBER Working Paper Nr. 6352.

Schmitz, Rudolf (**1988**), Kapitaleigentum, Unternehmensführung und interne Organisation, Wiesbaden: Gabler.

Schüle, Fritz M. (**1992**), Diversifikation und Unternehmenserfolg: eine Analyse empirischer Forschungsergebnisse, Wiesbaden: Gabler.

Schwetzler, Bernhard und Carsten **Reimund** (**2003**), Conglomerate Discount and Cash Distortions: New Evidence from Germany, HHL Working Paper, Leipzig Graduate School of Management.

Scott, J.T. (**1982**), Multimarket Contact and Economic Performance, in: Review of Economics and Statistics, 64. Jg., S. 368–375.

Seppelfricke, Peter (**2003**), Handbuch Aktien- und Unternehmensbewertung, Stuttgart: Schäffer-Poeschel.

Servaes, Henri (**1996**), The value of diversification during the conglomerate merger wave, in: The Journal of Finance, 51. Jg., Nr. 4, S. 1201–1225.

Seth, Anju (**1990**), Value Creation in Acquisitions: A Re-Examination of Performance Issues, in: Strategic Management Journal, 11. Jg., Nr. 2, S. 99–115.

Shin, Hyun Han und René M. **Stulz** (**1998**), Are internal capital markets efficient?, in: Quartely Journal of Economics, 113. Jg., Nr. 2, S. 531–552.

Shleifer, Andrei und Robert W. **Vishny** (**1989**), Management Entrenchment: The Case of Manager-Specific Investments, in: Journal of Financial Economics, 25. Jg., Nr. 1, S. 123–140.

Standardisierungsrat, Deutscher (**2003**), Deutsche Rechnungslegungs-Standards: 'DRS3 Segmentberichterstattung', http://www.standardsetter.de (17.1.2005).

Stein, Jeremy C. (**1997**), Internal Capital Markets and the Competition for Corporate Resources, in: The Journal of Finance, 52. Jg., Nr. 1, S. 111–133.

Stein, Jeremy C. (**2003**), Agency, Information and Corporate Investment, in: G. Constantinides, M. Harris und R. Stulz (Hrsg.), Handbook of the Economics of Finance, Amsterdam: Elsevier Science, Kapitel 2, S. 111–163.

Stern, Carl und Georg **Stalk** (**1998**), Perspectives on Strategy from The Boston Consulting Group, 1. Aufl., New York: Wiley.

Stienemann, Marc (**2003**), Wertsteigerung durch Desinvestitionen, Dissertation, Universität Witten/Herdecke.

Stulz, René M. (**1990**), Managerial Discretion and Optimal Financing Policies, in: Journal of Financial Economics, 26. Jg., S. 3–27.

Suhm, C. (**2003**), Wissenschaftlicher Realismus - Eine Studie zur Realismus-Antirealismus-Debatte in der neueren Wissenschaftstheorie, Dissertation, Universität Münster.

Summers, L.H. (**1986**), Does the Stock Market Rationally Reflect Fundamental Values?, in: The Journal of Finance, 41. Jg., Nr. 3, S. 591–601.

Szeless, Georg (**2001**), Diversifikation und Unternehmenserfolg, Dissertation, Universität St. Gallen.

Teece, David J. (**1980**), Economics of Scope and the Scope of the Firm, in: Journal of Economic Behavior and Organization, 1. Jg., Nr. 3, S. 223–247.

Välikangas, Liisa und Gary **Hamel** (**2001**), Internal Markets: Emerging Governance Structures for Innovation, Paper presented at the Strategic Management Society Annual Conference in San Francisco, October 2001; http://www.strategos.com (17.1.2005).

Vartanian, Vatchagan (**2003**), Innovationsleistung und Unternehmenswert, Dissertation, Katholische Universität Eichstätt-Ingolstadt.

Verweire, Kurt (**1999**), Performance Consequences of Financial Conglomeration with an Empirical Analysis in Belgium and the Netherlands, Ph. D. thesis, Erasmus Universität Rotterdam.

Vijh, Anand M. (**1994**), The Spinoff and Merger Ex-Date Effects, in: The Journal of Finance, 49. Jg., Nr. 2, S. 581–609.

Villalonga, Belen (**2001**), Diversification Discount or Premium? New Evidence from BITS Establishment-Level Data, Working Paper, Harvard Business School.

Villalonga, Belen (**2003**), Research Roundtable Discussion: The Diversification Discount, Zusammenfassung der Roundtable Diskussion vom 24.4.2003 an der Harvard Business School, http://ssrn.com/abstract=402220 (17.1.2005).

Villalonga, Belen (**2004a**), Diversification Discount or Premium? New Evidence from the Business Information Tracking Series, in: The Journal of Finance, 59. Jg., Nr. 2, S. 479–506.

Villalonga, Bellen (**2004b**), Does Diversification Cause the Diversification Discount?, in: Financial Management, 33. Jg., Nr. 2, S. 5–26.

Völker, R.; **Kasper**, E. (**2004**), Interne Märkte für Forschung und Entwicklung, Heidelberg: Physica.

Wagner, Hannes F. (**2001**), Der Wert interner Kapitalmärkte - empirische Überprüfung theoretischer Ansätze, Münchener betriebswirtschaftliche Beiträge Nr. 2001-10.

Welge, Martin K. (**1974**), Synergie, in: E. Grochla und W. Wittmann (Hrsg.), Handwörterbuch der Betriebswirtschaft, 4. Aufl., Stuttgart: Poeschel, S. 3800–3810.

Welge, Martin K. und Andreas **Al-Laham** (**2003**), Strategisches Management. Grundlagen - Prozess - Implementierung, 4. Aufl., Wiesbaden: Gabler.

Wernerfelt, Birger und Cynthia A. **Montgomery** (**1988**), Tobin's q and the Importance of Focus in Firm Performance, in: The American Economic Review, 78. Jg., Nr. 1, S. 246–250.

Weston, F. J. (**1970**), The Nature and Significance of Conglomerate Firms, in: St. John's Law Review, 44. Jg., S. 66–80.

Whited, Toni M. (**2001**), Is it Inefficient Investment that Causes the Diversification Discount?, in: The Journal of Finance, 56. Jg., Nr. 5, S. 1667–1692.

Williamson, O.E. (**1975**), Markets and Hierarchies: Analyis and Antitrust Implications, New York: The Free Press.

Williamson, O.E. (**1979**), Transaction Cost Economics: The Governance of Contractual Relations, Journal of Law and Economics, Nr.22.

Williamson, O.E. (**1996**), Transaction Costs and Market Failure, in: M. Goold und K. S. Luchs (Hrsg.), Managing the Multibusiness Company, London: Routledge, S. 17–40.

Womack, Kent L. (**1996**), Do Brokerage Analysts' Recommendations Have Investment Value?, in: The Journal of Finance, 51. Jg., Nr. 1, S. 137–167.

Wooldridge, Jeffrey M. (**2000**), Introductory Econometrics: a Modern Approach, 1. Aufl., Mason, Ohio: Thomson.

Young, D. und B. **Sutcliffe** (**1990**), Value Gaps - The Raiders, The Market or The Managers, in: Long Range Planning, 23. Jg., Nr. 4, S. 20–34.

FSC
www.fsc.org
MIX
Papier | Fördert
gute Waldnutzung
FSC® C083411

Kolibri 360 GmbH
Ferdinand-Jühlke-Straße 7
99095 Erfurt, Deutschland
produktsicherheit@kolibri360.de